U0934251

国家级新区研究报告

2019

RESEARCH REPORT ON STATE-LEVEL NEW DISTRICT

主编／卢山冰　黄孟芳

副主编／王昕　王欢

社会科学文献出版社
SSAP
SOCIAL SCIENCES ACADEMIC PRESS (CHINA)

引　言

国家级新区是由国务院批准设立，承担国家重大发展和改革开放战略任务的综合功能区。我国自 1992 年设立上海浦东新区至今，先后设立了 19 个国家级新区，这些国家级新区在扩大对外开放、综合配套改革试验、海洋经济发展、“两型”社会建设、新型城镇化等重大改革方面先行先试，对适应经济发展新常态要求、应对经济下行压力、促进区域协调发展方面发挥了重要作用，成为全方位扩大对外开放的重要窗口、创新体制机制的重要平台、辐射带动区域发展的重要增长极和产城融合发展的重要示范区。那么，现有国家级新区的发展状况如何？是否与设立国家级新区的初衷相契合？有哪些促进新区发展的政策值得推广？各新区战略性新兴产业的发展情况如何？“一带一路”倡议背景下各新区又取得了怎样的成果？为解答上述问题，特编写《国家级新区研究报告（2019）》。

本书从经济原理、发展规划、经济数据、政策出台等多角度对现已批复的国家级新区的基本状况进行了梳理，了解各国家级新区在基础条件、新区架构、规划战略、发展路线、产业选择、建设推进等方面的普遍做法、一般规律和相互差异，找出每个国家级新区建设上的创新之处、独特之处和先进做法，以期为各个国家级新区建设，尤其是西咸新区的战略决策、规划调整、产业引导、效率提升、效益提高等提供切实可行的对策和建议。

本书共分八部分，分别是总体情况篇、理论基础篇、政策政务篇、产业发展篇、新区“一带一路”篇、对策建议篇、学术成果展示篇及附录。总体情况篇介绍了新区 2017 ~ 2018 年经济发展情况、社会建设情况等，包括经济总量、对外开放度、招商引资度、财政预算收支、人口聚居、公共服务等方面。理论基础篇介绍了国家级新区的设立及其带动发展的经济学原理，从理论方面阐述了国家级新区建设的意义。政策政务篇梳理了各新区不同层级的政策数量，在此基础上进一步分析了金融、财税、人才、土地、招商引资、产业发展、总部经济、科技创新等政策，并在提出现存问题的基础上给出了建议。产业发展篇包括产业布局、产业规模与结构、产业竞争力三个部分，对19个国家级新区的产业规划、重点发展产业、产业园区进行了梳理。新区“一带一路”篇研究了国家级新区与“一带一路”倡议的内涵联系、关联机制、建设详述和协同路径。对策建议篇基于前五篇的分析，对每个新区存在的问题提出了建议。学术成果展示篇主要从学术角度对与新区相关的学术成果进行了总结和梳理，分析了从学术上对新区发展的理论支持。附录包括三部分内容，分别为国家级新区的发展定位、国家级新区总体布局、2017年国家级新区体制机制创新工作要点。

《国家级新区研究报告（2019）》由卢山冰教授选定报告主题，黄孟芳副教授进一步完善大纲，确定各篇基本研究内容。之后在卢山冰教授和黄孟芳副教授的带领下，组织部分学生完成主体撰写工作。各篇章分工如下。总体情况篇：卢山冰、黄孟芳、王昕、王欢、董雪丽、卢纳熙；理论基础篇：卢山冰、黄孟芳、王欢、王昕、解晓楠；政策政务篇：卢山冰、黄孟芳、王昕、王欢、董雪丽、潘晨鑫、田瑶、解晓楠、卢纳熙；产业发展篇：卢山冰、黄孟芳、王欢、王昕、董雪丽、田瑶、解晓楠、潘晨鑫；新区“一带一路”篇：卢山冰、黄孟芳、王欢、王昕、董雪丽、卢纳熙、胡君娅；对策建议篇：卢山冰、黄孟芳、王昕、王欢、杨娜、胡君娅、卢纳熙；学术成果展示篇：卢山冰、黄孟芳、王昕、王欢、潘晨鑫；附录：卢山冰、黄孟芳、王昕、王欢、潘晨鑫、杨娜、卢纳熙。各篇初稿完成后，王欢、王昕进行了统稿，最后由卢山冰教授进行审查、润色及加工。

目 录

总体情况篇

理论基础篇

政策政务篇

产业发展篇

新区“一带一路”篇

对策建议篇

学术成果展示篇

附 录

总体情况篇

国家级新区是我国于20世纪90年代初期开始设立的一种新开发开放与改革的大城市区。自国务院批准设立上海市浦东新区以来，截至2016年底，我国共设立了18个国家级新区。2017年4月1日，中共中央、国务院决定在河北省保定市境内设立雄安新区。这是以习近平同志为核心的党中央做出的一项重大的历史性战略选择，是继深圳经济特区和上海浦东新区之后又一具有全国意义的新区。国家级新区在扩大对外开放、综合配套改革试验、海洋经济发展、"两型"社会建设、新型城镇化等重大改革方面先行先试，对适应经济发展新常态要求、应对经济下行压力、促进区域协调发展发挥了重要作用，成为全方位扩大对外开放的重要窗口、创新体制机制的重要平台、辐射带动区域发展的重要增长极和产城融合发展的重要示范区。本篇包括新区发展情况、新区经济发展情况、新区社会建设情况，重点梳理当前19个国家级新区的基础情况、经济发展情况及社会建设情况，找出各国家级新区建设推进上的一般规律和相互差异，从而对国家级新区形成基础且全面的认知。①

① 由于本书搜集资料较早，各新区2018年资料尚未公布，可得资料有限，为统一分析口径，本年度报告以2017年数据为主。

第一章 2017年国家级新区发展情况

第一节 定位与目标

国家级新区是由国务院批准设立，承担国家重大发展和改革开放战略任务的综合功能区。国家级新区是中国于20世纪90年代初期设立的一种新开发开放与改革的大城市区。新区的成立乃至于开发建设上升为国家战略，总体发展目标、发展定位等由国务院统一进行规划和审批，相关特殊优惠政策和权限由国务院直接批复，在辖区内实行更加开放和优惠的特殊政策，鼓励新区进行各项制度改革与创新的探索工作。

1992年中国改革开放后，国家级新区成为新一轮开发开放和改革的新区。1992年10月上海浦东新区成立，2006年5月天津滨海新区成立，2010年5月重庆两江新区成立，2011年6月浙江舟山群岛新区成立，2012年8月甘肃兰州新区成立，2012年9月广州南沙新区成立，2014年1月陕西西咸新区成立、贵州贵安新区成立，2014年6月青岛西海岸新区成立、大连金普新区成立，2014年10月成都天府新区成立，2015年4月湖南湘江新区成立，2015年7月南京江北新区成立，2015年8月福建福州新区成立，2015年9月云南滇中新区获批成立，2015年12月黑龙江哈尔滨新区成立，2016年2月吉林长春新区成立，2016年6月江西赣江新区成立，2017年4月河北雄安新区成立。

2017年4月，中国宣布设立第19个国家级新区——河北雄安新区，这将引发新一轮的国家级新区规划与建设的研究热潮。从中国设立第一个国家级新区上海浦东新区（1992年10月）到设立河北雄安新区（2017年4月）

为止，中国共设立了19个国家级新区（见表1－1）。[①] 其中，近年来获得批准设立的、地处东北地区的国家级新区有大连金普新区（2014年6月）、黑龙江哈尔滨新区（2015年12月）与吉林长春新区（2016年2月）。随着上海浦东新区的设立，中国各领域有关国家级新区建设与发展的研究也随之开始，并于20世纪90年代后呈现不断增加的趋势。各种以国家级新区为对象的研究已经构成了一个新的研究领域和方向——“国家级新区研究”。

表1－1　国家级新区简介

序号	新区名称	获批时间	主体城市	面积(平方公里)
1	上海浦东新区	1992年10月11日	上海	1210.41
2	天津滨海新区	2006年5月26日	天津	2270
3	重庆两江新区	2010年5月5日	重庆	1200
4	浙江舟山群岛新区	2011年6月30日	浙江舟山	陆地1440,海域20800
5	甘肃兰州新区	2012年8月20日	甘肃兰州	1700
6	广州南沙新区	2012年9月6日	广东广州	803
7	陕西西咸新区	2014年1月6日	陕西西安、咸阳	882
8	贵州贵安新区	2014年1月6日	贵州贵阳、安顺	1795
9	青岛西海岸新区	2014年6月3日	山东青岛	陆地2096,海域5000
10	大连金普新区	2014年6月23日	辽宁大连	2299
11	成都天府新区	2014年10月2日	四川成都、眉山	1578
12	湖南湘江新区	2015年4月8日	湖南长沙	490
13	南京江北新区	2015年6月27日	江苏南京	2451
14	福建福州新区	2015年8月30日	福建福州	1892
15	云南滇中新区	2015年9月7日	云南昆明	482
16	黑龙江哈尔滨新区	2015年12月16日	黑龙江哈尔滨	493
17	吉林长春新区	2016年2月3日	吉林长春	499
18	江西赣江新区	2016年6月6日	江西南昌、九江	465
19	河北雄安新区	2017年4月1日	河北保定	起步约100,远期2000

资料来源：新浪网。

① 截至2018年12月，中国国家级新区共有19个。此外，还有武汉长江新区、合肥滨湖新区、杭州大江东产业聚集区、沈阳沈北新区、郑州郑东新区、石家庄正定新区、南宁五象新区、济南黄河新区、襄阳东津新区、中山翠亨新区、唐山曹妃甸新区、乌鲁木齐新区等地区在申报中。

作为国家区域协调发展总体战略的重要组成部分，国家级新区在培育新动能、扩大对外开放、推动高质量发展方面发挥着极其重要的作用，往往被国家赋予先行先试的特殊权限和一系列优惠政策，其发展不仅关系到某一区域的经济社会发展，更关系到中国经济社会发展的总体战略部署。

国家级新区是指经由国务院批准设立的，以相关行政区、特殊功能区为基础，承担国家重大发展和改革开放战略任务的国家级综合功能区。国家级新区具有引领全面改革开放、带动区域经济发展、推动体制机制创新和促进产城融合等重要作用。“一带一路”① 倡议是新时期中国全面构建对外开放新格局的重大举措。建设好国家级新区，将会对“一带一路”倡议的实施提供强有力的支撑。

一　上海浦东新区

1992 年 10 月 11 日，《国务院关于上海市设立上海浦东新区的批复》（国函〔1992〕146 号）发布，同意设立上海浦东新区。2005 年 6 月 21 日，国务院批准浦东进行全国首个综合配套改革试点。2013 年 9 月 29 日，中国（上海）自由贸易试验区挂牌成立，按照国务院批准的总体方案，着力推进投资、贸易、金融等领域的制度创新。

1. 战略定位

国务院赋予上海浦东新区“科学发展的先行区、‘四个中心’（国际经济中心、国际金融中心、国际贸易中心、国际航运中心）的核心区、综合改革的试验区、开放和谐的生态区”的战略定位。

2. 发展目标

“十三五”时期浦东经济社会发展目标是，到 2020 年，基本建成上海“四个中心”核心功能区，基本形成具有全球影响力的科创中心核心功能区

① “一带一路”（The Belt and Road，B&R）是“新丝绸之路经济带”和“21 世纪海上丝绸之路”的简称，2013 年 9 月和 10 月由中国国家主席习近平分别提出建设“新丝绸之路经济带”和“21 世纪海上丝绸之路”的合作倡议。

框架，基本建成体现社会主义现代化国际大都市风貌的开放型、多功能、现代化新城区，率先构建与高标准投资贸易规则相衔接的法治化、国际化、便利化营商环境。

创新转型取得明显成效。经济保持平稳较快增长，产业结构进一步优化，质量效益显著改善，经济增长动力进一步转换。战略性新兴产业产值占新区工业总产值的比重达到1/3左右，金融、航运、贸易等跨境资源配置能力显著增强，跨国公司地区总部和国内企业总部各新增50家。

人民生活水平和质量全面提高。高质量就业更加充分，居民可支配收入增长与经济保持同步，基本公共服务水平持续提高。

城市品质显著提升。文化建设取得重大突破，公共文化服务体系更加完善，城区文明程度进一步提高。生态环境明显改善，主要污染物排放大幅减少，森林覆盖率达到18%，环境空气质量优良率达到80%以上，城镇污水处理率达到95%，生活垃圾无害化处置率达到100%。

城市功能进一步完善。“一轴四带”城市发展总体格局基本形成，以“主城区—新城—新市镇—村庄”为架构的四级城镇体系基本确立。

依法治区的现代化治理能力全面提升。贯彻落实国家法治政府建设实施纲要，努力建设法治政府、高效政府和诚信政府。

二　天津滨海新区

2005年10月，党的十六届五中全会把天津滨海新区开发开放正式纳入国家发展战略。2006年5月，国务院颁布《关于推进天津滨海新区开发开放有关问题的意见》，批准天津滨海新区为国家综合配套改革试验区，确定了发展目标和战略定位。

1. 战略定位

国务院赋予天津滨海新区“中国北方对外开放的门户，高水平的现代制造业和研发转化基地，北方国际航运中心和国际物流中心，经济繁荣、社会和谐、环境优美的宜居生态型新城区”的战略定位。

2. 发展目标

依托京津冀、服务环渤海、辐射“三北”、面向东北亚，努力建设成为中国北方对外开放的门户、高水平的现代制造业和研发转化基地、北方国际航运中心和国际物流中心，逐步成为经济繁荣、社会和谐、环境优美的宜居生态型新城区。

三 重庆两江新区

重庆两江新区 2010 年 5 月 5 日挂牌成立，是继上海浦东新区、天津滨海新区之后，国务院批准的中国第三个、内陆第一个国家级开发开放新区。新区位于重庆主城区长江以北、嘉陵江以东，包括江北区①、北碚区②、渝北区③ 3 个行政区部分区域，全域规划总面积 1200 平方公里，可开发面积 550 平方公里，其中直管区面积 638 平方公里、可开发面积 367 平方公里，至 2018 年 12 月有常住人口 257 万人。

1. 战略定位

国务院赋予重庆两江新区“统筹城乡综合配套改革试验的先行区、内陆重要的先进制造业和现代服务业基地、长江上游地区的金融中心和创新中心、内陆地区对外开放的重要门户、科学发展的示范窗口”的战略定位。

2. 发展目标

落实国家对重庆两江新区的战略定位，推进“再造一个重庆经济，再造一个重庆工业，再造一个重庆主城”等 3 个“再造”。到 2020 年，力争服务业保持 18% 以上的增速，服务业增加值占地区生产总值比重达到 47%，金融业增加值占地区生产总值的比重达到 13% 以上。此外，到 2020 年重庆

① 江北区涉及石马河、大石坝、观音桥、华新街、五里店、江北城、寸滩、铁山坪、郭家沱、复盛、鱼嘴镇。

② 北碚区涉及水土、复兴、蔡家岗、施家梁镇。

③ 渝北区涉及龙溪、龙山、龙塔、双凤桥、双龙湖、回兴、悦来、人和、鸳鸯、天宫殿、翠云、大竹林、木耳、礼嘉、龙兴、石船、古路、玉峰山镇。

两江新区重点发展的新能源及智能汽车、电子核心部件、云计算及物联网、通用航空等十大战略性新兴产业总产值将接近4000亿元。

3. 发展愿景

到2025年，实现GDP翻三番达到6400亿元、工业总产值10000亿元，常住人口规模500万人左右，重庆两江新区将基本实现“再造一个重庆经济，再造一个重庆工业，再造一个重庆主城”的宏伟目标，成为功能现代、产业高端、总部集聚、生态宜居、具有国际影响力和中国内陆开放示范效应的新区。

四　浙江舟山群岛新区

2011年6月，根据《国务院关于同意设立浙江舟山群岛新区的批复》（国函〔2011〕77号），浙江舟山群岛新区正式纳入国家级新区，成为首个以海洋经济为主题的国家级新区。批复中指出，要把设立浙江舟山群岛新区作为实施区域发展战略和海洋发展战略、贯彻落实《中华人民共和国国民经济和社会发展第十二个五年规划纲要》的重要举措，加快转变经济发展方式，积极探索陆海统筹发展新路径，推动海洋经济科学发展，促进浙江省经济平稳较快发展。

1. 战略定位

国务院赋予浙江舟山群岛新区“浙江海洋经济发展的先导区、海洋综合开发试验区、长江三角洲地区经济发展的重要增长极”的战略定位。浙江舟山群岛新区在《浙江舟山群岛新区发展规划》中进一步明确了其战略定位。

2. 发展目标

将浙江舟山群岛新区建成中国大宗商品储运中转加工交易中心、东部地区重要的海上开放门户、中国海洋海岛科学保护开发示范区、中国重要的现代海洋产业基地、中国陆海统筹发展先行区。

五　甘肃兰州新区

2012年8月，《国务院关于同意设立甘肃兰州新区的批复》（国函

〔2012〕104 号)[①] 发布，批复同意设立甘肃兰州新区。

1. 战略定位

国务院赋予甘肃兰州新区“西北地区重要的经济增长极、国家重要的产业基地、向西开放的重要战略平台和承接产业转移示范区”的战略定位，在带动甘肃及周边地区发展、深入推进西部大开发、促进中国向西开放中发挥更大作用。

2. 发展目标

《甘肃兰州新区总体规划》中确立了甘肃兰州新区的总体目标，即新区要成为国家战略实施的重要平台、西部区域复兴的重要增长极、兰州城市拓展的重要空间。

六　广州南沙新区

2012 年 9 月 6 日，《国务院关于广州南沙新区发展规划的批复》（国函〔2012〕128 号）发布，原则同意《广州南沙新区发展规划》，9 月 12 日，根据《国家发展和改革委员会关于印发广州南沙新区发展规划的通知》，批复设立广州南沙新区为国家级新区，广州南沙新区的开发建设上升到国家战略。

1. 战略定位

国务院赋予广州南沙新区“粤港澳优质生活圈、新型城市化典范、以生产性服务业为主导的现代产业新高地、具有世界先进水平的综合服务枢纽和社会管理服务创新试验区”的战略定位。

2. 发展目标

坚持科学开发、从容建设的理念，以深化与港澳全面合作为主线，以生态、宜居、可持续为导向，以改革、创新、合作为动力，把广州南沙新区建设成为空间布局合理、生态环境优美、基础设施完善、公共服务优质、具有

---

① 国函〔2012〕104 号文件指出，建设兰州新区，对探索西北老工业城市转型发展和承接东中部地区产业转移的新模式、增强兰州作为西北地区重要中心城市的辐射带动作用、扩大向西开放、推动西部大开发、促进区域协调发展具有重要意义。

国际影响力的深化粤港澳全面合作的国家级新区。

城市设计目标通过对影响城市空间形态和环境特色的关键要素的设计控制和引导，塑造“多元和谐的后现代新城、活力有序的创意水城、宜居生态的滨海港城”的城市形象，打造具有岭南特色、中国气派的广州南沙新区城市名片。

七　陕西西咸新区

2014 年 1 月 6 日，《国务院关于同意设立陕西西咸新区的批复》（国函〔2014〕2 号）发布，同意设立陕西西咸新区。陕西西咸新区位于陕西省西安市和咸阳市建成区之间，区域范围涉及西安、咸阳两市所辖 7 县（区）23 个乡镇和街道办事处，规划控制面积 882 平方公里。

1. 战略定位

国务院赋予陕西西咸新区“中国向西开放的重要枢纽、西部大开发的新引擎、中国特色新型城镇化的范例、丝绸之路经济带重要节点”的战略定位。

2. 发展目标

要把建设陕西西咸新区作为深入实施西部大开发战略的重要举措，探索和实践以人为核心的中国特色新型城镇化道路，推进西安、咸阳一体化进程，为把西安建设成为富有历史文化特色的现代化城市、拓展中国向西开放的深度和广度发挥积极作用，要把陕西西咸新区建设成为中国向西开放的重要枢纽、西部大开发的新引擎和中国特色新型城镇化[①]的范例。

八　贵州贵安新区

2012 年，国发 2 号文件提出要把贵州贵安新区建设成为内陆开放型经济示范区。随后国务院批复的西部大开发“十二五”规划中明确提出要把

① 中国特色新型城镇化强调人口城镇化，更加注重人的发展需求，即“以人为本”是新型城镇化发展的首要问题。它要求以市民为主体，围绕人民群众现代化物质文化生活需求，提供完善的城镇承载条件和现代化生产生活服务。

贵州贵安新区建设成为黔中经济区最富活力的增长极。[①] 2014 年 1 月，国务院批复设立贵州贵安新区，提出要把贵州贵安新区建设成为经济繁荣、社会文明、环境优美的西部地区重要经济增长极、内陆开放型经济新高地和生态文明示范区。国家批复的《贵州贵安新区总体方案》赋予了贵州贵安新区五大战略定位——内陆开放型经济新高地、创新发展试验区、高端服务业聚集区、国际休闲度假旅游区、生态文明建设引领区，建成功能完善、环境优美、幸福宜居、特色鲜明的国际化山水田园生态城市。贵州省委、省政府举全省之力加快建设贵州贵安新区，提出要“一年有框架、两年有效果、三年有形象、五年大发展”，努力建设成为贵州发展的核心增长极和全国极具特色的一流城市新区。

1. 战略定位

国务院赋予贵州贵安新区“西部地区重要经济增长极、内陆开放型经济新高地、生态文明示范区”的战略定位。

2. 发展目标

至2020 年，地区生产总值力争达到5000 亿元，年均增长12%；海洋生产总值1400 亿元，年均增长15%，总量占地区生产总值的28%；人口规模240 万人，城镇化率85%。

3. 发展愿景

深度军民融合、全面经略海洋、建设美丽新区。

九　青岛西海岸新区

2014 年6 月3 日，《国务院关于同意设立青岛西海岸新区的批复》（国函〔2014〕71 号）发布，同意设立青岛西海岸新区。青岛西海岸新区位于胶州湾西岸，包括青岛市黄岛区（现称“青岛西海岸新区”）全部行

---

① 增长极是围绕推进性的主导工业部门而组织的有活力的高度联合的一组产业，它不仅能迅速增长，而且能通过乘数效应推动其他部门的增长。因此，增长并非出现在所有地方，而是以不同强度首先出现在一些增长点或增长极上，这些增长点或增长极通过不同的渠道向外扩散，最终对整个经济产生不同的影响。

政区域，其中陆域面积约 2096 平方公里、海域面积约 5000 平方公里。

1. 战略定位

国务院赋予青岛西海岸新区“海洋科技自主创新领航区、深远海开发战略保障基地、海洋经济国际合作先导区、陆海统筹发展试验区”的战略定位。

2. 发展目标

2018 年 5 月 2 日，《关于推进实施青岛西海岸新区发展总体规划的意见》指出，力争到 2020 年，青岛西海岸新区形成新动能主导经济发展的新格局，经济总量位居全国国家级新区前列，地区生产总值达到 4500 亿元左右，年均增速 12% 左右；海洋生产总值占 GDP 比重年均提高 1 个百分点，达到 33% 左右；港口货物吞吐量突破 55 亿吨，集装箱吞吐量达到 2000 万标箱；外贸进出口总额超过 250 亿美元；常住人口达到 240 万人左右；率先全面建成较高水平小康社会，向基本实现现代化迈进。①

十　大连金普新区

2014 年 6 月 23 日，《国务院关于同意设立大连金普新区的批复》（国函〔2014〕76 号）发布，同意设立大连金普新区。大连金普新区位于辽宁省大连市中南部，范围包括大连市金州区全部行政区域和普兰店区部分地区，总面积约 2299 平方公里。

1. 战略定位

国务院赋予大连金普新区“中国面向东北亚区域开放合作的战略高地，引领东北地区全面振兴的重要增长极，老工业基地转变发展方式的先导区、体制机制创新与自主创新的示范区、新型城镇化和城乡统筹的先行区，东北亚国际航运中心和物流中心”的战略定位。

2. 发展目标

到 2020 年，基本建立与新区定位相适应的开发建设和运行管理体制，

---

① 资料来源于青岛西海岸新区官网。

初步形成与国际接轨的开放合作和自主创新政策环境。新区综合经济实力、辐射带动能力、国内外影响力迈上一个大台阶，基础设施进一步完善，现代产业集群国际竞争力显著增强，生态文明建设取得新进展。到2030年，建立完善的新区管理体制，同东北亚区域构建起紧密的开放合作关系，自主创新能力达到国际先进水平，产业结构进一步优化，城镇化质量和水平显著提高，建成国际化、现代化、智慧化和生态化的新区。

十一　成都天府新区

2014年10月2日，《国务院关于同意设立四川成都天府新区的批复》（国函〔2014〕133号）发布，同意设立成都天府新区。成都天府新区位于四川省成都市主城区南偏东方向，区域范围涉及成都、眉山两市所辖7县（市、区），规划面积1578平方公里。

1. 战略定位

国务院赋予成都天府新区“西部地区重要的科技创新中心，以先进制造业为主、高端服务业聚集、宜业宜商宜居的现代化新城区，内陆开放型经济战略高地和全国统筹城乡综合配套改革试验区[①]”的战略定位。

2. 发展目标

到2020年，主要经济指标保持两位数的增速，核心区基本建成天府中心、西部博览城、成都科学城起步区，构建起公园城市山水林田湖全域生态骨架；到2035年，成都天府新区经济总量突破万亿元大关，城市能级和核心竞争力大幅提升，建设成为支撑“一带一路”建设和长江经济带发展的重要节点，核心区建成美丽宜居公园城市典范区；到2050年，成都天府新区全域建成美丽宜居公园城市，成为具有区域带动力和国际影响力的新的增长极和内陆开放经济高地，成为四川汇聚全球资源、参与全球竞争的主要功能承载区。

---

① 全国统筹城乡综合配套改革试验区是2007年6月7日由国家发展和改革委员会下发通知，批准重庆市和成都市设立的国家级综合配套改革试验区。

十二　湖南湘江新区

2015 年 4 月 8 日，《国务院关于同意设立湖南湘江新区的批复》（国函〔2015〕66 号）发布，同意设立湖南湘江新区。湖南湘江新区位于湘江西岸，包括长沙市岳麓区、望城区和宁乡县部分区域，面积 490 平方公里。

1. 战略定位

国务院赋予湖南湘江新区“高端制造业研发转化基地和创新创意产业集聚区、产城融合城乡一体的新型城镇化示范区、全国‘两型’社会建设引领区、长江经济带内陆开放高地”的“三区一高地”的战略定位。

2. 发展目标

到 2025 年，新区综合实力大幅提升，城镇化率达到 89%，地区生产总值年均增速明显高于全省平均水平，战略性新兴产业增加值年均增速达到 20% 以上，现代产业体系更加完善，生态环境进一步优化，全方位对内对外开放格局基本形成，成为带动湖南和长江中游地区经济社会发展的重要引擎、长江经济带建设重要支撑点、全国“两型”社会建设先行区。

十三　南京江北新区

2015 年 6 月 27 日，《国务院关于同意设立南京江北新区的批复》（国函〔2015〕103 号）发布，正式批复同意设立南京江北新区，自此，南京江北新区建设上升为国家战略，成为中国第十三个、江苏省唯一的国家级新区。南京江北新区位于江苏省南京市长江以北，包括南京市浦口区、六合区和栖霞区八卦洲街道，规划面积 2451 平方公里。

1. 战略定位

国务院赋予南京江北新区“自主创新先导区、新型城镇化示范区、长三角地区现代产业集聚区以及长江经济带对外开放合作重要平台”的战略定位。

2. 发展目标

到2020年，生态环境质量明显改善，环境风险得到有效控制，节能减排成效显著，形成节约资源和保护环境的空间格局、产业结构、生产方式和生活形态。到2025年，绿色发展[①]战略取得重要进展，产业与人口、资源、环境协调发展水平显著提升。南京江北新区综合实力大幅提升，地区生产总值稳定增长，为推进长江经济带建设提供有力支撑。

十四　福建福州新区

2015年8月30日，《国务院关于同意设立福建福州新区的批复》（国函〔2015〕137号）发布，正式批复同意设立福建福州新区。福建福州新区位于福州市滨海地区，初期规划范围包括马尾区、仓山区、长乐市、福清市部分区域，规划面积1892平方公里。

1. 战略定位

国务院赋予福建福州新区建设“三区一门户一基地”的战略定位，即两岸交流合作重要承载区、改革创新示范区、生态文明先行区、扩大对外开放重要门户和东南沿海重要的现代产业基地。

2. 发展目标

福建福州新区将以海峡、海丝、海洋“三海”跨越为主线，以创新、协调、绿色、开放、共享发展为动力，以新型城镇化为路径，全力建设开放新区、海湾新区、智慧新区、绿色新区等“四个新区”。将福建福州新区建设成为两岸交流合作重要承载区、扩大对外开放重要门户、东南沿海重要现代产业基地、改革创新示范区和生态文明先行区。

十五　云南滇中新区

2015年9月7日，《国务院关于同意设立云南滇中新区的批复》（国函

---

① “绿色发展”主要从节能减排及污染物治理的角度测度科技创新对绿色发展的作用，具体内容包括“万元地区生产总值水耗”“万元地区生产总值能耗”“城市污水处理率”“生活垃圾无害化处理率”等。

〔2015〕141 号）发布，同意设立云南滇中新区。云南滇中新区位于昆明市主城区东、西两侧，是滇中产业聚集区的核心区域，初期规划范围包括安宁市、嵩明县和官渡区部分区域，面积约 482 平方公里。

1. 战略定位

国务院赋予云南滇中新区“中国面向南亚东南亚辐射中心的重要支点、云南桥头堡建设重要经济增长极、西部地区新型城镇化建设综合试验区以及改革创新先行区”的战略定位。

2. 发展目标

“十三五”发展愿景为主动服务和融入国家战略，围绕“一年打基础、三年见成效、五年大跨越”目标要求，到 2020 年，基础设施成网成形，现代产业体系基本形成，对外开放合作水平显著提升，创新驱动能力明显增强，地区生产总值翻两番，突破 2000 亿元，实现超常规、跨越式发展，功能现代、产城一体①、宜居宜业、融合发展的国际化高新产业新城初步建成，成为中国面向南亚东南亚辐射中心的重要支点、云南桥头堡建设重要经济增长极、西部地区新型城镇化建设综合试验区和改革创新先行区。

十六　黑龙江哈尔滨新区

2015 年 12 月 16 日，《国务院关于同意设立黑龙江哈尔滨新区的批复》发布。黑龙江哈尔滨新区是中国第十六个国家级新区。黑龙江哈尔滨新区是国家推进“一带一路”建设的重大举措，也是中国唯一的以中俄合作为主题的国家级新区。黑龙江哈尔滨新区包括哈尔滨市松北区、呼兰区、平房区的部分区域，规划面积 493 平方公里。

1. 战略定位

国务院赋予黑龙江哈尔滨新区“中俄全面合作重要承载区、老工业基

① 城市发展要以产业为支撑、防止“空心化”，产业发展要以城市为依托、防止“孤岛化”，要协调和处理产业与城市的空间关系，保持合理的空间尺度。

地转型发展示范区、特色国际文化旅游聚集区以及东北地区新的经济增长极”的“三区一极”战略定位。

2. 发展目标

要把建设好黑龙江哈尔滨新区作为推进“一带一路”建设、加快新一轮东北地区等老工业基地振兴的重要举措，积极扩大面向东北亚开放合作，探索老工业基地转型发展的新路径，为促进黑龙江经济发展和东北地区全面振兴发挥重要支撑作用。全面落实把黑龙江哈尔滨新区建设成为“中俄全面合作重要承载区、老工业基地转型发展示范区、东北地区新的经济增长极和特色国际文化旅游聚集区”的战略定位。紧紧围绕国家对黑龙江哈尔滨新区“三区一极”四大发展定位，设定黑龙江哈尔滨新区发展的四大目标：中俄合作、面向东北亚的开放门户，先进制造①、服务引领的发展引擎，创新驱动、转型提升的科创智谷，生态优先、文旅交融的魅力江城。

十七　吉林长春新区

2016年2月3日，《国务院关于同意设立吉林长春新区的批复》（国函〔2016〕31号）发布，吉林长春新区获国务院批复设立，是由国务院批复设立的第十七个国家级新区，新区主体位于长春市东北部，管辖范围包括长春高新技术产业开发区、长春北湖科技开发区、长春空港经济开发区、长德经济开发区四个区域，规划面积约499平方公里。

1. 战略定位

国家赋予吉林长春新区“创新经济发展示范区、新一轮东北振兴重要引擎、图们江区域合作开发重要平台和体制机制改革先行区”的战略定位。

2. 发展目标

到2020年，新区立体化交通网络基本建成，陆海联运的对外物流通

① 先进制造业是相对于传统制造业而言的，指制造业不断吸收电子信息、计算机、机械、材料以及现代管理技术等方面的高新技术成果，并将这些先进制造技术综合应用于制造业产品的研发设计、生产制造、在线检测、营销服务和管理的全过程，实现优质、高效、低耗、清洁、灵活生产，即实现信息化、自动化、智能化、柔性化、生态化生产，取得良好经济收益和市场效果。

道基本畅通，公共服务设施日益完善，改革创新和开放合作取得重大突破，创新驱动能力明显提高，创新型现代产业体系基本建立，成为推动吉林省新一轮振兴的重要引擎。到 2030 年，新区综合实力实现新跨越，改革创新和开放合作取得丰硕成果，创新型现代产业体系日臻完善，腹地支撑能力显著增强，对外开发开放新格局基本形成，国际化绿色智慧新城区全面建成。

十八　江西赣江新区

2016 年 6 月 6 日，《国务院关于同意设立江西赣江新区的批复》发布，江西赣江新区成为中部地区第二个、全国第十八个国家级新区。2016 年 10 月 20 日，江西赣江新区管理机构正式挂牌，标志着江西“龙头昂起”战略进入全新的发展阶段。江西赣江新区范围包括南昌市青山湖区、新建区和共青城市、永修县的部分区域，规划面积 465 平方公里。

1. 战略定位

国务院赋予江西赣江新区“中部地区崛起和推动长江经济带发展的重要支点”的战略定位，具体包括：长江中游新型城镇化示范区、中部地区先进制造业基地、内陆地区重要开放高地和美丽中国“江西样板”①先行区。

2. 发展目标

到 2020 年，新区地区生产总值达到 1000 亿元，工业主营业务收入达到 4000 亿元，固定资产投资达到 2300 亿元，均比 2015 年（“十二五”末）翻一番，累计完成投资 8000 亿元，探索出一条产城融合、开放创新、绿色发展的新模式，为全省其他地区加快发展提供可借鉴、可推广的“江西赣江新区经验”。到 2025 年，再用五年时间，实现地区生产总值再翻一番达到 2000 亿元；工业主营业务收入达到 10000 亿元；固定资产投资累计再投入

① 2016 年 2 月，习近平总书记视察江西时强调，江西生态秀美、名胜甚多，绿色生态是最大财富、最大优势、最大品牌，一定要保护好，做好治山理水、显山露水的文章。面对总书记的嘱托，江西积极探路，先行先试，探索生态文明建设“江西样板”。

20000 亿元，各项经济指标占全省的比重大幅增加，成为带动全省发展的重要增长极。[①]

十九 河北雄安新区

2017 年 4 月 1 日，中共中央、国务院印发通知，决定设立河北雄安新区。河北雄安新区规划范围涉及河北省保定市下辖的雄县、容城、安新 3 县及周边部分区域，地处北京、天津、保定腹地，区位优势明显、交通便捷通畅、生态环境优良、资源环境承载能力较强，现有开发程度较低，发展空间充裕，具备高起点、高标准开发建设的基本条件。

1. 战略定位

党中央、国务院赋予河北雄安新区“北京非首都功能疏解集中承载地”的战略定位，具体包括：绿色生态宜居新城区、创新驱动发展引领区、协调发展示范区和开放发展先行区。

2. 发展目标

到 2035 年，基本建成绿色低碳、信息智能、宜居宜业、具有较强竞争力和影响力、人与自然和谐共生的高水平社会主义现代化城市。到本世纪中叶，全面建成高质量、高水平的社会主义现代化城市，成为京津冀世界级城市群的重要一极。集中承接北京非首都功能[②]成效显著，为解决“大城市病”问题提供中国方案。

第二节 总体布局

各新区要充分借鉴经验、认真吸取教训，统筹协调各区域、各部门相互配合，更加高效地推进新区的建设工作。要进一步促进开发区与行政区的深

① 资料来源于江西赣江新区官网。

② 非首都功能指那些与首都功能发展不相符的城市功能。非首都功能由习近平总书记在 2015 年 2 月 10 日的中央财经领导小组第九次会议上提出：要疏解北京“非首都功能”，“作为一个有 13 亿人口大国的首都，不应承担也没有足够的能力承担过多的功能”。

度融合，破解体制机制障碍，深入推进大部制改革，实行扁平化管理，划清职能界限，减少多头管理、推诿扯皮、不作为、乱作为现象。统筹协调各区域发展，进一步明晰各区域的发展方向，要避免出现交叉雷同以及内部争利、恶性竞争。

一　上海浦东新区

上海浦东新区以功能提升为出发点，以结构性优化调整为核心，从市域层面对城市功能和空间布局进行战略性调整和格局优化。重点以生态基底为约束，以重要的交通廊道为骨架，以城镇圈促进城乡统筹，以生活圈构建生活网络，优化城乡体系，培育多中心公共活动体系①，形成“一主、两轴、四翼，多廊、多核、多圈”的市域总体空间结构。“一主、两轴、四翼”是指，主城区以中心城为主体，沿黄浦江、延安路—世纪大道两条发展轴引导核心功能集聚，并强化虹桥、川沙、宝山、闵行四个主城片区的支撑，共同打造全球城市核心区。“多廊、多核、多圈”是指，基于区域开放格局，强化沿江、沿湾、沪宁、沪杭、沪湖等重点发展廊道，培育功能集聚的重点发展城镇，构建公共服务设施共享的城镇圈，实现区域协同、空间优化和城乡统筹。

同时，上海浦东新区根据市域生态基底格局对空间边界的限定，结合综合交通对城镇发展的骨架支撑作用，延续和优化城乡体系空间布局，形成由“主城区—新城—新市镇—乡村”组成的城乡体系。

1. 主城区

以中心城为主体，将中心城周边虹桥、川沙、宝山、闵行四个主城片区纳入主城区统一管理，作为全球城市功能的主要承载区。主城区现常住人口规模约 1447 万人，规划通过主城区部分功能疏解和人口布局优化，力争把常住人口控制在 1400 万人左右。

---

① 上海新总规（2017～2035 年版）共规划了城市主中心（1 个中央活动区）、城市副中心（16 个）、地区中心（50 个）和社区中心 4 个层次的公共活动中心。

2. 新城

充分发挥新城优化空间、集聚人口、带动周边地区发展的作用，承载部分全球城市职能，培育区域辐射、服务功能。将位于重要区域廊道上、发展基础较好的嘉定、松江、青浦、奉贤、南汇等新城培育成在长三角城市群中具有辐射带动作用的综合性节点城市，并举全市之力推动新城发展，全面承接全球城市核心功能。5 个新城现有常住人口规模约 228 万人，随着城市功能的提升，规划常住人口增加至 385 万人左右（见表 1－2）。

表 1－2　上海浦东新区新城发展引导

名称	规划人口	功能引导
嘉定新城	70 万人	沪宁廊道上的节点城市，以汽车研发及制造为主导产业，具有独特人文魅力、科技创新力、辐射服务长三角的现代化生态园林城市
松江新城	110 万人	沪杭廊道上的节点城市，以科教和创新为动力，以服务经济、战略性新兴产业和文化创意产业为支撑的现代化宜居城市，具有上海历史文化底蕴和自然山水特色的休闲旅游度假胜地和区域高等教育基地
青浦新城	65 万人	沪湖廊道上的节点城市，以创新研发、商务贸易、旅游休闲功能为支撑，具有江南历史文化底蕴的生态型水乡都市和现代化湖滨城市
奉贤新城	75 万人	滨江沿海发展廊道上的节点城市，杭州湾北岸辐射服务长三角的综合性服务型核心城市，具有独特生态禀赋、科技创新能力的智慧、宜居、低碳、健康城市
南汇新城	65 万人	滨江沿海发展廊道上的节点城市，以先进制造、航运贸易、海洋产业为支撑的滨海城市，是以自贸区制度创新、产业科技创新、智慧文化创新为动力的中国新一轮改革开放的先行试验区

资料来源：国家统计局。

3. 新市镇

根据新市镇的功能特点和职能差异，分为核心镇、中心镇、一般镇（见表 1－3）。突出新市镇统筹镇区、集镇和周边乡村地区的作用，推动协调发展。鼓励新市镇依托区位、交通、风貌和产业优势，坚持因地制宜，突出特色鲜明、产城融合，促进城乡一体化①发展。

表 1－3　上海浦东新区新市镇建设等级

名称	范围	建设等级
核心镇	主要包括位于金山滨海地区的金山卫镇、山阳镇和崇明城桥地区的城桥镇	按照不低于中等城市标准进行设施建设和服务配置，加强高等级文化、教育、医疗、体育等设施配置，加强对长三角区域和周边镇乡地区的服务
中心镇	主要包括郊区位于发展廊道、发展基础良好的罗店、安亭、朱家角、佘山、枫泾、朱泾、亭林、海湾、奉城、惠南、祝桥、长兴、陈家镇等新市镇，以及位于中心城周边的南翔、江桥、九亭、浦江、周浦、康桥、唐镇、曹路等新市镇	按照中等城市标准进行设施建设和服务配置，强化综合服务和特色产业功能，突出公共交通对城镇发展的引导作用。强化土地节约集约利用和紧凑布局，适当提高人口密度，提升就业服务功能，促进产城融合，提升宜居品质
一般镇	主要包括郊区城市化水平较低的城镇	按照小城市标准进行设施建设和服务配置，突出现代农业、生态保护等功能，满足周边城乡居民的基本公共服务和就业需求，引导农村居民就近集中居住

注：《上海市国民经济和社会发展第十一个五年规划纲要》提出，按照“1966”城镇体系规划目标，分步实施，整体推进，建设一批与上海国际大都市发展水平相适应的新城、新市镇，促进中心城区人口疏解，吸引农民进入城镇，逐步归并自然村，提高郊区的城镇化和集约化水平，构建和谐村镇。

4. 乡村

乡村地区是未来大都市空间和国际化大都市②功能体系的重要组成部

① 城乡一体化是中国现代化和城市化发展的一个新阶段。城乡一体化就是要把工业与农业、城市与乡村、城镇居民与农村村民作为一个整体，统筹谋划、综合研究，通过体制改革和政策调整，促进城乡在规划建设、产业发展、市场信息、政策措施、生态环境保护、社会事业发展上的一体化，改变长期形成的城乡二元经济结构，实现城乡在政策上的平等、产业发展上的互补、国民待遇上的一致，让农民享受到与城镇居民同样的文明和实惠，使整个城乡经济社会全面、协调、可持续发展。

② 国际化大都市是城市化进程中一顶给城市戴上的皇冠，是一个城市有幸被视为伟大的城市的极高搭配。这样的城市是指那些具有超群的政治、经济、科技实力，并且和全世界或大多数国家发生经济、政治、科技和文化交流关系，有着全球性影响的国际一流都市。理解国际化大都市概念的关键点是“影响力”问题，这种“影响力”是奠基在一定经济实力基础上的，这种影响能力既是一个动态的变化过程，也是一个相对的概念。

分。通过生产方式转变带动农民生活方式转变。加强村庄发展的分类引导，改善农村人居环境，保护传统风貌和自然生态格局，建设美丽乡村。全面完善农村骨干基础设施和公共服务设施，完善乡村供水、排水、垃圾处理、道路交通、电力、通信等设施，合理配置乡村教育、医疗、商业服务等设施网点。重点保护40个以上具有历史文化底蕴和风貌特色的村庄。明确核心资源要素，加强村庄特色风貌保护。合理布局公共服务设施。适度发展休闲、旅游、创意产业。保留在资源、环境、规模、区位、产业、历史、文化等方面综合评价较高的村庄。以节约集约用地为导向，结合自然村布局，适当考虑紧凑组团式发展。就近依托城镇公共配套，推进基本公共服务和市政设施建设，开展农村人居环境整治行动。

二　天津滨海新区

天津滨海新区按照中央要求并结合新区实际发展情况形成了“一轴”“一带”“三个城区”“九个功能区”的空间和产业布局。“一轴”即在沿京津塘高速公路和海河下游建设“高新技术产业发展轴”。“一带”即在沿海岸线和海滨大道建设“海洋经济发展带”。“三个城区”① 即建设以塘沽为中心、以大港和汉沽为两翼的三个宜居生态型新城区。“九个功能区”包括：天津滨海新区中心商务区，主要发展金融、贸易、商务、航运服务产业；临空产业区，主要发展临空产业、航空制造产业；滨海高新区，主要发展航天、生物、新能源等新兴产业；先进制造业产业区，主要发展海洋、汽车、电子信息产业；中新生态城，主要发展生态环保产业；海滨旅游区，主要发展主题公园、游艇等休闲旅游产业；海港物流区，主要发展港口物流、航运服务产业；临港工业区，主要发展重型装备制造产业及研发、物流等现代服务业；南港工业区，主要发展石化、冶金、装备制造产业。

① 生态型新城区是指在空间布局、基础设施、建筑、交通、产业配套等方面，按照资源节约、环境友好的要求进行规划、建设、运营的城市开发区、功能区、新城区等。

2018 年天津滨海新区开启了新一轮改革，对天津滨海新区原有的四个功能区进行重组整合，并成立天津滨海新区功能区体制改革领导小组，将原中心商务区并入天津经济技术开发区，将原临港工业区并入天津港保税区。整合后，天津滨海新区形成五个功能区。开发区的社会管理职能将剥离，由天津滨海新区新成立的泰达街管理。将中心商务区并入开发区后将实现叠加效应，不仅是功能叠加，更是政策叠加。改革之后能够使城市规划更加统一、基础设施配套互联互通，土地资源、空间资源能够更加集约、集聚。通过改革，使天津滨海新区核心区的规划更加统一、鲜明，使天津滨海新区双城双港这个“城”更加突出，同时双创示范基地的政策、自由贸易区①的政策、开发区的整个产业基础及制造业基础能够更好地结合起来，达到产城融合、强强联合、优势互补的效果。整合后的天津港保税区资源更为齐备，既有海港、空港也有临港。

三　重庆两江新区

重庆两江新区着眼于长远发展，综合考虑区位交通、资源环境、战略定位和发展基础，与城市功能分区相衔接，南部区域重点发展现代服务业，中西部区域重点突出城市综合功能，东北部区域重点发展先进制造业，逐步推进形成“一心四带”的空间总体战略格局。

“一心”：金融商务中心，包括石马河、大石坝、观音桥、华新街、五里店、江北城、龙溪、龙山、龙塔、天宫殿、人和等街镇。突出提升中央商务功能、国家级研发创新基地功能，重点发展创新金融、资讯研发、商贸商务三大核心产业，大力发展设计、创意、总部经济、产业楼宇等产业，重点打造江北嘴金融核心区、观音桥商贸核心区、人和总部基地、五里店研发设计中心，加快科技研发机构、科技服务平台、高端科技人才集聚，建成内陆地区现代服务业基地的主要载体、西部一流的总部产业基地、长江上游地区

① 自由贸易区（Free Trade Area），是指签订自由贸易协定的成员国相互彻底取消商品贸易中的关税和数量限制，使商品可以在各成员国之间自由流动的国家和地区。

的研发创新中心和金融中心。

“四带”：都市功能产业带包括大竹林、礼嘉、鸳鸯、翠云、悦来、双龙湖、回兴等街镇，培育发展国际商务功能、新兴都市功能，重点发展商务会展、汽车、电子信息、仪器仪表、生物医药等五大核心产业，重点打造悦来会展城、双龙湖国际商务新城、金山商务中心、大竹林高尚居住区，建设和谐宜居之城和现代都市新区；高新技术产业带包括蔡家、施家梁、水土、复兴等街镇，突出研发创新、绿色低碳、清洁制造功能，重点发展新材料、生物医药、电子信息、仪器仪表、研发设计等五大核心产业，重点打造同兴工业园区、水土高新技术产业园，适当发展高品质生态居住及休闲等产业；物流加工产业带包括保税港区、铁山坪、玉峰山、两路、双凤桥、王家、木耳、古路等街镇，突出和完善保税物流①、出口加工、临港临空功能，重点发展电子信息、仓储物流、保税加工等三大核心产业，大力发展电气机械等出口加工业及国际采购、转口贸易等服务业，加快江北机场、寸滩港、果园港、重庆北站以及物流基础设施建设，重点打造寸滩港物流园区、石坪轻加工出口基地、江北机场物流园区、临空机电出口基地，建成内陆地区最具规模和实力的保税物流及出口加工产业集聚区；先进制造产业带包括郭家沱、鱼嘴、复盛、龙兴、石船等街镇，突出战略性新兴产业和国家级先进制造业平台功能，重点发展汽车、高端装备、新材料、节能环保、新一代信息产品等五大核心产业，以鱼复现代物流功能区、龙石先进制造功能区为载体，打造万亿工业基地，建成国内最具影响和实力的先进制造业集聚区之一、国家重要的战略性新兴产业基地。

四 浙江舟山群岛新区

根据《浙江舟山群岛新区发展规划》中的浙江舟山群岛新区的战略定

① 保税物流特指在海关监管区域内，包括保税区、保税仓、海关监管仓等，从事仓储、配送、运输、流通加工、装卸搬运、物流信息、方案设计等相关业务，企业享受海关实行的“境内关外”制度以及其他税收、外汇、通关方面的特殊政策。

位和发展目标，依托独特的区位条件、资源禀赋、生态环境容量①、发展基础和潜力，科学优化空间布局，充分发挥比较优势，着力构建功能定位清晰、开发重点突出、产业布局合理、集聚效应明显、陆海协调联动的“一体、一圈、五岛群”总体开发格局。

1. “一体”

“一体”指舟山本岛及联动开发的南部诸岛，是浙江舟山群岛新区开发开放的主体区域，也是舟山海上花园城市建设的核心区。重点构筑“南生活、中生态、北生产”三带协调、功能清晰的发展格局（见表1－4）。

表1－4　浙江舟山群岛新区“三带”基本布局

名称	发展定位	产业布局
南部花园城市带	依托定海、新城和普陀城区，扩大城市规模，提高城市品质，推进旧城改造，打通南部海岸城市发展走廊，联动开发南部诸岛	加快第二产业转移和第三产业培育步伐，发展以金融商贸、海事中介、医疗服务、研发创意、教育培训、休闲旅游、会展节庆等业态为主的现代服务业
中部重点生态带	加强舟山岛中央山体生态保护，构筑绿色廊道，形成以山体为核心的指状绿地系统①；科学规划、合理开发，严格保护海岛生态景观和田园风光，切实维护自然生态系统平衡和海岛生态安全	结合水系设置沿河绿带，建设成带成片的城市结构性绿地与成网成园的生活型绿地
北部海洋新兴产业带	在小沙镇至展茅街道区域范围内，形成产业转型升级先导区和海洋新兴产业集聚区	重点发展临港装备制造、海洋生物、海洋探测装备、高端海洋电子、水产品精深加工等海洋新兴产业

注：城市绿地系统是指由城市中各种类型和规模的绿化用地组成的具有较强生态服务功能的整体。广义的城市绿地系统就是城市植被，包括城市范围内一切人工的、半自然的以及自然的植被，既有陆生群落，也有水生群落。

资料来源：浙江舟山群岛新区官网。

① 生态环境容量是指在特定自然区域中自然生态系统的结构和功能不受损害、人类生存环境质量不下降的前提下，能容纳的污染物的最大负荷量。其大小与环境空间的大小、各环境要素的特征和净化能力、污染物的理化性质等有关。通常包括饱和环境容量和适宜环境容量两部分。

2. “一圈”

浙江舟山群岛新区“一圈”基本布局如表1－5所示。

表1－5 浙江舟山群岛新区“一圈”基本布局

名称	功能定位
岱山岛	近期积极发展临港制造业，远期规划建设大宗商品加工和区域性国际港航服务平台
衢山岛及周边的鼠浪湖、黄泽山等岛	规划建设国际燃油供应中心和矿砂、煤炭等大宗商品深水中转中心
大、小洋山岛	以集装箱运输、保税物流及相配套的加工增值综合服务功能为重点，建成上海国际航运中心港航配套服务中心
大、小鱼山岛	主要发展临港工业和大宗商品加工，大长涂岛主要发展原油储运

资料来源：浙江舟山群岛新区官网。

3. “五岛群”

“五岛群”即普陀国际旅游岛群、六横临港产业岛群、金塘港航物流岛群、嵊泗渔业和旅游岛群、重点海洋生态岛群（见表1－6）。

表1－6 浙江舟山群岛新区五岛群功能介绍

名称	核心	定位
普陀国际旅游岛群	以普陀山国家级风景名胜区为核心，包括朱家尖岛、桃花岛、登步岛、白沙岛等	依托佛教文化，建设禅修旅游基地，加快形成世界级佛教旅游胜地 在符合风景名胜区总体规划等相关规划要求的前提下，重点开发游艇、邮轮、康体、滑翔、潜水、攀岩等旅游新业态和新项目，打造世界一流的海洋休闲度假岛群
六横临港产业岛群	以六横岛为核心，包括虾峙岛、佛渡岛、东白莲岛、西白莲岛、凉潭岛、湖泥岛等	现有企业重点发展高端特种船舶，积极发展港口物流[①]、大宗商品加工等临港产业和海水淡化、深水远程补给装备、海洋新能源等海洋新兴产业
金塘港航物流岛群	以金塘岛为核心，包括册子岛、外钓岛等	重点发展以国际集装箱中转、储远和增值服务为主的港口物流业，打造油品等大宗商品中转储运基地，建设综合物流园区
嵊泗渔业和旅游岛群	以泗礁岛为核心，包括嵊山岛、枸杞岛、黄龙岛等	推进中心渔港建设，加快渔业转型升级 发展海洋休闲旅游，建成集港口观光、滨海游乐、海上竞技、渔家风情、游艇海钓、海鲜美食于一体的渔业和休闲旅游岛群

续表

名称	核心	定位
重点海洋生态岛群	以中街山列岛、浪岗山列岛、五峙山列岛、马鞍列岛等为重点，推进海洋生态保护	加强对海洋生态环境的监控和保育，适度发展海洋渔业和海洋旅游业，加大渔业资源增殖放流力度，逐步实现海洋生态环境良性循环，打造各具特色的海洋生态岛群

注：港口物流是指中心港口城市利用自身的口岸优势，以先进的软硬件环境为依托，强化对港口周边物流活动的辐射能力，突出港口集货、存货、配货特长，以临港产业为基础，以信息技术为支撑，以优化港口资源整合为目标，发展具有涵盖物流产业链所有环节特点的港口综合服务体系。港口物流是特殊形态下的综合物流体系，是作为物流过程中的一个无可替代的重要节点，完成整个供应链物流系统中基本的物流服务和衍生的增值服务。

资料来源：浙江舟山群岛新区官网。

五　甘肃兰州新区

甘肃兰州新区总体规划形成“两区一城四片”总体空间结构。“两区”为北部的生态农业示范区及南部的生态林业休闲区和水秦路两侧生态修复综合试验区。“一城”为核心城区，包括保税物流、科技研发、行政办公、金融商业、职业教育、文化旅游等综合服务职能。“四片”包括石化产业片区、国际合作及物流片区、中小企业片区（树屏）以及综合产业片区，为新区主导产业空间落实的地区。规划对“一城”空间结构进行指引，为“T 轴、六组团”。“T 轴”由核心城区东部依托自然山体形成的生态绿化廊道①及沿纬三路、纬五路以及纬七路形成的功能轴组成，为新区风貌特色重要的组成部分。六组团包括综保产业组团、高新技术产业组团、综合服务组团、职教园区组团、区域中心组团及文化旅游组团。

六　广州南沙新区

2015 年 2 月 5 日，国务院对广州南沙新区发展规划进行批复，原则同

① 城市生态廊道是景观生态学中的一个概念，指不同于两侧基质的线状或带状景观要素，城市中的道路、河流、各种绿化带、林荫带等都属于廊道。

意《广州南沙新区发展规划》。规划对广州南沙新区的总体布局如下：以深化与港澳全面合作为主线，以生态、宜居、可持续为导向，以改革、创新、合作为动力，大力推进粤港澳全面合作示范区建设，努力把广州南沙新区建设成为粤港澳优质生活圈、新型城市化典范、以生产性服务业为主导的现代产业新高地、具有世界先进水平的综合服务枢纽和社会管理服务创新试验区，为全面推动珠江三角洲转型发展、促进港澳地区长期繁荣稳定、构建中国开放型经济新格局发挥更大作用。

2015 年 12 月 24 日，《国务院关于加快实施自由贸易区战略的若干意见》指出：近期，加快正在进行的自由贸易区谈判进程，在条件具备的情况下逐步提升已有自由贸易区的自由化水平，积极推动与中国周边大部分国家和地区建立自由贸易区，使中国与自由贸易伙伴的贸易额占中国对外贸易总额的比重达到或超过多数发达国家和新兴经济体水平；中长期，形成包括邻近国家和地区、涵盖“一带一路”沿线国家以及辐射五大洲重要国家的全球自由贸易区网络，使中国大部分对外贸易、双向投资实现自由化①和便利化。

1. 规划

广州南沙新区面积共 803 平方公里，辖 3 街 6 镇，依区位组团分为“一核四区”。自贸试验区占地 60 平方公里，分七个功能片区：蕉门河中心区区块 · 境外投资综合服务区（3 平方公里）、明珠湾起步区区块 · 金融商务发展试验区（9 平方公里）、南沙湾区块 · 国际科技创新合作区（5 平方公里）、万顷沙保税港加工制造业区块 · 国际加工贸易转型升级服务区（10 平方公里）、海港区块 · 国际航运发展合作区（15 平方公里）、南沙枢纽区块 · 粤港澳融合发展试验区（10 平方公里）和庆盛枢纽区块 · 现代服务业国际合作区（8 平方公里）。

① 投资自由化和贸易自由化是经济全球化最具实质性的内容。与贸易自由化相比，投资自由化是经济全球化的一个更高阶段，只不过直到 20 世纪 70 年代末，投资自由化才作为一种观念和政策出现，并逐渐在世界范围内展开。20 世纪 80 年代，越来越多的发展中国家开始吸引外资，引进外国技术。

2. 规划发展重点

重点发展资讯科技、金融后台服务、专业服务等，打造粤港澳生产性服务业发展基地，探索内地和港澳社会管理创新及经济融合发展新机制。打造与国际接轨的营商环境，创新社会管理服务体系；拓展香港产业发展空间，构建与香港科技联合创新的新机制，打造粤港澳生产性服务业[①]发展基地，促进粤港融合发展。

作为深化穗港合作的重要平台，南沙自贸区是广州探索和践行开放创新的热土。南沙自贸区以制度创新为核心任务，在探索构建国际化、市场化和法制化营商环境上做出了很多尝试，取得了很多可复制的经验，形成广州对外开放的新优势。

七　陕西西咸新区

2018 年 2 月 2 日，陕西省政府网站发布《陕西省人民政府关于咸阳市城市总体规划（2011～2030 年）的批复》（陕政函〔2018〕20 号），发布了陕西省人民政府 2018 年 1 月 21 日批复的咸阳城市总体规划。

规划范围：西起西咸北环线及涝河入渭口，东至包茂高速，北至西咸北环线，南至京昆高速，规划区范围 882 平方公里，城乡总建设用地 360 平方公里，其中城市建设用地 272 平方公里。

规划期限：近期为 2016～2020 年，远期为 2021～2030 年。

用地布局：沿承关中核心区空间发展结构，以“大开大合”的空间发展模式，构建陕西西咸新区“一河两带、一心三轴、五大组团”的空间结构。

基于优化空间结构、着力建设大西安新中心商务区、有机融入并推动大西安地区发展的考虑，将原“一河两带四轴五组团”调整为“一河两带一心三轴五组团”。

---

① 生产性服务业是指为保持工业生产过程的连续性，促进工业技术进步、产业升级，提高生产效率而提供保障服务的行业。

“一河”即渭河；“两带”即渭北帝陵带和周秦汉都城遗址带；“三轴”则是指南北纵贯的城市发展轴、西安中轴线北延至泾河新城的文化传承轴、串接西安主城中心与大西安新中心核心区的丝路经济轴；“一心”是指大西安新中心商务区；“五组团”指沣东、沣西、秦汉、空港、泾河新城①。

1. 空港新城

规划范围 141 平方公里，主体功能是建设西部地区空港交通枢纽和临空产业园区，以临空产业②为主，重点发展空港物流、飞机维修、国际商贸、现代服务业等产业。

2. 沣东新城

规划范围 161 平方公里，其中遗址保护区面积 13.3 平方公里。主体功能是建设西部地区统筹科技资源示范基地和体育会展中心。以高新技术为主，重点发展高新技术研发和孵化、体育、会展商务、文化旅游等产业。

3. 秦汉新城

规划范围 291 平方公里，其中遗址保护区面积 104 平方公里。主体功能区是建设具有世界影响力的秦汉历史文化聚集展示区和西安国际化大都市生态田园示范新城。以生态、文化和商业为主，重点发展秦汉历史文化旅游、金融商贸、总部经济、都市农业等产业。

4. 沣西新城

规划范围 143 平方公里，其中遗址保护区 8.6 平方公里。主体功能是建设西安国际化大都市新兴产业基地和综合服务副中心。以战略性新兴产业为主，重点发展信息技术、物联网、新材料、生物医药，以及行政商务、都市农业等产业。

---

① 泾河新城作为西咸新区五大组团之一，位于西咸新区东北部，咸阳市泾阳县境内，由西安市代管，规划面积 146 平方公里，是中华人民共和国大地原点所在地。区域内，泾河蜿蜒而过，巍峨雄浑的中国第一高砖塔——崇文塔俯瞰八百里秦川。

② 以航空运输（人流、物流）为指向的产业在经济发展中将形成具有自我增强机制的聚集效应，不断引致周边产业的调整与趋同，这些产业在机场周边形成经济发展走廊、临空型制造业产业集群。

5. 泾河新城

规划范围146平方公里。主体功能是建设西安国际化大都市统筹城乡发展示范区和循环经济园区，以低碳产业为主，重点发展节能环保、高端制造业、测绘、新能源、食品加工和现代农业等产业。

八　贵州贵安新区

2014年6月15日，《贵州省人民政府关于〈贵州贵安新区总体规划（2013～2030年）〉的批复》原则同意《贵州贵安新区总体规划（2013～2030年）》确定的"一核两区"的空间结构。其中，"一核"指"核心职能聚集区"，"两区"指"特色职能引领区"和"文化生态保护区"。核心职能聚集区由贵安生态新城、马场科技新城、天河潭新城、花溪大学城、清镇职教城五个片区组成，是贵州贵安新区东部连接贵阳中心城区形成的以城市功能提升、战略性新兴产业①和高端人才聚集为主的成片开发区域。特色职能引领区由平坝新城、乐平产业功能区、蔡官产业功能区三个片区组成，构建以现代制造、特色装备和特色轻工为主导功能的三个产城一体片区。文化生态保护区由屯堡村寨群落、手工艺遗产群落、水脉林盘群落、滨湖湿地群落组成，强调生态和文化景观资源的整合、保护，承载特色文化旅游活动，提升打造具有世界影响力的文化生态保护区，形成贵州贵安新区生态文明和文化创新集聚的区域。

2015年1月9日，《贵州省人民政府关于〈贵州贵安新区发展规划（2014～2020年）〉的批复》。《贵州贵安新区发展规划（2014～2020年）》提出，要牢牢守住发展和生态两条底线，紧紧围绕主基调、主战略，坚持开放带动、创新驱动，着力加强基础设施和生态环境建设，提升发展保障能力；着力促进工业化、信息化、城镇化、农业现代化同步发展，构建现代产业体系；着力优化区域发展格局，带动周边地

---

① 战略性新兴产业是以重大技术突破和重大发展需求为基础，对经济社会全局和长远发展具有重大引领带动作用，知识技术密集、物质资源消耗少、成长潜力大、综合效益好的产业。

区共同发展；着力保障和改善民生，推进基本公共服务均等化；着力深化改革扩大开放，推进体制机制创新，把贵州贵安新区建设成为经济繁荣、社会文明、环境优美的西部地区重要的经济增长极、内陆开放型经济新高地和生态文明示范区，为全省科学发展、后发赶超、同步小康做贡献。

九 青岛西海岸新区

青岛西海岸新区政务网上发布了《青岛西海岸新区发展总体规划环评第一次公示》，青岛西海岸新区统筹山水林田湖系统治理①，构建新区“一带、两区、七廊道”；同时借鉴国际湾区都市发展理念，实施城乡统筹、三生联动，形成“一主、两辅、七镇、多社区”的城乡空间布局。

“一带”即滨海城市空间发展带。“两区”即海洋生态涵养区和陆域生态涵养区。“七廊道”即依托山体、水系形成七条山海生态绿廊，起到连接山海、组团间隔的作用。

“一主”即新区中心城区。以小珠山为生态核心构筑西海岸中心城区，是新区核心区。“两辅”即董家口城区和古镇口城区两个外围城市组团，是新区承担海洋强国战略②的重要支点。“七镇”即位于陆域生态涵养区内的7个特色小镇。“多社区”即美丽乡村聚落。

十 大连金普新区

1. 总体布局

《大连金普新区总体方案》提出，按照主体功能区规划、海洋功能区规

① 2014年3月14日，习近平总书记在中央财经领导小组第五次会议上提出了“节水优先、空间均衡、系统治理、两手发力”的新时代治水方针，坚持山水林田湖草是一个生命共同体，强调要用系统思维统筹山水林田湖草治理。

② 建设海洋强国，是中国特色社会主义事业的重要组成部分。习近平同志在党的十九大报告中指出：“坚持陆海统筹，加快建设海洋强国。”

划和大连市城市总体规划、土地利用总体规划要求，根据新区资源环境承载力①、现实基础和发展潜力，科学安排空间开发时序和建设重点。近期重点推进普兰店湾沿岸地带开发建设，促进金州区优化发展；中远期着力促进新区全面发展，形成“双核、七区”协调发展格局。

2. 重点发展区

（1）“双核”发展区：普湾城区和金州城区。

（2）“七区”发展区：大小窑湾区、金石滩区、登沙河—杏树屯区、金渤海岸区、七顶山—三十里堡区、复州湾—炮台区和华家—登沙河区。

十一　成都天府新区

《四川成都天府新区总体方案》指出，四川成都天府新区将构建“一带两翼、一城六区”的总体布局。

“一带”：居中的高端服务功能集聚带。成都天府新区中轴线向南延续，并向东延伸至龙泉山边，沿线主要布局金融商务、科技研发、行政文化等高端服务功能集聚带。

“两翼”：东、西两翼产业功能带。以当前成眉乐产业走廊为基础，打造成眉高技术和战略性新兴产业集聚带；以当前经开区和成资工业园为基础，打造高端制造产业功能带。

“一城”：天府新城。集聚发展中央商务、总部办公、文化行政等高端服务功能，建设区域生产组织和生活服务主中心，为专业功能区提供完善的生产生活配套服务。

“六区”：依据主导产业和生态隔离划定的六个产城综合功能区，集聚新型高端产业功能，并独立配备完善的生活服务功能。各功能区内按照产城一体的模式，强化城市功能复合，生活区安排与产业区布局相适应，形成产业用地、居住用地和公共设施用地组合布局、功能完善的功能单元。六个产

① 资源环境承载力（Resource Environmental Bear Capacity），是指在一定的时期和一定的区域范围内，在维持区域资源结构符合持续发展需要且区域环境功能仍具有维持其稳态效应能力的条件下，区域资源环境系统所能承受人类各种社会经济活动的能力。

城综合功能区分别为：成眉战略性新兴产业功能区、空港高技术产业功能区、龙泉现代制造产业功能区、创新研发产业功能区、南部现代农业①科技功能区和“两湖一山”国际旅游文化功能区。

十二 湖南湘江新区

湖南湘江新区根据国务院批示及新区实际情况提出了构建“两走廊、三轴、五基地”的产业发展空间布局。

1.“两走廊”

湘江西岸现代服务业发展主轴：以湘江西岸岸线为主轴，提升大王山旅游度假区、洋湖总部经济区、岳麓山风景名胜区、滨江金融商务区、麓谷高技术服务区规划建设品质，建设望城滨水新城，加快形成具有国际品质、湖湘特质的金融总部经济区、区校合作示范区、现代都市滨水区和文化旅游目的地，向南辐射湘中、湘南地区，向北带动洞庭湖生态经济区，引领带动长株潭城市群现代服务业发展。

319 国道战略性新兴产业走廊：依托长沙高新区、宁乡经开区、望城经开区等国家级园区和宁乡高新区、岳麓工业集中区等省级园区，加强产业布局联动、基础设施互通和公共平台共享，重点发展先进装备制造（智能制造）、新能源与节能环保、新一代信息技术、新材料、生物医药等产业集群，向东对接长沙主城区、长沙县和浏阳市，向西辐射带动益阳等经济发展腹地，打造国内领先、国际先进的战略性新兴产业走廊。

2.“三轴”

岳长潭产业功能轴：沿岳长潭城际铁路打通南北区域，沿线串联望城高星组团、岳麓中心城区、坪浦组团，构筑产城融合、创新驱动、智造引领的

① 现代农业的主要特征为：①广泛地运用现代科学技术，由顺应自然变为自觉地利用自然和改造自然，由凭借传统经验变为依靠科学，成为科学化的农业，使其建立在植物学、动物学、化学、物理学等科学高度发展的基础上。②把工业部门生产的大量物质和能量投入农业生产中，以换取大量农产品，成为工业化的农业。③农业生产走上了区域化、专业化的道路，由自然经济变为高度发达的商品经济，成为商品化、社会化的农业。

综合性发展轴。

北部发展次轴：沿望京大道形成联动高星组团、宁乡组团，打造联动城乡、交通便捷的开放型发展轴。

南部产业发展次轴：沿长韶娄高速—莲坪大道形成联系坪浦组团，辐射道林镇、花明楼镇等周边区域，按照符合长株潭生态绿心规划和绿心保护条例[①]的要求，形成人文彰显、生态优美的绿色化发展轴。

3. “五基地”

自主创新引领基地：以长沙高新区为核心，辐射带动岳麓山大学城、岳麓工业集中区、宁乡高新区、沩东新城等区域，促进科技、教育与产业的协同发展，加快建设各类人才创新创业、工作学习、生活游憩的优质平台，重点发展研发、设计、教育培训等生产性服务业。

先进制造业发展基地：充分发挥长沙高新区、宁乡经开区和望城经开区等国家级园区制造业规模优势，以工程机械、电子信息、航空航天、食品加工、有色新材、再制造等产业为重点，推动制造业向高端化、集成化发展。

总部经济集聚基地：依托区内优越的自然生态环境，高标准建设梅溪湖总部经济区、洋湖总部经济区、滨江金融商务区、金桥国际商务区和望城滨水新城，强化商务商贸、教育医疗、文化娱乐等配套服务，培育发展电子商务、文化创意、移动互联网、服务外包、科技服务等新兴服务业，着力吸引国内外企业总部以及研发中心、营销中心、结算中心集聚落户，打造国际化、智能型总部经济基地。

生态旅游休闲基地：推进岳麓山风景名胜区、大王山旅游度假区、乌山森林公园、凤凰山森林公园、洋湖湿地公园、金洲湖湿地公园建设和莲花山、桃花岭、象鼻窝等生态资源保护与开发，重点发展旅游度假、医疗健康、体育健身、养老服务等产业，打造完整的旅游休闲产业链，建设生态旅游休闲目的地。

① 《湖南省长株潭城市群生态绿心地区保护条例》于2012年11月30日经湖南省第十一届人民代表大会常务委员会第三十二次会议通过并予公布，自2013年3月1日起施行。

现代都市农业示范基地：加快望城农业科技园、宁乡县农业科技园、岳麓都市农业带等特色农业功能区和特色村镇建设，推进现代农业适度规模经营，重点发展有机农业、高效农业、观光农业和都市休闲农业，打造融生产性、休闲性和生态性于一体的都市农业[①]示范基地。

十三 南京江北新区

按照“以人为本、生态优先[②]，区域统筹、产城融合”的总体思路，规划南京江北新区形成“一轴、两带、三心、四廊、五组团”的总体布局结构。

“一轴”指沿江城镇发展轴，由轨道交通、高速公路、快速路支撑和串联形成的沿江、带形、组团布局的江北城镇密集发展地区。

“两带”指外环山水生态带、沿江生态带。外环山水生态带包括山、水及农业生态空间，串联各新市镇和新社区，形成沿江集中城市化地区外围生态保育空间；沿江生态带主要包括滨江生态与休闲空间，形成南京江北新区生态维护与公共活动空间塑造的重要地区。

“三心”指浦口、雄州综合型城市中心及大厂生产性服务业中心，是按照相对江南独立发展的标准建设的中心区，是辐射苏北、皖北地区的区域生活和生产中心。

“四廊”指方山—八卦洲、马汊河 八卦洲、龙王山—八卦洲、老山—三桥四个楔形廊道，是区域绿地系统的重要组成、城镇组团的主要增长边界，以及江北保护南京主城环境的清洁空气廊道。

“五组团”指桥林、浦口、高新—大厂、雄州、龙袍五个城镇功能组

① 都市农业是大都市、都市郊区和大都市经济圈以内，以适应现代化都市生存与发展需要而形成的现代农业。都市农业是以生态绿色农业、观光休闲农业、市场创汇农业、高科技现代农业为标志，以农业高科技武装的园艺化、设施化、工厂化生产为主要手段，以大都市市场需求为导向，融生产性、生活性和生态性于一体，高质高效和可持续发展相结合的现代农业。

② 2019年3月5日，习近平总书记在参加他所在的十三届全国人大二次会议内蒙古代表团审议时强调：“要探索以生态优先、绿色发展为导向的高质量发展新路子。”

团，是空间相对集中、功能相对完善、职住相对平衡、集中高效发展的城镇集中建设地区。

此外，南京江北新区协同推进新型工业化[①]、信息化、城镇化、农业现代化和绿色化，促进生产空间、生活空间和生态空间等协调发展。

十四　福建福州新区

按照国家战略定位和发展规划，福建福州新区初步规划“一核两翼、两轴多组团”的空间结构。

“一核”：新区核心区，包括三江口、闽江口和长乐滨海新城，是福州中心城区“东进南下、沿江向海”空间发展战略的重要拓展空间，重点发展商务金融、经贸交流、创新研发、文化会展等高端服务功能，打造海峡两岸极具影响力、辐射力和竞争力的服务中枢。

“两翼”：新区南翼发展区和北翼发展区。其中，南翼发展区是以福清为重点的综合发展区，是推动与平潭岛区一体化发展的重要对接区域。依托闽台蓝色产业园、江阴经济开发区、融侨经济技术开发区等，重点发展海洋经济[②]、临港重化、电子信息等产业，打造新区临港产业崛起的主战场。北翼发展区是以环罗源湾为主的产业发展区，依托罗源湾港口作为区域散货枢纽的优势，推动临港产业发展，打造以能源、冶金、机械制造业为主的产业发展区。

“两轴”：沿江综合发展轴和沿海蓝色经济轴。其中，沿江综合发展轴，为福州中心城区经三江口连接滨海新城的城市发展轴线，重点承担综合服务、区域商贸、总部经济[③]、高端科技研发等职能，是实现福州城市由“河

---

① 新型工业化是发展经济学概念，指知识经济形态下的工业化，增长方式是知识运营，知识化、信息化、全球化、生态化是其本质特征。

② 一般认为现代海洋经济包括为开发海洋资源和依赖海洋空间而进行的生产活动，以及直接或间接开发海洋资源及空间的相关产业活动，由这样一些产业活动形成的经济集合均被视为现代海洋经济范畴。

③ 总部经济（Headquarters Economy）是伴随着商务园区、中心商务区（CBD）的出现才被发现的一种经济模式。它因为某一单一产业价值的吸引力，而出现众多资源大规模聚合，形成有特定职能的经济区域，在此区域高端集合，成为一种特殊的经济模式，在中国称为总部经济，该区域也相应地被称为总部基地。

口城市”向“滨海城市”转变的重要标志。沿海蓝色经济轴，北接宁德、南连莆田，由北至南串联起福建福州新区内罗源、连江、长乐、福清等沿海地区，是推进“海上福州”建设的重要载体，也是联系福建福州新区众多港口及产业区的重要纽带。

“多组团”：核心区的三江口组团、闽江口组团、滨海新城组团；南翼的福清湾组团、江阴湾组团、福清城区组团；北翼的罗源湾北岸组团、罗源湾南岸组团、连江城区组团。

十五　云南滇中新区

按照“城乡统筹、产城互动、节约集约、生态宜居、和谐发展”的要求，因地制宜采取组团式、卫星城[①]式布局，规划形成城市建设区、产业发展区、历史文化区、生态保护区等功能区，全力打造绿色低碳、特色鲜明、配套完善的美丽新区。

城市建设区：围绕打造紧凑高效的山地组团城市的建设目标，坚持“强化山水、融合现代、宜居宜业、低碳智慧、绿色发展”的开发理念，建设布局合理、功能互补、配套完善、特色鲜明的美丽新城和高原特色山地城镇建设示范区。

产业发展区：主要依托安宁工业园区、杨林经济技术开发区、昆明空港经济区等重点园区，重点发展现代生物、高端装备制造、电子信息、新材料、节能环保等战略性新兴产业和以金融、商贸物流、康体休闲与文化创意为重点的现代服务业。

历史文化区：重点依托嵩明县杨林镇、安宁市温泉街道等文物、文化资源富集区域，规划历史文化区，进行文物和非物质文化遗产展示，彰显民族地域文化、自然生态文化、休闲养生文化、现代创意文化，促进文化遗产传承保护与开发利用。

---

① 卫星城镇是大城市体系中的一个层次，是依附于大城市、与大城市联系紧密、处在大城市周边而又与大城市相对独立的中小城市。其目的在于缓解大城市的人口、就业、住房、交通压力。

生态保护区：构建平衡适宜的城乡建设空间体系，将城市建设区、产业发展区、历史文化区范围以外的区域全部划入生态保护区，重点对山地、河流、湖泊、湿地、林地等进行保护与修复，保持生态多样性，打造绿色生态屏障，实现可持续发展。

十六　黑龙江哈尔滨新区

《哈尔滨市国民经济和社会发展第十三个五年规划纲要（草案）》提出，到2020年，黑龙江哈尔滨新区体制机制不断创新，综合实力显著提高，与国际接轨的开放合作和自主创新发展环境基本形成，先进制造业和现代服务业竞争力大幅增强，经济增速在黑龙江省处于领先地位，基础设施承载力明显提升，对俄产业、经贸、科技合作层次全面升级。

坚持“一江居中、两岸繁荣”战略构想，以松花江北部地区为核心区，以哈南工业新城平房区部分为新区产业支撑区，推动临空经济区、哈东现代物流产业带与黑龙江哈尔滨新区联动发展，构建“一核、一带、三组团、双枢纽”协调发展新格局。

“一核”即黑龙江哈尔滨新区核心区。以大松北为核心重点发展战略性新兴产业，加快建设科技、信息、金融、国际商贸、文化旅游合作平台，打造国家对俄合作中心城市重要承载区、重要的健康产业①基地。

“一带”即沿松花江现代服务产业带。重点建设中俄文化合作交流中心、东北亚商务中心、太阳岛国际冰雪避暑旅游区等现代服务业集聚区。大力发展科技服务、特色旅游、金融商务、文化、健康养生等高端服务业。

“三组团”即以三个国家级开发区为支撑，着力打造松北科技创新组团、利民健康产业组团、哈南现代制造业组团。

“双枢纽”依托临空经济区打造国际航空物流门户枢纽。重点发展面向

① 健康产业是辐射面广、吸纳就业人数多、拉动消费作用大的复合型产业，具有拉动内需增长和保障改善民生的重要功能。

俄罗斯、北美、东北亚、欧洲的国际航空物流，培育发展电子信息制造、国际商务服务等产业。依托综保区、内陆港打造东北亚国际铁路物流门户枢纽。充分发挥铁路集装箱中心站、综保区、内陆港、传化公路港、华南城在加快对外开放中的带动作用，进一步放大哈欧国际班列、中亚班列开行的带动效应，大力发展国际商贸、电子商务、商务服务、会展博览等现代服务业，培育发展保税加工产业。

同时黑龙江哈尔滨新区围绕新定位，将落实以下四大功能建设。

开放门户的打造：加强哈尔滨与中俄、哈欧、哈以合作，依托中俄口岸[①]的建设，打造能源、旅游合作、资源交流、港口贸易四大对接通道，促进哈俄全面合作，辐射整个黑龙江省，带动省域全面发展。注重新区对外开放的枢纽、平台建设，在新区内布局对青山对外货运枢纽、北站客运枢纽等两大枢纽、三大自由贸易试验区、七大产业合作平台，落实对外开放的空间承载核心点。

发展引擎的建设：抓住“中国制造2025”、东北老工业基地振兴等战略机遇，以改革创新和转型升级为动力，着力激发产业创新活力、关注黑龙江哈尔滨新区产业的引领示范作用，打造以大健康产业、高端装备制造业[②]和新兴产业为重点的三大创新集群。注重落实产业的空间承载，围绕“特色农业+先进制造+服务引领”，布局新区发展引擎，规划形成“五带、十园、多基地”的产业格局，切实落实重点产业的空间布局。

科创智谷的建设：利用新区内现有哈尔滨工业大学等重点高校的优势资源，打造“科学园+技术园+产业园”多层级创新模式，提高资源转化效率；重视平台建设，搭建四大创新平台——“一带一路”科技合作地、“中

① 位于黑龙江的中俄口岸有漠河、黑河、孙吴、逊克、嘉荫、萝北、同江、抚远、饶河、虎林、密山、绥芬河（公铁两用）、东宁、富锦。

② 高端装备制造业又称先进装备制造业，是指生产制造高技术、高附加值的先进工业设施设备的行业。高端装备主要包括传统产业转型升级和战略性新兴产业发展所需的高技术、高附加值装备。

国制造2025”① 科技支撑地、国家服务贸易创新示范地、东北地区大众创业示范区。

魅力江城的塑造：利用黑龙江哈尔滨新区丰富的生态与文化资源，面向国际，尤其是俄罗斯、日韩等城市开发旅游市场，打响国际冰雪文化品牌，推进旅游文化和现代服务业的提升发展，建设特色国际文化旅游聚集区。结合新区自然基底，深入挖掘新区内涵，突出“大江大河”的空间肌理。加强城市设计，塑造魅力江城，为市民提供丰富宜人、充满活力的城市公共空间，建设令人愉悦的美丽新区。

十七　吉林长春新区

根据新区资源环境承载能力、现实基础和发展潜力，围绕战略定位和产业布局，构建“两轴、三中心、四基地”的发展格局。

“两轴”：哈长战略性新兴产业发展轴、长吉高端服务业发展轴。

哈长战略性新兴产业发展轴：依托哈大经济走廊，重点发展高端装备制造、生物医药、新材料、新能源等战略性新兴产业，规划建设一批新兴产业园区，构筑带动哈长、辐射东北的战略性新兴产业发展轴。

长吉高端服务业②发展轴：依托长吉图国际合作走廊，大力发展高技术服务、现代物流、文化创意、旅游休闲、养老健康等现代服务业，打造立足长吉、面向东北亚的高端服务业发展轴。

“三中心”：科技创新中心、国际物流中心、国际交流与合作中心。

科技创新中心：依托与中国科学院合作建设的长东北科技创新综合体，

① 《中国制造2025》提出，坚持“创新驱动、质量为先、绿色发展、结构优化、人才为本”的基本方针，坚持“市场主导、政府引导，立足当前、着眼长远，整体推进、重点突破，自主发展、开放合作”的基本原则，通过“三步走”实现制造强国的战略目标：第一步，到2025年迈入制造强国行列；第二步，到2035年中国制造业整体达到世界制造强国阵营中等水平；第三步，到新中国成立一百年时，综合实力进入世界制造强国前列。

② 目前高端服务业没有一个准确的定义，其统计口径大相径庭。一般认为，高端服务业通常指智力化、资本化、专业化、效率化的服务业，其研究领域包括以下十七大类：科技、教育、总部经济、金融、三四方物流、休闲旅游业、医疗保健、文化娱乐、咨询信息、创意设计、节庆、展会、IT资讯、订单采购、商务活动、企业服务业（智力资本、商务活动）、专业中介等。

进一步完善光电子、新材料、新能源、生物医药、生态农业等五大专业技术平台和政务、金融、信息、人才、科技企业孵化、知识产权及国际合作等七大公共服务平台，组建高技术产业技术创新战略联盟，集中力量实施重大创新工程，推进关键核心技术取得新的突破，加快形成科研项目孵化基地、科技成果转化基地、中小企业培育基地和企业上市融资基地，打造长吉图科技创新中枢。

国际物流中心：依托与中国铁路总公司合作建设的大型铁路综合货场，与长春兴隆综合保税区功能互补、联动发展，畅通陆海联运通道，发展跨国物流、内贸外运新模式，形成吉林省对外开放的内陆港口和长吉图区域重要的物流枢纽。

国际交流与合作中心：依托长春空港周边区域良好的区位优势，抓住中韩自贸区①建设有利机遇，搭建文化交流、科技合作、金融创新、国际会展等开放平台，促进东北亚各国人文交流与经贸合作。

“四基地”：高技术产业基地、先进制造产业基地、临空经济产业基地、健康养老产业基地。

高技术产业基地：依托长春高新技术产业开发区创新资源富集及高新技术产业集聚优势，重点发展光电子、生物医药、电子商务、文化创意、软件及服务外包等新兴产业，打造区域发展创新引擎。

先进制造产业基地：依托长东北创新产业园区先进制造业发展基础，实施“互联网＋”协同制造，促进新一代信息技术与制造业深度融合，重点发展汽车、轨道交通、通用航空、智能机器人等先进制造业，推动制造业向中高端发展。

临空经济产业基地：以龙嘉国际机场为中心，重点发展运输业、航空综合服务业及物流配送、商务餐饮等配套产业，不断扩大聚集与辐射带动作用，打造服务东北、辐射东北亚的临空产业经济区。

① 中韩自贸区谈判于2012年5月正式启动，旨在为两国货物贸易提供制度保障，拓展电子商务、节能环保、金融服务等新兴战略服务领域的合作，共同构建一个规范、稳定、可预期的框架。建立中韩自贸区具有里程碑意义，将有力促进亚太区域一体化。

健康养老产业基地：依托长春空港周边区域优良的生态资源，建设运动员训练基地、休闲旅游度假基地、健康养老基地，大力发展旅游休闲、健康养老等现代服务业，打造健康养老产业集群。

十八　江西赣江新区

江西赣江新区根据新区发展基础和资源环境情况，统筹生产、生活、生态布局，科学划定开发边界和生态保护红线①，以主要交通通道和鄱阳湖、赣江等水系为依托，努力构建“两廊、一带、四组团”发展格局，实现生产空间集约高效、生活空间宜居适度、生态空间山清水秀。新区位于江西省南昌市北部的赣江之滨，包括南昌市青山湖区、新建区和共青城市、永修县的部分区域，规划面积465平方公里。

“两廊”：①昌九产业走廊。依托福银高速、京九铁路沿线产业园区，引导产业合理布局、错位发展，推动园区联动发展、协作配套，大力发展高端装备制造、战略性新兴产业和现代服务业，向南对接南昌中心城区和南昌国家高新技术开发区、小蓝国家经济技术开发区②，向北对接九江沿江开放开发带，打造国内具有较大影响力的先进制造业和现代服务业产业走廊。②滨湖生态廊道。以鄱阳湖滨湖控制带、赣江为主体，以自然保护区、森林公园、湿地公园等生态功能区为支撑，加大河流、湖泊等生态空间和农业空间保护力度，因地制宜发展旅游休闲产业，大力实施“森林城乡、绿色通道”工程，加强环鄱阳湖生态环境综合整治，构筑滨湖立体生态廊道。

“一带”：以昌九大道为主轴，坚持以人为本、产城融合的城镇发展理念，发挥依山傍水、滨湖临江优势，统筹规划沿线城镇布局和形态，构建适度紧凑、疏密有致、延绵发展的绿色生态城镇带，联动南昌、九江城区一体

① 生态保护红线的实质是生态环境安全的底线，目的是建立最为严格的生态保护制度，对生态功能保障、环境质量安全和自然资源利用等方面提出更高的监管要求，从而促进人口资源环境相均衡、经济社会生态效益相统一。

② 南昌小蓝经济技术开发区于2002年3月成立，2006年3月成为省级开发区，2012年7月升级为国家级经济技术开发区，是江西省汽车零部件产业基地、江西省食品产业基地、江西省生物医药产业基地、江西省首批生态工业园区。

化发展，辐射带动环鄱阳湖城市群发展。

“四组团”：①昌北组团。依托南昌经济技术开发区，充分发挥集聚高端产业和科研人才的优势，引导和支持企业向产业链高端发展，重点发展汽车及零部件制造，新能源、新材料及节能环保等战略性新兴产业，建设高端装备制造业基地和科教研发基地。②临空组团。依托南昌昌北国际机场，进一步完善立体交通系统，推进航空枢纽建设，提升开放门户功能，加快构建现代临空产业体系，重点发展航空物流、高端制造、生物医药、电子信息，建设现代临空都市区和总部经济集聚区，推动南昌临空经济区发展。③永修组团。以永修县城、永修云山经济开发区为主体，重点发展新材料产业，进一步延伸产业链，提高产品附加值，培育壮大都市农业、生态旅游、高端装备制造、电子信息和现代服务业，做大做强有机硅国家新型工业化产业示范基地，建设都市观光休闲农业示范带。④共青组团。充分发挥全国青年创业基地、国家生态文明教育基地的引领示范作用，重点发展电子电器、新能源、新材料、文化创意、旅游休闲、电子商务、纺织服装等产业，深入推进纺织服装国家新型工业化产业示范基地建设和国际生态经济①合作交流，建设全国青年创业创新示范基地和国际生态文明交流平台。

十九　河北雄安新区

2017 年 4 月，中共中央、国务院批复了《河北雄安新区规划纲要》，纲要在“城乡空间布局”部分指出，综合考虑新区定位、发展目标和现状条件，坚持城乡统筹、均衡发展、宜居宜业，规划形成“一主、五辅、多节点”的新区城乡空间布局。

“一主”即起步区，选择容城、安新两县交界区域作为起步区，是新区

① 生态经济是指在生态系统承载能力范围内，运用生态经济学原理和系统工程方法改变生产和消费方式，挖掘一切可以利用的资源潜力，发展一些经济发达、生态高效的产业，建设体制合理、社会和谐的文化以及生态健康、景观适宜的环境。生态经济是实现经济腾飞与环境保护、物质文明与精神文明、自然生态与人类生态的高度统一和可持续发展的经济。

的主城区，按组团式布局，先行启动建设。“五辅”即雄县、容城、安新县城及寨里、昝岗五个外围组团，全面提质扩容雄县、容城两个县城，优化调整安新县城，建设寨里、昝岗两个组团，与起步区之间建设生态隔离带。“多节点”即若干特色小城镇和美丽乡村①，实行分类特色发展，划定特色小城镇开发边界，严禁大规模开发房地产。

起步区坚持顺应自然、随形就势，综合考虑地形地貌、水文条件、生态环境等因素，科学规划“北城、中苑、南淀”的空间布局。“北城”即充分利用地势较高的北部区域，集中布局五个城市组团，各组团功能相对完整，组团间由绿廊、水系和湿地隔离；“中苑”即利用地势低洼的中部区域，恢复历史上的大溵古淀，营造湿地与城市和谐共融的特色景观；“南淀”即南部临淀区域，塑造传承文化特色、展现生态景观、保障防洪安全的白洋淀滨水岸线。在起步区适当区域先行规划建设启动区，面积20～30平方公里，重点承接北京非首都功能疏解，突出创新特色，提供优质公共服务，集聚一批创新型、示范性重点项目，发挥引领带动作用。

“五辅”中，除了雄安三县的县城，寨里、昝岗是两个要新建的外围组团。其中，高铁站枢纽将布局在昝岗组团，依托国家高铁网，便捷联结全国。

美丽乡村为新区城乡体系的重要组成部分，实施乡村振兴战略②，以产业兴旺、生态宜居、乡风文明、治理有效、生活富裕为目标，构建一体化、网络化的城乡体系。保持自然风光、田园风貌，突出历史记忆、地域特色，规划建设特色村落，充分利用清洁能源，建成基础设施完善、服务体系健全、基层治理有效、公共服务水平较高的宜居宜业宜游的美丽乡村。美丽乡村规划建设用地规模约50平方公里。

---

① 美丽乡村是指中国共产党第十六届五中全会提出的建设社会主义新农村的重大历史任务，有“生产发展、生活宽裕、乡风文明、村容整洁、管理民主”等具体要求。

② 乡村振兴战略是习近平同志2017年10月18日在党的十九大报告中提出的战略。十九大报告指出，农业、农村、农民问题是关系国计民生的根本性问题，必须始终把解决好“三农”问题作为全党工作的重中之重，实施乡村振兴战略。

第三节　地理位置

一　上海浦东新区

上海浦东新区位于上海市黄浦江东岸，地处中国沿海开放带的中心和长江入海口的交会处，依靠蓬勃发展的长三角都市群①、面向浩瀚无垠的太平洋。境内地势东高西低，平均海拔 3.87 米。上海浦东新区地处北亚热带南缘东亚季风盛行的滨海地带，属海洋性气候，四季分明，降水充沛，光照较足，温度适宜，年平均气温 16.2℃。上海浦东新区区域面积 1210 平方公里，常住人口 550.10 万人，现辖 12 个街道、24 个镇。

二　天津滨海新区

天津滨海新区位于天津东部沿海，地处环渤海经济带和京津冀城市群的交会点，是亚欧大陆桥最近的东部起点。行政区划面积 2270 平方公里，海岸线 153 公里，海域面积 3000 平方公里。下辖开发区、保税区②、高新区、东疆保税港区、生态城等五个经济功能区，21 个街镇，常住人口 299 万人。

三　重庆两江新区

重庆两江新区位于重庆主城区长江以北、嘉陵江以东，辖江北区、渝北

---

① 长三角城市群是“一带一路”与长江经济带的重要交会地带，在中国国家现代化建设大局和开放格局中具有举足轻重的战略地位，是中国参与国际竞争的重要平台、经济社会发展的重要引擎、长江经济带的引领者，是中国城镇化基础最好的地区之一。长三角城市群经济腹地广阔，拥有现代化江海港口群和机场群，高速公路网比较健全，公铁交通干线密度全国领先，立体综合交通网络基本形成。

② 保税区（bonded area，the low-tax，tariff-free zone，tax-protected zone），也称保税仓库区，级别低于综合保税区。这是一国海关设置的或经海关批准注册、受海关监督和管理的可以较长时间存储商品的区域。它是经国务院批准设立的、海关实施特殊监管的经济区域。

区、北碚区 3 个行政区部分区域。

江北区位于东经 106°26′41″～106°53′20″，北纬 29°33′18″～29°40′53″。东与巴南区毗邻，南与渝中区、南岸区隔江相望，西、西北与沙坪坝区隔嘉陵江相望，北与渝北区接壤。辖区东西长 42.90 公里，南北宽 1.49～14.38 公里，全区土地面积 220.77 平方公里。其中陆地 194.3 平方公里，占 88.0%；水域 26.5 平方公里，占 12.0%；渝北区位于重庆主城东北部，地跨东经 106°27′30″～106°57′58″、北纬 29°34′45″～30°07′22″。东邻长寿区、南与江北区毗邻，同巴南、南岸、沙坪坝区隔江相望，西连北碚、合川区，北接四川省广安地区的华蓥市，全区土地面积 1452 平方公里；北碚区位于东经 106°18′14″～106°56′53″、北纬 29°39′10″～10°3′53″，东接渝北区，南连沙坪坝区，西界璧山区，北邻合川区，全区土地面积 755 平方公里。

四　浙江舟山群岛新区

浙江舟山群岛新区位于浙江省。地处我国东南沿海，长江口南侧，杭州湾外缘的东海洋面上。地理位于东经 121°30′～123°25′、北纬 29°32′～31°04′，东西长 182 公里，南北宽 169 公里。

舟山背靠上海、杭州、宁波等大中城市和长江三角洲等辽阔腹地，面向太平洋，具有较强的地缘优势，踞中国南北沿海航线与长江水道交汇枢纽，是长江流域和长江三角洲对外开放的海上门户和通道，与亚太新兴港口城市①呈扇形辐射之势。

五　甘肃兰州新区

甘肃兰州新区位于兰州市区北部秦王川盆地，秦王川因唐朝秦王在此屯

① 港口城市是指位于江河、湖泊、海洋等水域沿岸，拥有港口并具有水陆交通枢纽职能的城市。一般港口城市的水运、渔业、造船都比较发达，其按地理位置和职能特点可以分为不同种类。

牧而得名，其规划范围涉及兰州市永登县、皋兰县的6个镇，总面积1700平方公里，规划建设面积246平方公里，现有人口近30万人。甘肃兰州新区位于兰州、西宁、银川三个省会城市的中间位置，是“丝绸之路经济带”[①]上的重要节点，座中六联，对内可辐射西北五省，对外可辐射中西亚、南亚、欧洲等“丝绸之路”沿线重要地区。

六　广州南沙新区

广州南沙新区地处珠江三角几何中心，其地貌表现为明显的河口冲积形态，区内水网密布，地势平坦。陆地的绝大部分为平原田地，由河道沉积和人工围垦共同作用形成，其中下横沥水道以南的万顷沙是1960年代以后人工围垦的新增陆域地区，龙穴岛则是1990年代以后随产业开发进行的填海开发地区。由于沉积平原的形成机制，新区陆域海拔较低，平均高程在2米以下，且大多为淤泥、软土，部分地区软土层厚度可达40米，地下水位较浅。全区零星分布若干山体，主要包括大山乸、庐前山、乌洲山、骝岗山、大虎山、小虎山、黄山鲁、十八罗汉山，全区制高点位于黄山鲁，最高点海拔294.17米。

中国（广东）自由贸易试验区广州南沙新区片区总面积60平方公里（含广州南沙保税港区7.06平方公里），共7个区块，分为中心板块、海港板块、庆盛板块等。

南沙距香港38海里、澳门41海里，是连接珠江口两岸城市群的枢纽，也是珠江东江、西江、北江三江汇合的出海口，区位十分优越，港口岸线资源丰富。自古以来，南沙就是古代和当代海上丝绸之路[②]的重要通途。改革开放后，南沙立足时代潮头，不断加快发展脚步。

① 丝绸之路经济带是在古丝绸之路概念基础上形成的一个新的经济发展区域，包括：西北五省区——陕西、甘肃、青海、宁夏、新疆，西南四省区市——重庆、四川、云南、广西。2013年，由中国国家主席习近平在哈萨克斯坦纳扎尔巴耶夫大学演讲时提出。

② 海上丝绸之路是古代中国与外国交通贸易和文化交往的海上通道，也称“海上陶瓷之路”和“海上香料之路”，1913年由法国的东方学家沙畹首次提及。海上丝路萌芽于商周，发展于春秋战国，形成于秦汉，兴于唐宋，转变于明清，是已知最为古老的海上航线。中国海上丝路分为东海航线和南海航线两条线路，其中以南海航线为主。

七　陕西西咸新区

陕西西咸新区位于陕西西安、咸阳两市建成区之间，东距西安市中心10公里，西距咸阳市中心3公里。西起茂陵及涝河入渭口，东至包茂高速，北至规划中的西咸环线，南至京昆高速，规划控制区总面积882平方公里，其中规划建设用地272平方公里，包括空港新城、沣东新城、秦汉新城、沣西新城、泾河新城五个组团。

行政区划涉及西安、咸阳两市的7个县（区），23个乡镇（街办），其处于中国大陆中心位置，中华人民共和国大地原点（亦称大地基准点，坐标：东经108°55，北纬34°32），位于新区内泾阳县永乐镇，这里距我国边界正北880公里，距东北2500公里，距正东1000公里，距正南1750公里，距西南2250公里，距正西2930公里，距西北2500公里，是中国的地理中心，亦位于亚欧大陆桥东部中心，是中国通往亚欧大陆地区的门户。

八　贵州贵安新区

贵州贵安新区位于贵阳市和安顺市接合部，地处黔中经济区核心区，区域范围涉及贵阳、安顺两市所辖4县（市、区）共21个乡镇街道办事处，其中直管区面积约470平方公里。区域包含：贵阳市花溪区湖潮乡、党武乡，清镇市红枫湖镇平寨村、芦猫塘村、中一村、中八村、兰安村、池菇村、中八居委会，安顺市平坝县马场镇、高峰镇。区域辐射珠三角、长三角、东盟自由贸易区，规划面积1795平方公里（其中直管区470平方公里），新区交通区位优越，生态环境良好，旅游资源丰富，拥有国家级风景名胜区（重点文物保护单位、历史文化名镇）22处。

贵州贵安新区人文生态环境良好，历史文化悠久，气候凉爽宜人，森林覆盖率[①]达42%，屯堡文化、原生态文化绚丽多姿，红枫湖、百花湖、天河

① 森林覆盖率是指森林面积占土地总面积的比率，一般用百分比表示，是反映一个国家（或地区）森林资源和林地实际水平的重要指标。

潭、平坝农场等著名景区分布其中，具备发展高端文化旅游[①]、休闲旅游等资源优势。

九　青岛西海岸新区

青岛西海岸新区位于山东半岛蓝色经济区和环渤海经济圈[②]内，处于京津冀和长三角两大都市圈之间核心地带，与日本、韩国隔海相望，具有贯通东西、连接南北、面向太平洋的战略区位优势，是黄河流域主要出海通道和欧亚大陆桥[③]东部重要端点。新区陆域面积约 2096 平方公里、海域面积约 5000 平方公里，海岸线 282 公里，辖 26 个镇街（管区）、1228 个村居，总人口 186 万人。

十　大连金普新区

大连金普新区地处东北亚地理中心位置，对内是东北地区海陆联运中心，通过哈大运输大通道和东北东部铁路连通整个东北地区；对外是东北亚国际航线的要冲，是我国东北地区走向世界的海空门户，也是与东北亚国家经贸往来和开放合作的重要枢纽。新区位于大连市中南部，是中国第 10 个国家级新区，也是东北三省地区第一个国家级新区，范围包括大连市金州区全部行政区域和大连市普兰店区部分地区，总面积约 2299 平方公里。

十一　成都天府新区

成都天府新区由成都天府新区成都片区和成都天府新区眉山片区共同组

---

① 文化旅游是指通过旅游实现感知、了解、体察人类文化具体内容之目的的行为过程。泛指以鉴赏异国异地传统文化、追寻文化名人遗踪或参加当地举办的各种文化活动为目的的旅游。寻求文化享受已成为当前旅游者的一种风尚。

② 党的十四大报告提出加快环渤海地区的开发、开放，将这一地区列为全国开放开发的重点区域之一。国家有关部门也正式明确了“环渤海经济圈”的概念，并对其进行了单独的区域规划。

③ 欧亚大陆桥为欧洲与亚洲两侧海上运输线连接起来的便捷运输铁路线。现有三条已运行，两条正在规划中。

成，规划总面积为1578平方公里。其中，成都片区规划面积为1484平方公里，约占整个成都天府新区规划面积的94.04%，包括成都市的成都天府新区成都直管区和成都高新区[①]、双流区、龙泉驿区、新津县、简阳市的部分地区；眉山片区包括眉山市的彭山区、仁寿县部分地区。

十二　湖南湘江新区

湖南湘江新区位于湘江[②]以西，规划范围涵盖长沙市岳麓区全境，高新区全境，望城区8个街镇，宁乡县5个街镇，新区核心区域面积约490平方公里，包括岳麓区岳麓街道、望月湖街道、桔子洲街道、银盆岭街道、观沙岭街道、望城坡街道、西湖街道、咸嘉湖街道、望岳街道、梅溪湖街道、坪塘街道、含浦街道、天顶街道、洋湖街道、学士街道15个街道，望城区高塘岭街道、乌山街道、白沙洲街道、大泽湖街道、月亮岛街道、金山桥街道、黄金园街道、雷锋街道8个街道，宁乡县金洲镇1个乡镇，覆盖长沙高新技术产业开发区、宁乡经济技术开发区和望城经济技术开发区3个国家级园区和宁乡高新区、岳麓工业集中区2个省级园区。

新区属亚热带季风性湿润气候，季节变化明显，春季温度变化大，夏初雨水多，伏秋高温旱，冬季少严寒；河流水系属于湘江流域，干流湘江自南向北流经新区东侧，年径流量达660亿平方米；林地面积39200.89公顷，占土地总面积的33.2%，城乡绿化指标达到了国家森林城市[③]的标准；新区范围内土地的母岩主要有花岗岩、变质岩、灰岩、砂砾岩、红岩和第

① 成都高新技术产业开发区（Chengdu Hi-Tech Industrial Development Zone，简称“成都高新区”），由成都高新南区、成都高新西区、成都高新东区组成。成都高新区实行省市共建、以市为主的管理体制，由成都市直管，不属于国家法定行政区划。成都高新区（不含东区）属于成都市中心城区。

② 发源于赣闽交界、武夷山脉笔架山南麓的寻乌县罗珊乡天湖下，流经江西省赣州市寻乌县、会昌县，于会昌县城东北注入贡江。河长103.4公里，流域面积2049.3平方公里。流域主要在会昌县境内，支流众多，水量丰富。上游水力资源丰富，建有众多水电设施。中下游曾是会昌县的主要航道，沿岸场镇遍布，历史上经济较为发达。

③ 国家森林城市是指城市生态系统以森林植被为主体，城市生态建设实现城乡一体化发展，各项建设指标达到一定指标并经国家林业主管部门批准授牌的城市。

四纪松散堆积物六大类，发育成以红壤、水稻土为主的10个土类，216个土种；境内已查明的属于国家级和省级保护的野生动物13种，包括国家二级保护野生动物穿山甲、金鸡、鹰嘴龟、大鲵、猴面鹰、水獭等，三级保护动物竹鸡、野鹌鹑、野鸡、山斑鸠、黄鼠狼、红嘴相思鸟、刺猬等；生态系统类型丰富，涵盖了森林、草地、河流、湿地、农田、城市等类型。

十三 南京江北新区

南京江北新区位于江苏省南京市长江以北，包括南京市浦口区、六合区和栖霞区八卦洲街道，覆盖南京高新区、南京海峡两岸科工园等园区和南京港西坝、七坝2个港区，规划面积788平方公里。2016年新区常住人口近170万，人均GDP达到17800美元。

南京江北新区地处我国东部沿海经济带与长江经济带“T”字形交会处，东承长三角城市群核心区域，西连皖江城市带[①]、长江中游城市群，长江黄金水道和京沪铁路大动脉在此交会，连南接北、通江达海，是长三角辐射带动长江中上游地区发展的重要节点。

十四 福建福州新区

福建福州新区位于福州市滨海地区，规划总面积1892平方公里。国务院批复的初期规划（核心区）面积800平方公里，涉及马尾、仓山[②]、福清、长乐的26个乡镇（街道），拥有7个国家级、3个省级、2个市级开发区。初期规划范围涉及福州沿江沿海4个县（市）区26个乡镇（街道），其中，马尾区罗星、马尾、亭江、琅岐4个乡镇（街道），仓山区城门、盖

---

① 皖江城市带包括合肥、芜湖、马鞍山、安庆、滁州、池州、铜陵、宣城8个地级市全境以及六安市的金安区和舒城县。

② 仓山区（古属福州府闽县、侯官县）因为在盐仓前而得名，仓山古称藤山，明洪武年间山北麓开始建盐仓，该地俗通称盐仓前，藤山遂又通称仓前山，简称仓山，区名由此而来。仓山区建置前隶属于闽侯县，民国36年始建置区，当时区域仅3平方公里。

山2个乡镇，长乐区鹤上、古槐、文岭、湖南、金峰、漳港、江田、松下、文武砂9个乡镇（街道），福清市高山、海口、城头、龙田、江镜、港头、三山、沙埔、东瀚、江阴、新厝11个乡镇（街道）。

十五　云南滇中新区

云南滇中新区位于昆明市主城区东、西两侧，是滇中产业新区的核心区域，初期规划范围包括安宁市、嵩明县和官渡区部分区域，面积约482平方公里。

云南滇中新区位于云南省地理中心，紧邻昆明市中心城区，交通运输网络完备，沪昆铁路、成昆铁路①、京昆高速公路、沪昆高速公路、渝昆高速公路、杭瑞高速公路等国家高速公路和多条国道贯穿新区，拥有国家门户枢纽机场昆明长水国际机场，与珠三角、长三角、京津冀等地区以及南亚、东南亚国家往来便利。

十六　黑龙江哈尔滨新区

黑龙江哈尔滨新区位于东经125°42′～130°10′、北纬44°04′～46°40′，属中温带大陆性季风气候。全年平均气温5.6℃，最高月平均气温23.6℃，最低月平均气温－15.8℃，冬长夏短，有“冰城”之称。全年降水量423毫米，主要集中在6～9月，无霜期天数为168天。黑龙江哈尔滨新区位于哈尔滨市西南部，包括哈尔滨市松花江以北的松北区、呼兰区的部分区域以及松花江以南的平房区，面积共493平方公里。

黑龙江哈尔滨新区位于哈大齐工业走廊、哈牡绥东对俄贸易加工区、哈绥北黑和哈佳双同产业聚集带的交会处，在整个“龙江丝路带”② 上具有较

① 成昆铁路（Chengdu-Kunming Railway），简称成昆线，是中国境内一条连接四川省与云南省的国铁Ⅰ级客货共线铁路；线路呈南北走向，为中国西南地区的干线铁路之一，也是中国“三横五纵”干线铁路网的一纵。

② 2014年4月，黑龙江省委提出了构建“黑龙江陆海丝绸之路经济带”的总体设想。时隔一年，《推动共建丝绸之路经济带和21世纪海上丝绸之路的愿景与行动》发布，“龙江丝路带”正式纳入国家“一带一路中蒙俄经济走廊”。

强的生产加工能力和产业优势。其区位条件优越、科技和产业基础雄厚、生态环境优良、对俄合作历史悠久、战略地位重要。

十七 吉林长春新区

吉林省是我国参与图们江区域合作开发的核心区域，在“一带一路”建设中具有重要作用。吉林省与东北亚国家地方合作有序推进，与俄罗斯远东地区合作日益紧密，长春兴隆综合保税区封关运营，东北亚国际物流园区长春铁路综合货场项目启动建设，为新区参与国际开放合作提供了较为有力的支撑。新区生态环境优良，人居环境优美，区内森林覆盖率、空气、水资源质量等生态条件优于全国平均水平。城镇化基础较好，是吉林省新型城镇化试点和长春市城区空间拓展的重点区域。

吉林长春新区位于长吉图开发开放先导区核心腹地和我国东北地区地理中心，是《全国主体功能区规划》明确的国家重点开发区域，是哈（尔滨）大（连）经济带和中蒙俄经济走廊①的重要节点。

十八 江西赣江新区

江西赣江新区范围含南昌市的青山湖区、新建区和九江市的共青城市、永修县的部分区域，规划面积465平方公里。新区依山傍水，东临我国最大淡水湖鄱阳湖，西靠庐山西海、云居山、梅岭国家重点风景名胜区，赣江、修河及其主要支流纵横交错，主要河流断面水质常年保持在Ⅲ类以上，拥有多处省级森林公园和湿地，生态系统和自然景观多样，绿色资源丰沛，可开发利用土地较多，环境承载能力较强，具备进一步集聚人口和发展绿色产业的有利条件。

江西赣江新区是“一带一路”和长江经济带的重要节点，位于国家城镇化战略格局长江横轴和长江中游城市群与京九发展轴的交会处，区位禀赋

① 中蒙俄经济走廊是丝绸之路经济带的一部分。中蒙俄经济走廊有两个通道：一是华北通道，从京津冀到呼和浩特，再到蒙古和俄罗斯；二是东北通道，沿着老中东铁路从大连、沈阳、长春、哈尔滨到满洲里和俄罗斯赤塔。

的吸引力强劲，向东向南承接长江三角洲、珠江三角洲和海峡西岸经济区，向西向北联结武汉城市群[①]、长株潭城市群和皖江城市带，在全国区域发展格局中具有承东启西、沟通南北的重要战略地位。

十九　河北雄安新区

自然地理：河北雄安新区位于太行山[②]东麓、冀中平原中部、南拒马河下游南岸，在大清河水系冲积扇上，属太行山麓平原向冲积平原的过渡带。全境西北较高，东南略低，海拔标高 7～19 米，自然纵坡千分之一左右，为缓倾平原，土层深厚，地形开阔，植被覆盖率[③]很低，境内有多处古河道。河北雄安新区地处中纬度地带，属暖温带季风型大陆性气候，四季分明，年均气温 11.7℃，最高月（8 月）平均气温 26℃，最低月（1 月）平均气温 -4.9℃；年日照 2685 小时，年平均降雨量 551.5 毫米，6～9 月占 80%；无霜期 185 天左右。

行政地理位置：河北雄安新区位于中国河北省保定市境内，地处北京、天津、保定腹地，规划范围涵盖河北省雄县、容城、安新等 3 县及周边部分区域，对雄县、容城、安新 3 县及周边区域实行托管。起步区面积约 100 平方公里，中期发展区面积约 200 平方公里，远期控制区面积约 2000 平方公里。

① 武汉城市圈（Wuhan Metropolitan Area），又称武汉“1 + 8”城市圈，是指以中国中部最大城市武汉为中心，由黄石、鄂州、黄冈、孝感、咸宁、仙桃、潜江、天门等周边 8 个大中型城市所组成的城市群，武汉为中心城市，黄石为副中心城市。

② 太行山脉位于山西省与华北平原之间，纵跨北京、河北、山西、河南 4 省市，山脉北起北京市西山，向南延伸至河南与山西交界地区的王屋山，西接山西高原，东邻华北平原，呈东北—西南走向，绵延 400 余公里。它是中国地形第二阶梯的东缘，也是黄土高原的东部界线。

③ 植被覆盖率通常是指森林面积占土地总面积之比，一般用百分数表示。但国家规定在计算森林覆盖率时，森林面积还包括灌木林面积、农田林网树占地面积以及“四旁”树木的覆盖面积。

第二章　国家级新区经济发展情况

第一节　经济发展情况

一　2015～2017年部分新区GDP总量基本情况

自1992年国务院批复设立上海浦东新区、2006年批复设立天津滨海新区，2017年4月国务院又批复设立河北雄安新区，截至2018年底，全国已有19个国家级新区。在目前设立的国家级新区中，除了设立较早的上海浦东新区和天津滨海新区以外，其他17个新区均是在2010年以后设立的。短时间里大量的新区批复成立，主要原因是我国的改革与发展进入了一个新阶段：一方面我国改革的重点已经由经济领域扩展到经济、政治、文化、社会和生态领域；另一方面我国经济发展进入了“新常态”①。国家级新区作为区域经济“增长极”，其地区生产总值的情况与国家经济发展密切相关，也反映了所在地区的经济发展特点。尤其是2017年河北雄安新区的设立，更是彰显中国特色社会主义制度优越性，努力建设人类发展史上的典范城市，为实现中华民族伟大复兴做出巨大贡献。

表2－1是部分国家级新区2015～2017年的GDP总量及增长率和新区经济发展对所在市的GDP贡献率。

① 习近平第一次提及“新常态”是在2014年5月考察河南的行程中。当时，他说：“中国发展仍处于重要战略机遇期，我们要增强信心，从当前中国经济发展的阶段性特征出发，适应新常态，保持战略上的平常心态。”

表 2－1　部分国家级新区 2015～2017 年 GDP 情况

单位：亿元，%

新区	2015 年 GDP			2016 年 GDP			2017 年 GDP		
	总量	增长率	贡献率	总量	增长率	贡献率	总量	增长率	贡献率
上海浦东新区	7898.4	9.10	31.44	8731.8	8.20	31.79	9651.4	8.70	32.03
天津滨海新区	6094.5	12.80	56.05	6704.0	10.80	55.92	7106.0	6.00	57.16
重庆两江新区	2200.0	14.00	14.00	2261.0	10.90	12.88	2533.0	12.03	13.66
浙江舟山群岛新区	1095.0	9.17	100.00	1128.5	11.30	100.00	1219.0	8.80	100.00
甘肃兰州新区	125.8	6.00	30.00	151.7	6.70	20.82	176.0	8.21	6.50
广州南沙新区	1133.1	13.30	6.26	1278.8	13.80	6.52	1391.9	10.50	6.47
贵州贵安新区	170.6	28.91	5.40	240.0	26.20	7.60	350.0	10.20	7.48
陕西西咸新区	432.1	8.54	7.44	475.0	9.94	7.59	293.0	—	3.45
青岛西海岸新区	2563.0	9.17	100.00	2871.0	12.30	100.00	3213.0	11.00	100.00
大连金普新区	2048.0	7.90	21.60	2177.0	6.30	28.17	2342.9	7.50	31.82
成都天府新区	1815.0	6.00	30.00	1966.0	8.30	20.82	2385.0	8.60	6.50
湖南湘江新区	1617.0	11.50	18.80	1794.8	11.00	13.31	2209.0	11.20	7.90
南京江北新区	1694.0	9.00	15.07	1839.6	8.50	17.50	2218.0	9.10	18.88
云南滇中新区	—	—	—	501.1	8.80	11.65	574.4	12.80	11.80
吉林长春新区	—	—	—	796.4	8.10	17.46	889.0	8.70	13.30
福建福州新区*	1247.3	9.60	—	1366.7	9.80	—	1648.0	10.10	—
黑龙江哈尔滨新区*	714.6	7.10	—	755.4	5.70	—	764.0	7.60	—
江西赣江新区	—	—	—	582.3	9.60	—	667.0	9.50	

注：西咸新区 2017 年正式由西安市统计局开始统计，2015 年、2016 年由西城新区统计，口径不同，数据也有差异。由于许多新区 2015 年数据未统计，根据 2016 年数据进行推算。

资料来源：新区 2017 年国民经济和社会发展统计报告、新区政务网、国家发改委（主要来源为国家发改委，由于每年各区口径不同，数据出现差异。）

由图 2－1 分析可得，从经济总量的总体来讲，国家级新区经济发展总量持续较快增长，绝大多数新区经济增速领先于所在地区平均水平。而且从 2015 年至 2017 年，各新区的经济发展总量都处于增长状态，其中排在前列的有上海浦东新区、天津滨海新区、青岛西海岸新区、重庆两江新区。据报道，上海浦东新区 2018 年 GDP 已超过万亿元，成为中国首个经济总量①迈入“万亿”级的国家级新区。上海浦东新区 2017 年生产总值总量高达

① 经济总量狭义上是指社会财富总量即社会价值总量，包括能够用货币来计算的与不能用货币来计算的社会真正财富总量，既包括社会财富的量，也包括社会财富的质。

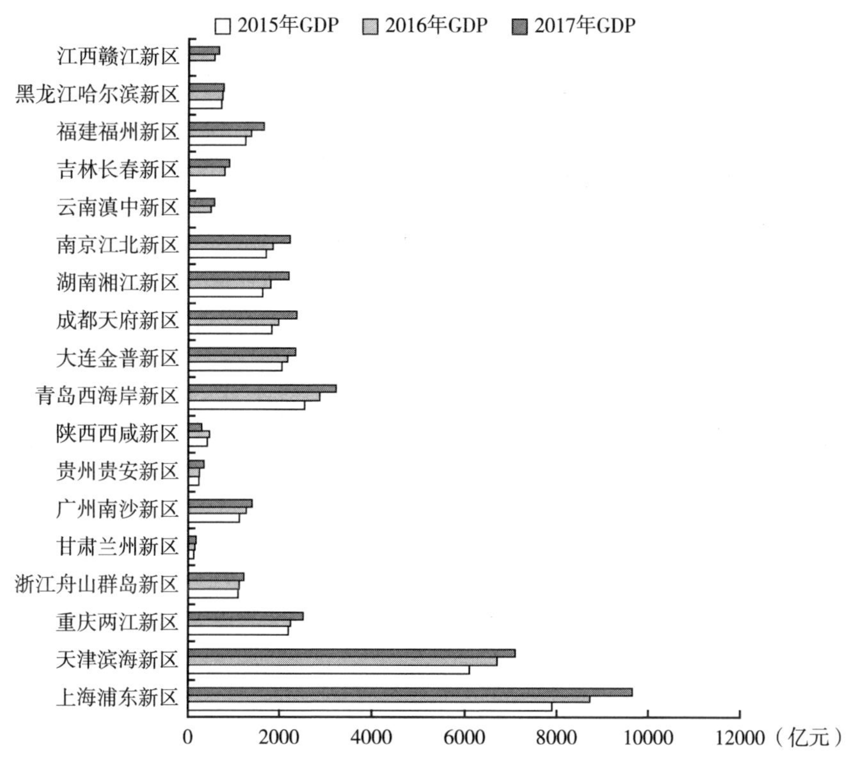

图 2-1　部分国家级新区 GDP 总量对比

资料来源：国家数据网。

9651.4 亿元，比上年增长 8.7%，占上海市经济总量的 32.03%，高于上海市经济增速 1.5 个百分点。重庆两江新区和青岛西海岸新区虽然位于前列，但相比天津滨海新区和上海浦东新区的经济总量还相差甚远，主要原因是后两者批复时间较早，经过多年的发展，已经形成了自身独特的发展模式和发展优势，对于资金和企业的吸引能力较强，同时也拥有更好的发展环境。尤其需要注意的是大连金普新区，于 2014 年 6 月批复成立，至 2017 年，经济总量达到 2342.9 亿元，显示了强大的发展后劲。湖南湘江新区和南京江北新区经济总量比较接近，紧接的是经济总量差距较小的广州南沙新区和浙江舟山群岛新区。地处西北内陆地区的陕西西咸新区和甘肃兰州新区，经济基础薄弱，经济环境优势积累不足，因此经济总量较为小，但是一直保持上涨的态势。

二 2015~2017年部分新区经济GDP增长率对比分析

19个国家级新区所在的区域具有不同的发展水平和资源禀赋，因此，在分析其发展态势时不能仅仅局限于经济总量的对比。经济总量高固然有更好的发展前景，却无法显示出其处于怎样的发展阶段。一般较为成熟的新区，在没有新的转折点出现的情况下，经济总量达到一定高度后，增长速度会有所放缓，不及后出现的、较有发展活力的新区。为了分析各个新区所处的发展阶段以及发展后劲、近年来在发展中取得的经济成果，我们对2015~2017年各个新区的GDP[①]增长率进行了对比（见表2-2）。河北雄安新区属于新批复成立的国家级新区，因此，此处对其不进行对比分析。

表2-2　国家级新区2015~2017年GDP增长率对比分析

单位：亿元，%

新区	GDP			增长率		
	2015年	2016年	2017年	2015年	2016年	2017年
上海浦东新区	7898.35	8731.84	9651.40	9.10	8.20	8.70
天津滨海新区	6094.50	6704.00	7106.00	12.80	10.80	6.00
重庆两江新区	2200.00	2261.00	2533.00	14.00	10.90	12.03
浙江舟山群岛新区	1095.00	1128.51	1219.00	9.17	11.30	8.80
甘肃兰州新区	125.80	151.66	176.00	6.00	6.70	8.21
广州南沙新区	1133.10	1278.76	1391.89	13.30	13.80	10.50
贵州贵安新区	170.60	240.00	350.00	28.91	26.20	10.20
陕西西咸新区	432.06	475.00	293.00	—	9.94	—
青岛西海岸新区	2563.00	2871.00	3213.00	9.17	12.30	11.00
大连金普新区	2048.00	2177.00	2342.90	7.90	6.30	7.50
成都天府新区	1815.00	1966.00	2385.00	6.00	8.30	8.60

① 国内生产总值（GDP）指按市场价格计算的一个国家（或地区）所有常住单位在一定时期内生产活动的最终成果，常被公认为衡量国家经济状况的最佳指标。国内生产总值（GDP）是核算体系中一个重要的综合性统计指标，也是我国新国民经济核算体系中的核心指标，它反映了一国（或地区）的经济实力和市场规模。

续表

新区	GDP			增长率		
	2015 年	2016 年	2017 年	2015 年	2016 年	2017 年
湖南湘江新区	1617.00	1794.83	2209.00	11.50	11.00	11.20
南京江北新区	1694.00	1839.63	2218.00	9.00	8.50	9.10
云南滇中新区	—	501.11	574.43	—	8.80	12.80
吉林长春新区	—	796.40	889.00	—	8.10	8.70
江西赣江新区	—	582.30	667.00	—	9.60	9.50
福建福州新区	1247.30	1366.70	1648.00	9.60	9.80	10.10
黑龙江哈尔滨区	714.60	755.40	764.00	7.10	5.70	7.60

资料来源：新区 2017 年国民经济和社会发展统计报告、新区政务网、国家发改委。

结合表 2－2，可以发现批复较早、发展水平较高的天津滨海新区虽然经济总量很高，但是 2015～2017 年 GDP 增长率较低，说明发展速度逐渐放缓。而其他新区整体上来看，GDP 增长率处于上升趋势，说明经济增长①速度在不断提高。从所有的新区 GDP 增长率来看，大部分新区的 GDP 增长率均在 7%～20%。贵州贵安新区的经济总量虽然在所有新区中处于靠后地位，但 2016 年 GDP 增速高达 26.2%，是 GDP 增速最高的国家级新区，但是 2017 年增速又降到 10.20%，其中原因将在下文中进行详细分析。重庆两江新区、陕西西咸新区和云南滇中新区等 2017 年 GDP 增长率都高于 2016 年增长率，发展势头强劲。

三　2015～2017年部分新区对区域经济的贡献率

国家级新区是带动区域经济发展、实现国家区域经济发展战略的重要空间载体，是国家推动改革制度创新的重要空间载体。因此国家级新区作为区域经济增长极与制度创新增长极，具有重要的作用。这种作用具体体现为带

① 经济增长通常是指在一个较长的时间跨度内，一个国家人均产出（或人均收入）水平的持续增加。经济增长率的高低体现了一个国家或地区在一定时期内经济总量的增长速度，也是衡量一个国家或地区总体经济实力增长速度的标志。决定经济增长的直接因素是投资量、劳动量、生产率水平。用现价计算的 GDP，可以反映一个国家或地区的经济发展规模，用不变价计算的 GDP 可以用来计算经济增长的速度。

动所在区域以及引领周边区域发展。随着我国经济进入“新常态”，国家级新区更应该积极探索创新发展的模式，发挥示范作用，带动周边区域的发展。虽然国家级新区对所在市 GDP 的贡献率不能完全体现出新区对所在区域的带动作用，但是这是一个很重要的指标，同时也比较直观、便于量化。

结合 2015～2017 年各国家级新区的 GDP 总量，以及当年所在市的 GDP 总量，计算出 2015～2017 年各国家级新区对所在区域的经济贡献率[①]如表 2－3所示。由于某些新区 GDP 总量数据缺失，只对部分新区对所在区域的贡献率进行表述。

表 2－3　部分国家级新区 2015～2017 年 GDP 贡献率对比分析

单位：亿元，%

新区	贡献率		
	2015 年	2016 年	2017 年
上海浦东新区	31.44	31.79	32.03
天津滨海新区	56.05	55.92	57.16
重庆两江新区	14.00	12.88	13.66
甘肃兰州新区	30.00	20.82	6.50
广州南沙新区	6.26	6.52	6.47
贵州贵安新区	5.40	7.60	7.48
陕西西咸新区	7.44	7.59	3.45
大连金普新区	21.60	28.17	31.82
成都天府新区	30.00	20.82	6.50
湖南湘江新区	18.80	13.31	7.90
南京江北新区	15.07	17.50	18.88
云南滇中新区	—	11.65	11.80
吉林长春新区	—	17.46	13.30

资料来源：新区 2017 年国民经济和社会发展统计报告、新区政务网。

① 贡献率是分析经济效益的一个指标。它是指有效或有用成果数量与资源消耗及占用量之比，即产出量与投入量之比，或所得量与所费量之比。计算公式为贡献率（%）＝贡献量（产出量，所得量）/投入量（消耗量，占用量）×100%。贡献率也用于分析经济增长中各因素作用大小的程度。

结合上文对部分新区对区域经济贡献程度分析如下：我国目前的 18 个国家级新区分布在我国东、中、西部各个区域，这些区域具有不同的经济发展水平，区位条件各有优势，资源禀赋差异较大，同时产业结构[①]具有梯度分布的特点。各个新区在所在省份的规划中承担着不同的发展重任，因此各个新区在设立以后的发展速度和发展效率也不同，对所在省份的经济贡献率存在差异。根据分析可知，天津滨海新区对所在区域的贡献率 2015 年为 56.05%，2016 年为 55.92%，2017 年为 57.16%，说明天津滨海新区的经济发展在天津市的发展中占据着最重要的地位。上海浦东新区对上海市的经济贡献率也较高，2015～2017 年均处于 30% 以上，说明上海浦东新区的发展对上海市的发展具有明显的助推作用。大连金普新区 2015～2017 年对所在区域的贡献率逐年增加，从 21.60% 到 31.82%，增加了 10.22 个百分点。大连金普新区自成立以来，不仅经济总量迅速提升，在全国所有新区中处于较为靠前的位置，而且对大连市的经济贡献率也有明显提高，说明大连金普新区在大连市经济发展中的地位越来越重要。其中，还有一部分新区的贡献率位于 10% 以下，对所在区域的经济拉动作用还非常微弱，需要不断探索经济发展新模式、新路径，积极发挥“增长极”作用，助推区域经济发展。

第二节　对外开放程度

提升对外开放水平是国家级新区始终坚持的发展宗旨与路径。区别于其他区域，国家级新区开放步伐领先，不仅具有更高的对外开放层次，而且探索并推广新的开放方式。这有利于新区充分发挥自身优势参与国

① 产业结构是指农业、工业和服务业在一国经济结构中所占的比重。产业结构的变化一方面为某些行业带来良好的市场机会，另一方面也会给其他行业带来生存的威胁。通常在经济成长过程中，服务业的重要性会与日俱增，服务业的比重会日益扩大，服务业从业者有较大的市场机会。

际分工[①]，实现区域的外向发展。本部分着重从对外贸易依存度及外资依存度两方面讨论当前国家级新区的对外开放水平。

一 对外贸易依存度

对外贸易依存度常用来反映某个国家（或经济主体）对国际市场的依赖程度，是衡量某个国家（或经济主体）对外开放程度的重要指标。对外贸易依存度又称对外贸易系数（传统的对外贸易系数），是指一国的进出口总额占该国国民生产总值或国内生产总值的比重。其中，进口总额占国民生产总值或国内生产总值的比重称为进口依存度，出口总额占国民生产总值或国内生产总值的比重称为出口依存度。

在本部分，我们试图通过收集 2017 年新区的地区生产总值及进出口额，对当前的国家级新区对外贸易依存度[②]进行描述。由于部分新区数据受查找渠道的限制，在数据分析中以所在市的相关数据代替。

对外贸易依存度计算公式为：

$$Z = \frac{X + M}{GDP} \times 100\%$$

式中，Z 为对外贸易依存度，X 为该经济主体的出口总值，M 为该经济主体的进口总值，GDP 表示该地区国内生产总值。

2017 年人民币兑美元平均汇率中间价为 6.7518，故在计算对外贸易依存度时，应考虑汇率的影响。相应地，对外贸易依存度计算公式改写为：

---

① 国际分工的主要特点为：①发达国家之间工业部门内部的分工向纵深发展，普遍实现产品专业化、零部件专业化、工艺专业化的分工。②发达国家与发展中国家之间、传统的工业国与农业国之间的分工形式虽然存在，但已大大削弱。占主导地位的是工业部门内部劳动密集型产品（或工序）与资本和技术密集型产品（或工序）之间的分工。国际分工的发展，使社会劳动得到了节约，劳动生产率也得到了提高。

② 对外贸易依存度又称为对外贸易系数（传统的对外贸易系数），是指一国的进出口总额占该国国民生产总值或国内生产总值的比重。其中，进口总额占 GNP 或 GDP 的比重称为进口依存度，出口总额占 GNP 或 GDP 的比重称为出口依存度。对外贸易依存度反映一国对国际市场的依赖程度，是衡量一国对外开放程度的重要指标。

$$Z = \left[\frac{(X + M) \times 6.7518}{GDP}\right] \times 100\%$$

部分新区 2017 年对外贸易依存度如表 2－4 所示。

表 2－4　部分新区 2017 年对外贸易依存度

单位：亿美元，%

新区名称	统计口径	进出口总额	进出口总额增长率	对外贸易依存度
上海浦东新区	新区	965.90	9.40	67.00
天津滨海新区	新区	802.70	12.01	76.30
重庆两江新区	新区	244.67	5.10	65.20
浙江舟山群岛新区	新区	107.40	2.80	59.40
甘肃兰州新区	新区	8.23	5.40	31.50
广州南沙新区	新区	289.07	15.20	140.20
陕西西咸新区	新区	—	—	—
贵州贵安新区	新区	25.50	1347.60	49.10
青岛西海岸新区	新区	253.26	195.00	53.20
大连金普新区	新区	421.62	29.13	121.50
成都天府新区	新区	—	—	—
湖南湘江新区	新区	27.10	146.00	8.20
南京江北新区	新区	—	—	—
福建福州新区	新区	—	—	—
云南滇中新区	新区	—	—	—
黑龙江哈尔滨新区	新区	35.00	132.10	21.80
吉林长春新区	新区	15.03	1.90	17.10
河北雄安新区	新区	—	—	—
江西赣江新区	新区	667.00	—	—

资料来源：新区 2017 年国民经济和社会发展统计报告、新区政务网。

通过分析表 2－4 的数据，可以明显发现大部分新区的进出口总额增长率稳中有进。

结合图 2－2 可以明显发现，上海浦东新区及天津滨海新区的进出口总额高于其他新区。其中，上海浦东新区 2017 年进出口①总额达到 965.9 亿美

① 进出口贸易是在一定的历史条件下产生和发展起来的。形成进出口贸易的两个基本条件：一是社会生产力的发展导致可供交换的剩余产品的出现；二是国家的形成。社会生产力的发展产生出用于交换的剩余商品，这些剩余商品在国与国之间交换，就产生了国际间的进出口贸易。

元，天津滨海新区为802.7亿美元。相较这两个新区，部分新区的进出口总额未突破两位数大关，如甘肃兰州新区进出口总额为8.23亿美元。

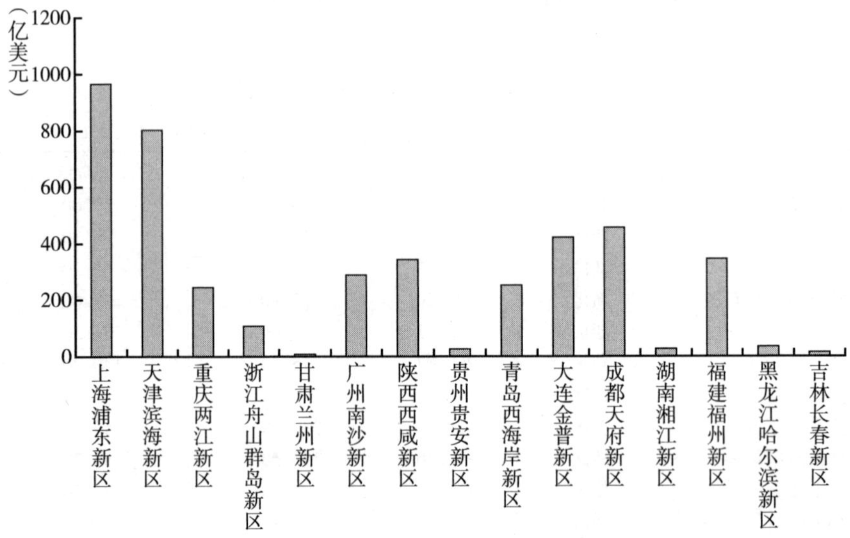

图2－2　部分新区2017年进出口总额对比

资料来源：国家数据网。

从图2－3可以看出，广州南沙新区、大连金普新区对外贸易依存度排在前两位，远高于其他新区，分别为140.20%、121.5%。重庆两江新区、

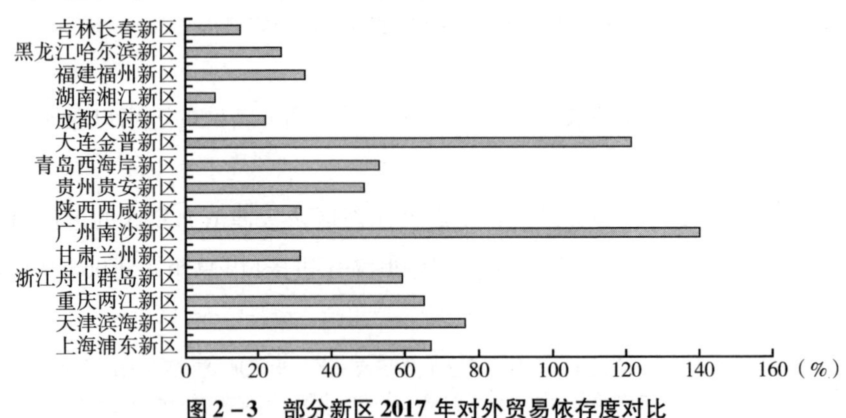

图2－3　部分新区2017年对外贸易依存度对比

资料来源：国家数据网。

天津滨海新区及上海浦东新区的对外贸易依存度较为接近，这三个新区的进出口总额占该地区生产总值的比重也较高。与其他新区比较，湖南湘江新区的对外贸易依存度仍有待提高。

造成上述差异的原因，一方面是因为部分地区对外开放程度低，经济发展的动力仍需要进一步地加强；另一方面，各新区具有不同的区位优势。[①]例如，甘肃兰州新区位于西北欠发达地区，自然条件相对恶劣，区位条件欠佳。区位条件的劣势、基础设施的不完善导致新区在招商引资方面难度加大，在进出口领域与位于东部地区的上海浦东新区及天津滨海新区相比，存在一定的不足。另外，国家政策的扶持对各新区的发展起着重要的影响作用。相较于甘肃兰州新区，国家给予上海浦东新区、天津滨海新区这两大国家级新区的优惠政策更为实际，对促进新区经济发展的帮助更大。因此，各新区应明确自身功能定位及发展能力，以使区域内产业选择清晰、资源开发等方向明确。各新区应明确适合自身发展需要的优惠政策，以便于国家根据其明确的功能定位给予政策上的扶持。

二 外资依存度

外资依存度，即外资与国内生产总值的比重。它表示经济增长对外资的依赖程度。外资的流入扩大了当地的投资规模，从而进一步促进地区生产总值的增加。外资依存度也可以在一定程度上反映区域经济[②]的对外开放程度。外资依存度可以间接反映和衡量一地区吸纳外国生产要素的水平及对国外资本的开放程度。

通过整理2017年部分国家级新区的地区生产总值及使用外资额（即实

① 区位优势是指一些国家的投资环境优良，企业在那里投资建厂可以获得廉价的自然资源和劳动力，享受东道国政府给予的各种优惠待遇等。它说明了企业为什么要到特定的国家投资建立生产经营实体。

② 区域经济也叫“地区经济”，指分布于各个行政区域的那部分国民经济。它的形成是劳动地域分工的结果。在长期的社会经济活动中，由于历史、地理、政治、经济以及宗教等因素的作用，一些在经济等方面联系比较频繁的居民区逐渐形成了各具特色的经济区。区域经济是国民经济的缩影，具有综合性和区域性的特点。

际利用外商直接投资总额），在本部分我们将测算新区的外资依存度。由于查找渠道的限制，在数据分析中以所在市的相关数据代替部分新区的相应数据指标。2017 年人民币兑美元平均汇率中间价为 6.7518，故在汇率影响的情况下，可以得到一地区（或经济主体）外资依存度的计算方法：

$$外资依存度 = \left(\frac{该地区使用外资额 \times 6.7518}{地区国内生产总值}\right) \times 100\%$$

部分新区 2017 年外资依存度的结果如表 2－5 所示。

表 2－5　部分新区外资依存度

单位：亿美元，%

新区	统计口径	使用外资额	使用外资额增长率	外资依存度
上海浦东新区	新区	78.26	11.23	5.47
天津滨海新区	新区	78.30	10.00	7.44
重庆两江新区	新区	33.87	—	9.02
浙江舟山群岛新区	新区	4.05	92.80	2.24
甘肃兰州新区	新区	—	—	—
广州南沙新区	新区	10.42	66.80	5.05
贵州贵安新区	新区	2.52	20.00	4.86
陕西西咸新区	新区	2.24	113.30	5.16
青岛西海岸新区	新区	19.10	10.90	4.01
大连金普新区	新区	20.20	51.60	5.82
成都天府新区	新区	17.68	19.50	5.01
湖南湘江新区	新区	—	—	—
南京江北新区	新区	6.82	—	2.08
福建福州新区	新区	123.60	—	50.63
云南滇中新区	新区	2.01	—	2.36
黑龙江哈尔滨新区	新区	21.20	11.00	18.73
吉林长春新区	新区	74.20	14.20	7.67
江西赣江新区	新区	5.18	16.20	5.24
河北雄安新区	新区	—	—	—

资料来源于新区 2017 年国民经济和社会发展统计报告、新区政务网。

由图 2 -4 中的数据可以发现，在以新区为统计口径的实际利用外商直接投资①总额中，上海浦东新区、天津滨海新区优势明显，其使用外资额分别达到了 78.26 亿美元、78.30 亿美元。而与这两个最早批复的国家级新区相比，浙江舟山群岛新区、陕西西咸新区、贵州贵安新区、云南滇中新区和江西赣江新区的实际利用外商直接投资总额不是很理想。总体来看，实际利用外商直接投资总额较多的地区集中在东部沿海地区。这说明中西部地区的对外贸易在经济发展中没有发挥相应的拉动作用。

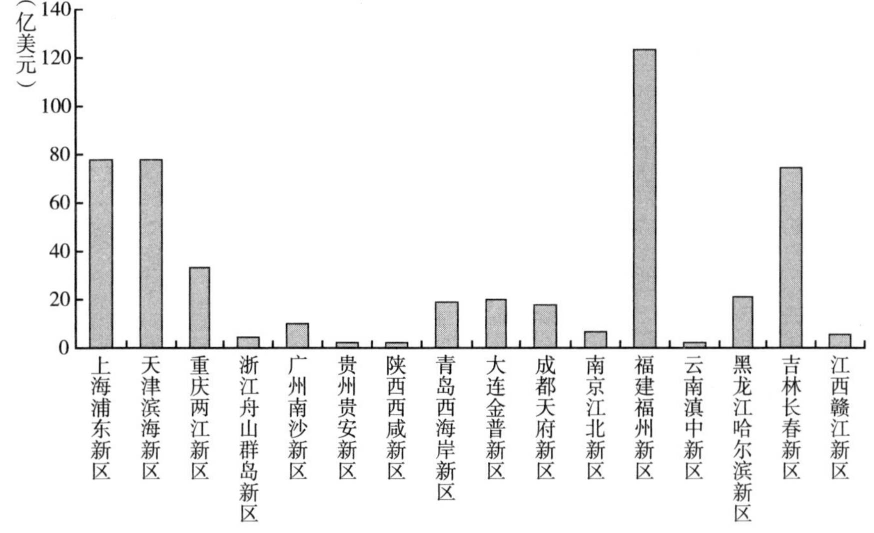

图 2 -4　部分新区 2017 年使用外资额对比

资料来源：国家数据网。

通过分析图 2 -5 中的数据可以发现，在以新区为统计口径的外资依存度中，国家级新区间的外资依存度存在非常大的差异。其中，广州南沙新区

① 外商直接投资是外国企业和经济组织或个人（包括华侨、港澳台同胞以及中国在境外注册的企业）按中国有关政策、法规，用现汇、实物、技术等在中国直接投资的行为，包括：在中国境内开办外商独资企业，与中国境内的企业或经济组织共同开办中外合资经营企业、合作经营企业或合作开发资源的投资（包括外商投资收益的再投资），以及经政府有关部门批准的项目投资总额内企业从境外借入的资金。

及黑龙江哈尔滨新区的外资依存度较高，分别达到了 17.95% 和 18.73%。而在既有数据的基础上，浙江舟山群岛新区、南京江北新区及云南滇中新区的外资依存度非常低，说明这些新区利用外商直接投资的规模非常小，外商直接投资在当地经济发展中的作用非常弱。为此，各新区应结合自身特点，充分利用国外资源发展本地区的经济。只有进一步吸引外资，才会使本地区经济全面增长。

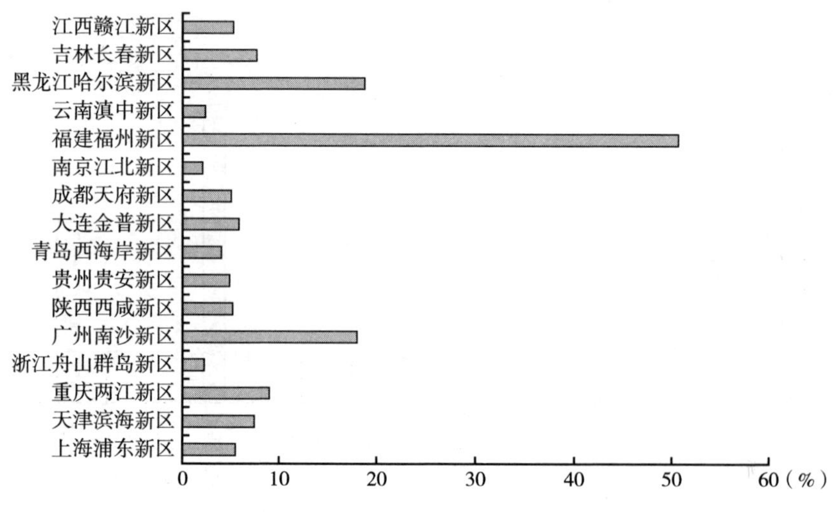

图 2－5　部分新区 2017 年外资依存度对比

资料来源：国家数据网。

三　商贸活动情况

本部分研究新区商贸活动情况主要从两个指标入手，一个是商品销售总额，另一个是社会消费品零售总额。商品销售总额是指对本企业以外的单位和个人出售［包括对国（境）外直接出口］的商品（包括售给本单位消费用的商品）的销售金额，是由对生产经营单位批发额，对批发零售贸易企业批发额、出口额和对居民及社会集团商品零售额项目组成。此指标反映批发零售贸易企业在国内市场上销售商品以及出口商品的总量。社会消费品零售总额[①]由社会商品供给和有支付能力的商品需求的规模所决定，是研究居民生活水平、社会零售商品购买力、社会生产、货币流通和物价的发展变化趋势的重要资料。社会消费品零售总额反映了一定时期内人民物质文化生活水平的提高情况，反映了社会商品购买力的实现程度和零售市场的规模状况。这部分我们收集了2017年或2018年各新区的相关数据，对现有的国家级新区商贸活动情况进行了描述，其中部分新区因信息查找渠道限制未搜集到数据，以所在省或市代替（见表2－6）。

表2－6　部分新区商贸活动情况

单位：亿元，%

新区	统计口径	商品销售总额	增长率	社会消费品零售总额	增长率	年份
上海浦东新区	新区	32941.8	9.2	1905.63	5.3	2018
天津滨海新区	新区	338271.0	8.9	5533.04	1.7	2018
重庆两江新区	—	—	—	1220.00	8.7	2018
浙江舟山群岛新区	新区	—	—	505.70	10.6	2018
甘肃兰州新区	兰州市	1352.1	7.4	1352.09	7.4	2018
广州南沙新区	新区	1861.0	17.3	208.77	6.0	2018
贵州贵安新区	新区	—	—	—	20.0	2018
陕西西咸新区	新区	—	—	274.39	10.0	2018
青岛西海岸新区	新区	—	—	643.30	11.1	2018
大连金普新区	新区	—	—	3722.50	9.2	2018
成都天府新区	成都市	—	—	6801.80	10.0	2018
湖南湘江新区	长沙市	—	—	4765.04	9.9	2018
南京江北新区	新区	1900	20	—	12.5	2018
福建福州新区	新区	—	—	4682.00	11.6	2018
云南滇中新区	新区	—		156.06	15.5	2017

① 社会消费品零售总额（Total Retail Sales of Consumer Goods）是指企业（单位）通过交易售给个人、社会集团，非生产、非经营用的实物商品金额，以及提供餐饮服务所取得的收入金额。社会消费品零售总额包括实物商品网上零售额，但不包括非实物商品网上零售额。而网上零售额是指通过公共网络交易平台（包括自建网站和第三方平台）实现的商品和服务零售额之和。商品和服务包括实物商品和非实物商品（如虚拟商品、服务类商品等）。

续表

新区	统计口径	商品销售总额	增长率	社会消费品零售总额	增长率	年份
黑龙江哈尔滨新区	哈尔滨市	—	—	4044.80	8.0	2017
吉林长春新区	新区	—	—	1003.20	3.1	2018
江西赣江新区	新区	—	—	—	30.7	2018
河北雄安新区	新区	—	—	—	9.0	2018

从图2-6中可以看出，成都天府新区和天津滨海新区的社会消费品零售总额要明显高于其他新区，成都天府新区更是遥遥领先，反映出两个新区较发达的商品经济实力。与其他新区相比，云南滇中新区社会消费品零售总额明显低于其他新区，这可能是因为该新区开发建设起步晚、底子薄、财力弱、任务重。

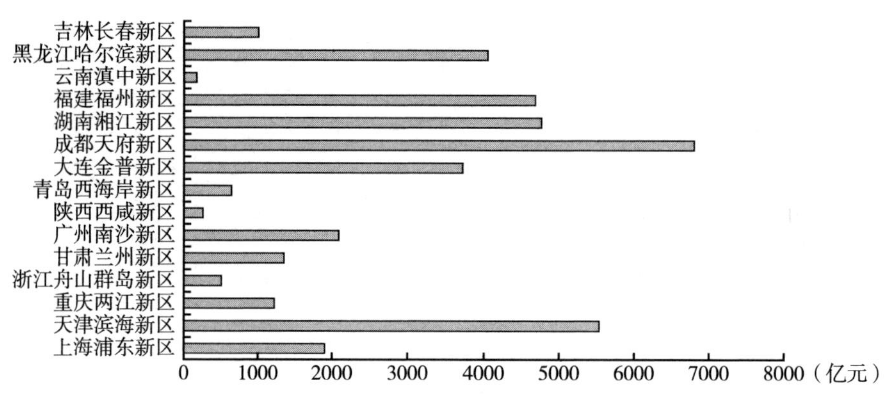

图2-6　部分新区社会消费品零售总额对比

资料来源：国家数据网。

从新区2018年社会消费品零售总额增长率来看（见图2-7），江西赣江新区社会消费品零售总额增长率最高，达到30.7%，贵州贵安新区社会消费品零售总额增长率排第二位，为20.0%，说明这两个新区正在加紧对外开放，从而带动本地区商贸活动，福建福州新区、浙江舟山群岛新区、陕西西咸新区、青岛西海岸新区以及成都天府新区的社会消费品零售总额增长率接近，与之相比，天津滨海新区、吉林长春新区以及上海浦东新区社会消费品零售总额增长率较低。

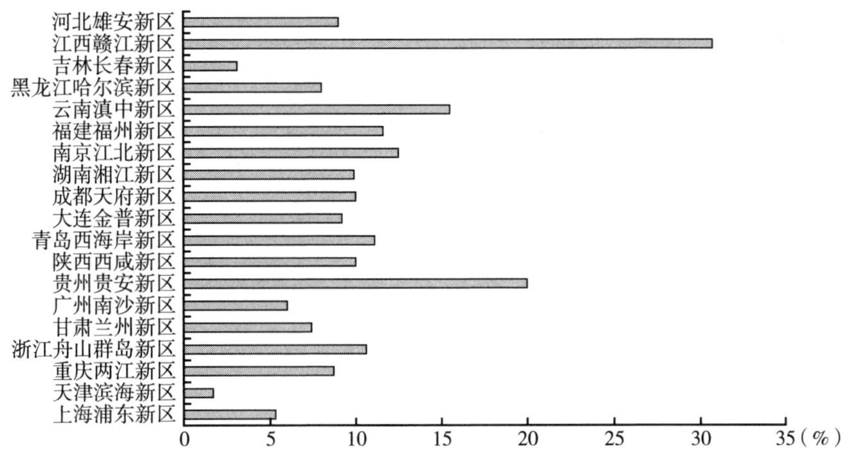

图 2－7　部分新区社会消费品零售总额增长率

资料来源：国家数据网。

总体来看，各个新区批发零售行业都在发展，反映了社会需求总量的增加，说明人民物质文化生活水平不断提高，社会商品购买力不断增强，经济不断发展。

第三节　营商环境情况

“投资环境就像空气，空气清新才能吸引更多外资”，习近平总书记在博鳌亚洲论坛上的这句话，一语切中要害。可以说，抓营商环境就是抓发展，抓营商环境就是解放生产力、提升竞争力。习近平总书记强调，要营造稳定公平透明、可预期的营商环境，加快建设开放型经济新体制。对于企业而言，良好的营商环境非常重要，可以防范行政过度干预，帮助企业稳定市场预期，减少不必要的麻烦。

2018 年初世界银行公布了以“改革创造就业”为主题的 2018 年营商环

境报告，并选出评价营商环境的11个指标体系：一是开办企业，手续要简便，所需的日期要缩短；二是办理施工许可证；三是获得基础设施的支持，尤其是电力的支持；四是企业登记财产；五是企业获得信贷；六是企业需要得到保护，尤其是对中小投资者的保护；七是纳税以及税后服务；八是跨境贸易；九是合同的执行；十是办理破产手续；十一是劳动市场的监管。因此，在判断各新区的营商环境时可借鉴世界银行公布的指标体系来评价。

一　上海浦东新区

2018年，上海浦东新区为进一步服务自贸区建设，促进营商环境优化，推出“二十条”措施，其中在企业登记流程方面，推行“1+1+2”企业登记办理模式。为优化营商环境，上海浦东新区做出了以下努力。企业登记流程化繁为简。“四个集中一次办”重点推出。一是浦东337项审批全部集中到行政服务中心。二是104项企业市场准入事项全部纳入“单窗通办”。“单窗通办”实现了“三个通”。三是设置投资建设审批综合受理“单一窗口”。四是重点区域建设项目集中验收全流程80天。战略招商取得突破。2017年，新区新设外资项目数1534个，合同外资250.5亿美元，实到外资78.3亿美元，增长11%，占全市比重达到46%。持续推进招商安商稳商，企业版“走千听万”覆盖3100家重点企业。推动“十三五”财政扶持政策出台，鼓励外商投资和企业发展，纳税额千万元以上企业外迁数量、税额同比均降低30%。投资贸易便利化程度提高。国际贸易“单一窗口”3.0版上线运行，保税区关检“三个一”查验平台全面建成运行，货物状态分类监管试点企业扩大至39家。提高监管治理精准度。上海浦东新区检察院还正式出台了《服务保障上海浦东新区营商环境建设十二条意见》，为浦东经济持续发展提供新动能，为经济新的增长点保驾护航。

二　天津滨海新区

为了牢牢把握天津滨海新区发展的历史性窗口期，最大程度地把机遇优势变成发展优势、竞争优势，天津滨海新区正式印发《天津滨海新区关于进一步优化投资服务和营商环境的工作分工方案》，明确天津滨海新区将着力优化营商环境、法制环境、市场环境、人才环境、社会环境，并将建立完善监督问责机制，把进一步优化投资服务和营商环境工作纳入绩效考评指标体系。分工方案明确了天津滨海新区在五个方面实现营商环境的优化：大力推进“放管服”改革、形成依法行政制度体系、构建高度开放新型投融资体制、全力打造聚才引才新高地、推动诚信滨海建设取得新突破。

三 重庆两江新区

重庆两江新区营商环境进一步改善。全面落实营商环境建设年重点任务，推行“审批导航”“同城免费邮寄送达”等服务新举措，拓宽重点项目联审绿色通道。优化财政投资基建项目审批流程，试点企业投资项目承诺制，探索批后监管新思路，扎实推进“双随机一公开”工作。在“五证一章、一照一码”基础上，将开户许可证、对外贸易经营者备案登记表等备案类涉企证照事项统一整合到营业执照上，实现“26 证合一、一照一码”。截至 2017 年 11 月，全区新增市场主体 24274 户，增长 48.6%；其中企业 11366 户，增长 50.4%。

四 浙江舟山群岛新区

外商投资企业商务备案“多证合一”。不涉及实施准入特别管理的外商投资企业只需向市场监管部门递交申请材料，即可一次性完成商务备案和工商登记。招商引资推进“四大举措”。一是紧扣目标，全力实现招商开门红；二是注重实效，推动招商量质并举；三是突出重点，瞄准招商关键领域；四是创新方式，增强招商针对性。跨境人民币业务“多元化格局”。外商投资融资租赁“三大特点”：一是登记数量迅猛增加，二是投资者地区以香港为主，三是片区分布以本岛为主。

自 2017 年 4 月 1 日中国（浙江）自由贸易试验区挂牌到 2017 年底，自贸试验区新设立企业 4167 家，注册资本 2173 亿元；其中油品企业 812 家，注册资本706.9亿元；外商投资企业59家，合同外资88873万美元，实际利用外资30488万美元，固定资产投资256亿元。人民币贷款余额591.5亿元，跨境人民币结算金额17.4亿元。全年保税油供应量达到182.8万吨，比上年增长71.8%；保税油结算量480.8万吨，达到全国45%左右。自贸试验区新增专利申请269件，专利授权145件。新增高新技术企业8家，营业收入25亿元。

五　甘肃兰州新区

2018年以来，甘肃兰州新区招商引资工作紧紧围绕打造“管理效率最高、服务质量最优、运营成本最低”的目标，以《甘肃省人民政府关于进一步加强招商引资促进外资增长若干措施的通知》的全面实施和开展“转变作风改善发展环境建设年”为有利契机，进一步突出产业招商，拓宽招商渠道，强化项目落地，取得了新的实效。

实施“经合局+”招商模式。全力推进“经合局统筹协调，各部门全面支撑，三园区主导推进，全社会广泛参与”的全员招商机制。结合绩效考核，将招商引资任务分解落实到25个责任部门、三个园区和七个国有企业，协同推进招商工作。做好招商项目储备库建设。在举办2018第二十四届兰洽会期间，甘肃兰州新区成功引进签约项目59个，较上年增加20%，签约总额356亿元，较上年增加16%。此后将重点围绕产业发展需求，紧盯三个“500”强企业，着力引进符合国家政策、投资体量大、带动能力强、发展前景好的大项目、好项目，加快培育一批具有爆发力和引领力的创新型增长点。按照“强二优三”和“建链、延链、补链、强链、优链”的产业发展思路，做好招商项目储备库建设。

六　广州南沙新区

广东自贸试验区挂牌三年以来，自贸区南沙片区共形成376项改革创新成果，其中行政体制改革方面的创新达184项，涵盖政务服务创新、证照分离改革、商事制度改革、事中事后监管体制建设等重点领域，并在全国、全省、全市复制推广的创新经验超过半数，“跨境电子商务监管模式”“企业专属网页政务服务新模式”入选商务部“最佳实践案例”，南沙国际化、市场化、法治化营商环境水平显著提升。为深化自贸区“放管服”改革，南沙在优化政务服务管理方面推出了《中国（广东）自由贸易试验区广州南沙新区片区关于进一步优化营商环境的十项政务服务管理改革措施》。

南沙新区多举措加大营商环境制度创新力度：一是降低市场准入门槛。实施“先照后证”改革，目前商事登记前置审批事项仅保留20项，116项改为后置审批。二是提升企业开办便利度。探索开启全面推行商事登记确认制改革，依托“人工智能[①] + 机器人”商事登记系统，实现无人审批，自动确认，最快10分钟可领取营业执照。三是构建以信用监管为核心的新型监管模式。建设上线市场监管和企业信用信息平台，已连通南沙区内47个部门，汇集9万余户市场主体，150多万条各类监管、信用信息，围绕信息共享与数据治理、大数据市场监管应用、信用联合奖惩应用等内容，促进监管全程信息化、智能化，提升监管能力和水平。

七　陕西西咸新区

陕西西咸新区作为经济发展国家级新区和西安建设国家中心城市的最大增量、全省奋力追赶超越的新引擎，高度重视中央省市有关部署，认真贯彻落实省市行动方案任务安排，通过顶层设计、系统部署、全面统筹、重点突破，打出了一套优化营商环境的高效组合拳。

高度重视，周密部署，构建新区营商环境[②]强保障。首先，加强制度建设，明确奋斗目标。陕西西咸新区对照省市行动方案要求，制定印发《陕西西咸新区优化提升营商环境实施方案》。其次，建立组织机构，提供有效

① 人工智能（Artificial Intelligence，AI），是研究、开发用于模拟、延伸和扩展人的智能的理论、方法、技术及应用系统的一门新的技术科学。

② 2001年世界银行提出加快发展各国私营部门新战略，急需一套衡量和评估各国私营部门发展环境的指标体系，即企业营商环境指标体系。为更好实施促进各国私营部门发展的战略，世界银行成立Doing Business小组，负责企业营商环境指标体系创建。

保障。陕西西咸新区专门成立了优化提升营商环境工作领导小组，管委会主任康军同志亲自担任组长，9 名管委会领导担任副组长，包含 28 个成员单位。最后，完善运行机制，推进任务落实。陕西西咸新区建立了一整套完善的制度运行机制，确定每月召开新区营商环境领导小组月例会，每两周分别召开“七个专项组”双周例会，每周召开优化提升营商环境周例会。

着眼特色，重点突破，跑出新区营商环境加速度。首先，全面落实“3450”行政效能提升改革，即建立提前介入、优化流程、一窗受理、集中审批、限时办结、信息共享、全城通办的运行机制，要求实现“3 个工作日办结企业设立商事登记，4 个工作日办结经营许可，50 个工作日办结建设工程项目审批”。其次，系统构建“五星级店小二”服务体系。在项目招商、项目建设、投资运营三个阶段分别建立“招商服务店小二”“项目审批店小二”“项目建设店小二”服务体系，制定落实方案，确保一人一户，责任到人，为企业提供设立、落地、开工、运营全流程的五星级服务。再次，科学设置多维度考核评价体系。为确保考核结果准确反映陕西西咸新区优化提升营商环境工作客观实际，新区从省市任务完成情况、新区任务完成情况、社会舆论综合评价、精准服务实时评价四个维度设置考核体系，制定考核方案。最后，扎实推进“证照分离”审批制度改革。为切实降低市场准入门槛，解决企业“准入不准营”的问题，省政府决定在陕西西咸新区试点“证照分离”改革。此外，陕西西咸新区还积极加强宣传推介，打造新区营商环境金字招牌。

八　贵州贵安新区

贵州贵安新区设立近五年来，在产业发展、城市建设、民生改善等方面取得了令人称赞的成绩。作为全国相对集中行政许可权改革试点，近年来贵州贵安新区大胆探索，纵深推进“放管服”改革工作，不断打出“组合拳”，着力提高“线下”实体政务大厅服务质量，持续完善“线上”服务平台功能，不断提升审批效率，为办事群众提供更高效、更便捷的办理流程。

简政放权[①]活力迸发。一方面，贵州贵安新区对“六个一批”“证照分离”改革事项进行调整充实，着力解决“办照容易办证难”“准入不准营”等突出问题，开展了98个“证照分离”事项试点改革。另一方面，贵州贵安新区大力减轻市场主体负担，全面贯彻落实行政事业性收费目录。铆足干劲抓好监管。贵州贵安新区全面推行监管工作标准化，完善落实事中事后监管“标准清单”，细化部门责任事项和追责情形，实现事中事后监管全覆盖；完善优化“审管分离”系统功能，强化审批、监管部门有效应用，将应用情况纳入新区政务服务考核内容，打通部门“信息壁垒”，实现审批信息和监管信息实时互动推送。同时，贵州贵安新区还建立以统一社会信用代码为唯一标识的企业信息共享平台，加强市场主体信用信息收集、存储和应用，突出对违纪、失信、违约信用信息的记录、交换和共享。通过这一平台，贵州贵安新区加大企业信用信息公示力度，建立守信激励、失信惩戒联动约束机制，实行经营异常名录、失信企业黑名单制度，对守信主体予以支持和激励，对失信主体实施联合惩戒，依法予以限制或禁入，形成“一处失信、处处受制”的联合惩戒机制。

九 青岛西海岸新区

为深入推进“放管服”改革，打造一流营商环境，青岛西海岸新区坚持以群众需求为导向，持续优化公共资源交易流程，压减办事环节，缩短办事时限，既为服务对象提供了更加优质的服务，又为新区重点项目落地赢得了宝贵时间，实现了经济效益和社会效益[②]的双丰收。首先，建立和完善网

① 简政放权指精简政府机构，把经营管理权下放给企业，是中国在经济体制改革开始阶段，针对高度集中的计划经济体制下政企职责不分、政府直接经营管理企业的状况，为增强企业活力、扩大企业经营自主权而采取的改革措施。

② 社会效益是指最大限度地利用有限的资源满足社会上人们日益增长的物质文化需求。人的行动自由只能在必要的公共利益范围内才得以限制。往往在一段比较长的时间后才能发挥出来。它有很多方面，但其效益原理要点是从社会总体利益出发来衡量的某种效果和收益。有广义和狭义之分。广义的社会效益是相对于经济效益而言的，包括政治效益、思想文化效益、生态环境效益等。狭义的社会效益，亦与经济效益相对称，还与政治效益、生态环境效益等相并列。

上交易平台，将受理登记、信息发布、投标报名、专家抽取、评标评审、现场监督、中标公示、保证金收退、资料存档备查等环节全部纳入平台，积极促进局域网、政务网和交易系统平台“三网”有机融合，确保信息传递及时有效，让服务对象“多跑网路、少跑马路”。其次，实行公共资源交易全程记录，制定出台业务受理备案、开评标现场全程留痕、质疑投诉处置和档案资料管理等四方面30余项系列制度办法；在服务大厅、办事窗口、开标室、评标室、专家通道等主要交易场所专门增设了视频音频实时监控设备，对交易过程实施无死角监督；对纳入新区重点项目或敏感度、社会关注度较高的民生项目，实行公共资源交易监督员制度，邀请社会人士全程参与。

十　大连金普新区

辽宁自贸区大连片区成立至今，作为自贸大连片区的承接地，大连金普新区各部门单位积极推出创新服务举措：149项复制自上海等自贸区的创新经验，89项各部门支持大连自贸片区建设的措施和66项自创举措，使新区的营商环境进一步优化，竞争力和吸引力显著增强。比如，“允许海关特殊监管区企业委内加工”，使濒临关闭的海尔大连工厂重获生机；“批次进出、集中申报”“区内自行运输”，让大连爱丽思欧雅玛公司每年可累计节约通关时间1248小时，节省费用41.6万元；利用“保税展示交易平台”，大连山崎马扎克有限公司节约通关成本20余万元。大连海关推出的归类尊重先例试点、口岸部门联合推动的“三互”大通关、关检联合推动的保税混矿、国税局的出口退税平台、人民银行大连市中心支行的自贸在线服务平台等制度创新在全国推广。“一般纳税人简易设立、迁移、注销”、质量监督“许可服务专员”制度、检验检疫企业远程自助放行模式、大豆期货交割与加工原料之间快速变更检疫许可证、“外汇收支企业名录”在线登记、一般纳税人增值税发票在线办理、联动联勤综合执法机制等先行先试措施正在积极推进中。

十一 成都天府新区

作为“一带一路”建设和长江经济带发展重要节点的成都天府新区，积极推进法治化建设进程，以更加坚定的信心、更加有效的措施，加快建设符合国际惯例的法治营商环境，努力为“一带一路”建设贡献更多力量。与此同时，继续对标国际一流，培养高素质国际法律人才，复制推广有益经验和最佳实践，提升法治能力建设水平，以实际行动促进法治营商环境构建。

十二 湖南湘江新区

在2017年的工作中，湖南湘江新区对标先进城市，不仅努力改善了基础设施等“硬环境”，还通过体制机制创新，优化营商环境，在“软环境”上有新突破。通过行政改革，进一步简化手续，优化审批制度，推进法制化，深化“互联网+政务服务”，推行市场准入负面清单，着重做好减费、减税、减证等降低制度性交易成本文章，提高办事效率，降低企业成本。建立企业服务中心，全程为企业做好各项服务，解决服务企业“最后一公里”难题。

十三 南京江北新区

南京江北新区加快新型研发机构的聚集，配套出台和落地相应的优惠政策，仅2017年就制定和发布重大优惠政策26项。2017年以来，南京江北新区签约新型研发机构项目25家，孵化企业数居南京首位。2017年，新区人力资源总量超10万人，累计集聚培育国家“千人计划”人才69名，入选江苏省“双创”、“333工程”、“六大人才高峰”等计划人才161名，入选市级各类人才计划630余人，仅2017年市级以上人才计划和海外高层次人才就在南京江北新区新创办企业172家。集聚留学人员创业企业共175家，吸纳留学人员就业263人。在152家重点高新技术企业中，拥有硕士4270人、博士339人，引进外籍专家33人、外籍常驻专家40人，引进海外归国人员303人，形成高端创新创业人才的集聚效应。2017年南京江北新区创新资源集聚能力指数比上年增长7.77%，呈现出广聚顶尖人才的图景。2012～2017年，南京江北新区创新资源建设与集聚能力指数由88.37增加到115.16，虽然整体累计增长幅度不大，但在新区成立后呈现出强劲的加速增长态势。从创新资源建设与集聚能力的维度看，经济建设与集聚能力指数增长保持相对稳定；人口资源集聚能力指数在新区成立后，出现了明显的加速增长拐点。

十四　福建福州新区

福建福州新区根据福建省委、省政府要求，对标并复制推广上海市“证照分离”改革试点经验，从中确定98项行政许可等事项进行实施。通过改革审批方式和加强综合监管，进一步破解“准入不准营”的问题，降低企业制度性交易成本，打造稳定公平透明、可预期的营商环境。

十五　云南滇中新区

截至2018年2月，新区审批事项流程和申报材料压缩40%，相对集中行使的审批权提速75%以上，共计完成企业设立审批4255件次，其中投资项目类审批1923件次，涉及项目总投资1796.88亿元。

十六　黑龙江哈尔滨新区

黑龙江哈尔滨新区坚持先行先试流程再造，创新行政审批制度改革，为优化营商环境除障。创新审批制度，优化营商环境。成立行政审批局，首批将原分散在7个区直部门的47项审批事项划转到行政审批局，集中审批。审批时限由原先的86个工作日压缩到18个，企业设立审批实现了“即审即办、立等可取”，公共事务审批实现了“平行审批，多证同发”。通过对全区2251项行政权力的要件、时限、环节进行流程再造，共优化行政权力和公共服务事项185项，涉及全区13个部门，共计精简要件83个，压缩时限2352天，整合环节92个，全面优化了服务流程，服务效率进一步提升。全面推行“最多跑一次”改革。经过对标学习全国先进、认真设计流程、精简要件、完善网上办事等措施，现已向社会公布了两批共437项“最多跑一次”事项，“最多跑一次”和网上办事数量均居哈尔滨市九区前列。

十七　吉林长春新区

全面启动“千户企业万张服务卡”行动。“千户企业万张服务卡”行动是牢固树立“企业至上、服务优先”理念，构建具有新区特色的服务企业工作机制，进一步优化营商环境的重要创新举措。细化落实《长春新区打造一流营商环境“二十条”措施》。2018年，对标国际营商标准和国内先进水平，吉林长春新区向社会发布了《长春新区打造一流营商环境“二十条”措施》，涉及优化市场准入环境、优化生产经营环境、优化对外贸易环境、优化人才引进环境、优化市场监管环境五方面共20条具体措施，既有突破性，又有可行性，是充分发挥国家新区“先行先试”、创新发展优势，不断深化“放、管、服”改革举措，找准症结，综合施治，精准发力，打造更加便利、更低成本、更具保障的国内一流营商环境的重大创新举措。

十八　江西赣江新区

2018年第一季度，临空组团共实施招商引资项目21个，总投资金额达到125亿元，较2017年第一季度增长51.4%。临空组团着眼优化项目结构，紧紧围绕LED、电子信息、新能源等主导产业，重点以“强链”“补链”为突破口，引进了总投资20亿元的能源互联网综合产业基地项目、15亿元的光电产业园项目等重大重点项目，同时，引进了5个LED产业链下游产业配套项目，进一步提升了LED产业链的竞争力。

2017年，临空组团通过强招商、推项目、优服务、兴建设，使园区经济实现了跨越式发展。园区总收入超过300亿元，增速实现“两位数二字头”；规模以上主营业务收入约200亿元，同比增长115%；规模以上工业增加值增长10%；完成固定资产投资约115亿元，同比增长38.5%，其中工业投资完成约60亿元，同比增长85.3%，工业投资占全区固定资产投资比例为52.1%；工业用电量20527.62万千瓦时，累计增速275.19%；实现财政总收入3.38亿元，同比增长60%；实现一般公共预算收入1.16亿元，同比增长28.9%；实现全区社会消费品零售总额0.6亿元，同比增长22%；实际利用外资1亿美元、外贸出口额1亿美元。

十九　河北雄安新区

河北雄安新区管理委员会改革发展局表示，将持续改善营商环境，不断优化服务民营企业的各项工作，加紧研究出台河北雄安新区传统产业转型升级指导意见，推动企业发展动力向创新驱动转变。目前，河北雄安新区已经与百度、阿里巴巴、腾讯等优秀民营企业签订了战略合作协议，发挥了与民营企业的协同优势，百度、京东等民营企业主导的无人驾驶等智能场景应用已经在新区落地生根。河北雄安新区将不断推进简政放权、放管结合、优化服务，持续推动商事制度改革，大力开展税费清理改革，降低市场准入门槛，加速释放投资活力，减轻企业负担，全面优化营商环境。

第三章　国家级新区社会建设情况

国家级新区作为由国务院批准设立，承担国家重大发展和改革开放战略任务的综合功能区，应当更加强调社会建设与经济发展并行的理念，在发展经济建设的同时，更要注重社会治理与建设。为此，国家级新区发展应兼顾地区特色、新区特点，有效融入社会工作理念和方法，从而抓住发展契机，推进经济社会、多元利益主体协同共治，本章重点就各新区人口聚集及公共服务情况做了梳理。其中，第一节从人口聚集角度横向对比分析了部分国家级新区 2018 年人口状况，第二节从各国家级新区的教育、医疗卫生、基本社会保障、公共就业服务及基础设施等角度做了分析。

第一节　人口聚集

人口的增长代表着国家和地区的繁荣，它不仅仅是经济发展的表现，同样也是经济发展的内在原因。我国 19 个国家级新区作为国家重要的经济发展引擎，其人口发展状态显得至关重要，随着各个新区的全面开放，新区人口聚集明显提速。因资料来源渠道有限，仅搜集到上海浦东新区、重庆两江新区、浙江舟山群岛新区、甘肃兰州新区、广州南沙新区、青岛西海岸新区、陕西西咸新区、贵州贵安新区、湖南湘江新区和南京江北新区、黑龙江哈尔滨新区等 2018 年常住人口数、2018 年末户籍人口数及 2020 年规划人口数（见表 3－1、图 3－1）。据各新区政务网及新区所属市统计局不完全统计，2018 年各国家级新区常住人口、户籍人口都有了不同程度的增加。通过统计 2018 年各新区常住人口，结合新区成立的时间可以发现，新区人口数量与成立时间有一定的关系，相对于 2015 年后成立的新区，2015 年之前成立的新区，特别是2014年以前最先成立的上海浦东新区、天津滨海新区和重庆两江新区人口数量相对较多，其后获批的新区发展时间尚短，还未形成足够的人口集聚效应；从地域角度来看，新区人口数量与新区所在区位有一定的关系，相较于中西部地区，东部沿海地区的新区常住人口与户籍人口数量明显较多；从经济发展的角度来看，经济发达地区的新区，如上海浦东新区、重庆两江新区、南京江北新区、成都天府新区等的人口集聚程度相对较高。但以上分析并不能完全体现新区人口集聚度与地域、经济有完全直接的联系，新区人口数量往往还受到新区规划、新区面积、新区所在省市人口数量等因素的影响。

表3－1　部分国家级新区人口状况

单位：万人，%

新区名称	2018年 常住人口数	2018年末 户籍人口数	至2020年 规划人口数	2018年常住人口占 全市人口比重
上海浦东新区	555.02	298.96	600～650	22.86
天津滨海新区	—	—	400	—
重庆两江新区	354	256	500	—
浙江舟山群岛新区	117.3	97.33	180	87.6
甘肃兰州新区	30.01	—	60	3.85
广州南沙新区	75.15	43.93	200	5.00
贵州贵安新区	100	—	240	3.16
陕西西咸新区	100.5	61	141	—
青岛西海岸新区	157.73	—	240	—
大连金普新区	161	—	—	—
成都天府新区	320	—	350	—
湖南湘江新区	—	—	400	—
南京江北新区	172.14	—	225～245	—
福建福州新区	—	—	175	—
黑龙江哈尔滨新区	98	37.65	200	10.45
吉林长春新区	—	—	190	—
江西赣江新区	70.2	—	—	—
河北雄安新区	104.71	—	200～250	—

注：由于数据搜集原因，重庆两江新区采用的是2018年7月底的数据，陕西西咸新区采用的是2018年10月的数据，南京江北新区采用的是2016年的数据，江西赣江新区采用的是2017年的数据，河北雄安新区采用的是2017年6月的数据。

资料来源：各新区政务网及新区所属市统计局整理。

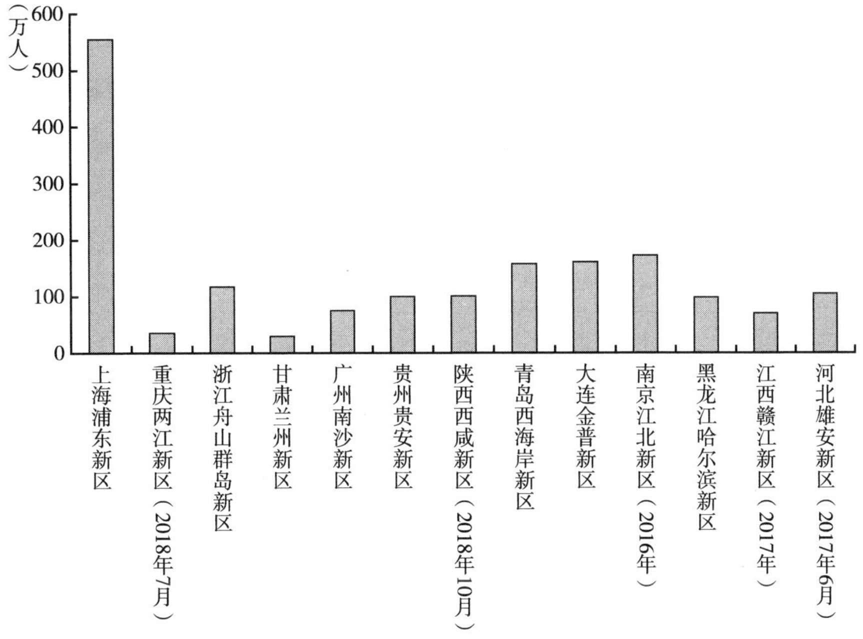

图 3－1　2018 年部分新区常住人口

资料来源：国家数据网。

一　上海浦东新区

2018 年上海浦东新区人口总量继续增加，受机械迁移影响，户籍人口和流动人口有所增加。2018 年底全区常住人口总量为 555.02 万人，比 2017 年增加 2.18 万人，其中外来常住人口为 235.84 万人，比 2017 年增加 0.75 万人。上海浦东新区 2018 年人口呈现如下特征。

1. 生育率下降明显，人口出生小高峰已过

上海浦东新区户籍人口 2018 年报户出生 2.32 万人，出生总数比 2017 年减少 0.34 万人，出生人数同比下降 12.6%，连续两年两位数下降。户籍总和生育率下降至极低水平 1.04，出生率为 7.72‰，为 2007 年以来最低水平，人口出生第四次小高峰经过短暂的生育补偿后基本结束（见图 3－2）。

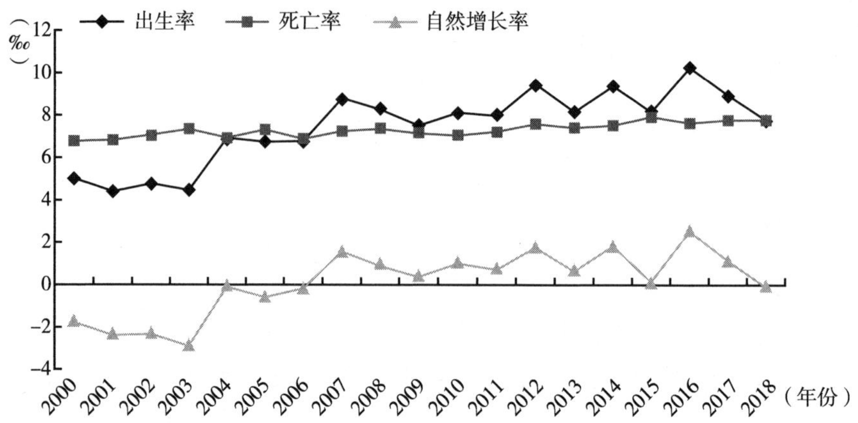

图 3－2　2000～2018 年上海浦东新区人口变化情况

资料来源：国家数据网。

2. 户籍人口老龄化加剧

户籍人口老龄化加剧，2018 年底户籍 60 岁及以上老年人口 95.38 万人，比 2017 年增加 4 万，占户籍人口总数的 31.5%，与 2017 年相比提高了 0.9 个百分点。65 岁及以上老年人口 64.63 万人，占户籍人口的 21.3%，比 2017 年提高 1 个百分点；80 岁以上的老年人口为 15.09 万人，占户籍人口总数的 5.0%，提高 0.1 个百分点。

3. 净迁移回升，机械迁移拉动户籍人口继续增长

受住房开发、人才引进和经济发展多重因素影响，迁移成为户籍人口增长的绝对影响因素，全年新区户籍人口机械迁移净增长 4 万人，与 2017 年相比，净迁移增长 40.8%，户籍人口净迁移在连续三年下降后出现回升，为两区合并以来第二高的水平。

4. 户籍人口总抚养比持续走高

2018 年末，上海浦东新区户籍劳动年龄人口 202.38 万人，占户籍人口的比重为 67.7%，占比持续下降。人口结构此消彼长，少年儿童占比和老龄人口占比都持续上升，社会总抚养比快速攀升，高达 49.8%，比 2017 年

高出3个百分点。上海浦东新区社会抚养负担已达2个户籍劳动年龄人口负担1个老人/儿童的水平。

5. 实有人口总量继续增长，来沪人员小幅回升

（1）本市户籍实有人口方面，街道降速趋缓，镇域稳定增长

2018年末上海浦东新区实有人口中上海户籍人口324.38万人，与2017年相比，增加2.93万人，增长0.9%，增速回升，占实有人口的比重与2017年相当，为57.9%。

各街道本市户籍实有人口继续减少，但下降速度趋缓，住房开放较多的镇（如周浦、惠南）和重点开发区域周边镇（如张江、唐镇）户籍实有人口增长较快，南片农村化地区上海户籍实有人口继续小幅下降。

（2）来沪人员小幅回升

2018年底来沪人员226.97万人，增加1.6万人，同比增长0.7%，占实有人口的比重40.5%，下降0.1个百分点。外来人口出生减少，2018年全年外来人口出生1.89万人，减少0.17万人，下降8.3%。

流动人口大量集聚在城郊接合部的康桥、川沙、三林、北蔡、惠南、曹路和张江7镇，街道流动人口基本保持流出态势，镇域范围过半的镇流动人口减少，增量相对集中，基数较高的川沙、曹路，以及临港周边各镇和金桥、高桥等镇来沪人员增长明显。

（3）境外人员略有下降，分布缓慢朝外围扩散

2018年底上海浦东新区境外人员总数8.6万人，减少0.23万人，下降2.6%，占实有人口的比重为1.5%。

从分布看，境外人员依然集中在张江、金桥、潍坊、花木、金杨、康桥和陆家嘴等街镇。境外人员相对集中的街镇境外人员占比下降，境外人员继续向郊区缓慢扩散。

二 天津滨海新区

随着户籍制度改革不断推进和对外来人口的吸引力增强，滨海新区2018年迎来新一轮人口增长。2018年有6.2万余外省市人口落户滨海新

区。其中，2.9万人通过海河英才落户政策获得准迁资格，河北籍占比36%，京津冀一体化交流愈加密切。河南和山东各占比10%，山西占比9%。通过积分落户政策完成引进外省市人才5797人。此外，加上应届毕业生和亲属投靠等外省市人口落户，2018年共计62313名外省市人口落户滨海新区，较2017年翻了一倍，有效地留住了一大批技术骨干、管理人才、创业青年和能工巧匠。

在天津滨海新区未来人口规划方面，根据《天津市滨海新区人口发展“十三五”规划》，受京津冀协同发展等因素影响，作为天津承接产业转移以及非首都功能疏解平台的滨海新区或将迎来新一轮人口增长，预测到2020年，新区外来人口或将超240万人，占常住人口的比重将超60%。规划提出，“十三五”期间，滨海新区保持经济适度较快增长，需要一定规模劳动力支撑。预测新区就业人口和总人口的年均增长率分别为3.84%和5.23%。但同时人口持续快速增长会加剧资源环境和城市基础设施承载负担。而人口增长主要来源仍为外来人口流入。经济增长起伏可能引起外来人口规模波动。加上外来劳动力平均受教育水平仍然偏低，各类人才规模偏小，与新区创新驱动发展和产业结构升级这一发展定位不匹配。为此，该规划提出，新区将在满足经济发展对劳动力需求的基础上，适度从严控制人口增长。2020年常住人口控制在400万人左右，其中户籍人口在145万人左右。

三　重庆两江新区

截至2018年7月，在重庆两江新区直属8个街道范围内，户籍人口256万人，常住人口354万人。其中，60岁以上户籍老年人口43万人，占户籍人口的16.8%；常住老年人59万人。

在未来人口规划方面，重庆两江新区规划明确提出到2020年要形成500万人口的城市规模，相当于一个特大城市。

四　浙江舟山群岛新区

2018年末浙江舟山群岛新区常住人口为117.3万人，出生率为9.1‰，死亡率为6.4‰，城镇化率为68.1%（见表3-2）。

《浙江舟山群岛新区（城市）总体规划（2010~2030年）》规划期限为2012~2030年，规划期末新区常住人口180万人，中心城区城市人口规模为120万人。

表3-2　2017~2018年浙江舟山群岛新区人口数据

地区	年末常住人口(万人)		出生率(‰)		死亡率(‰)		城镇化率(%)	
	2018年	2017年	2018年	2017年	2018年	2017年	2018年	2017年
浙江舟山群岛新区	117.3	116.8	9.1	9.7	6.4	6.2	68.1	67.9

资料来源：国家数据网。

五　甘肃兰州新区

根据甘肃兰州新区官网，2018年甘肃兰州新区现有人口30万人，面向全国公开选聘教育、医疗、国企管理和技术人才2818名。

根据《兰州新区总体规划（2011~2030）》，到2020年兰州新区总人口增至60万人，到2030年将达到100万人，其中妇女和儿童人口将达到70万人。

六　广州南沙新区

2018年广州南沙新区常住人口75.15万人，在全广州市排名倒数第二，仅比从化多10万人左右，户籍人口仅43.93万人（见表3-3、表3-4）。

表3-3　2017~2018年广州南沙新区人口数据

单位：万人，%

地区	年末常住人口		常住人口城镇化率		年末户籍人口		户籍人口城镇化率	
	2018年	2017年	2018年	2017年	2018年	2017年	2018年	2017年
广州南沙新区	75.15	72.5	72.79	72.5	43.93	41.54	63.3	62.14

资料来源：国家数据网。

表 3－4　广州南沙新区 2017～2018 年人口规模发展状况

单位：万人，%

项目	2017 年人口	2018 年人口	增速
常住人口	72.5	75.15	3.53
户籍人口	41.54	43.93	5.44

注：据《广州南沙新区城市总体规划（2012～2025）》，至 2025 年，广州南沙新区经济社会发展将实现重大跨越，预测常住人口规模为 230 万～270 万人，城市公共设施、市政基础设施按 300 万人口进行配置。

资料来源：国家数据网。

七　贵州贵安新区

根据贵州省人民政府网站，2018 年贵安新区人口超过 100 万人，户籍人口城镇化率提高至 33.9%。《贵安新区总体规划（2013～2030 年）》指出到 2030 年，城镇人口达到 200 万人左右。

八　陕西西咸新区

2017 年 10 月，陕西西咸新区全面托管了辖区内 22 个乡镇街道 98 万人口，截至 2018 年底，西咸新区人口已超过 100 万人。

2018 年 2 月 2 日，陕西省政府网站发布《陕西省人民政府关于咸阳市城市总体规划（2011～2030 年）的批复》（陕政函〔2018〕20 号），提出到 2030 年，中心城区常住人口控制在 141 万人以内。

九　青岛西海岸新区

2017 年末全区常住人口 153.92 万人，增长 1.54%。其中，城区常住人口 121.47 万人，增长 3.79%；农村常住人口 32.45 万人，下降 6.11%。2017 年共引进各类人才 2.7 万人。其中，引进博士及正高职称人才 378 人，硕士、副高职称及高技能人才 2700 人，本专科及其他专业技术人才 2.4 万人。

根据《2018 年青岛西海岸新区国民经济和社会发展统计公报》，2018 年末青岛西海岸新区全区常住总人口157.73万人，增长2.48%。其中，城区常住人口127.18万人，增长4.7%；农村常住人口30.55万人，下降5.86%。

《关于推进实施青岛西海岸新区发展总体规划的意见》提出到2020年，常住人口达到240万人左右。

十 大连金普新区

大连金普新区2018年第四次党政联席（扩大）会议上，市委常委、金普新区党工委书记、管委会主任王强强调，新区人口现已超过160万人。据金普新区统计，2018年底常住人口161万人。

十一 成都天府新区

2018年，天府新区常住人口约320万人。《四川天府新区总体规划（2010～2030）》指出，规划总人口2020年为350万人，2030年为500万人。其中，城镇人口2020年为320万人，2030年为480万人。

十二 湖南湘江新区

湖南湘江新区国土规划局将对新区行政区全域进行研究，对湘江新区的空间发展战略规划、城市设计相关成果、生态、交通、建筑高度分区、公共开敞空间、水资源保护建设等进行专项研究，计划远期至2035年新区规划人口不低于400万人。

十三 南京江北新区

2015年和2016年南京江北新区常住人口分别增加2.26万人和2.46万人；户籍人口也同期增长1.66万人和2.1万人，呈现出人口吸引和人口落户的双增长。整个江北新区2016年常住人口172.14万人。未来十年江北新区的人口将提升到260万人，城镇化率从60%左右提升到80%以上。

根据规划，2020年，江北新区总人口225万～245万人，城镇人口170万～190万人，村庄人口约55万人，城镇化率约为80%。2030年，江北新区总人口300万～350万人，城镇人口270万～315万人，村庄人口约35万人，城镇化率约为90%。

十四 福建福州新区

《福建福州新区总体规划（2018～2035年）》提出，至2020年，规划区常住人口总量达到175万人，其中城镇人口95万人，城镇化率达到55%；规划至2035年，规划区常住人口总量达到282万人，其中城镇人口232万人，城镇化率达到80%以上。

十五 云南滇中新区

2014年云南滇中新区人口大约为120万人，预计到2020年，新区常住人口规模将达到110万人，常住人口城镇化率达到70%左右，地区生产总值突破1000亿元。预计2030年，新区常住人口规模将达到240万人，常住人口城镇化率达到85%左右，地区生产总值突破6000亿元。

十六 黑龙江哈尔滨新区

2018年6月黑龙江哈尔滨新区户籍人口37.8万人。《黑龙江哈尔滨新区总体规划（2016～2030年）》提出，至2020年，新区城镇人口力争达到100万人；远期2030年，规划新区城镇人口达到220万人。

十七 吉林长春新区

2018年7月，吉林长春新区人口大约在50万人。在发展规模方面，规划至2020年，长春新区人口规模为190万人。

十八 江西赣江新区

江西赣江新区2015年常住人口约65万人，2017年常住人口约70.2万人，2018年，赣江新区常住人口暂无资料。

十九　河北雄安新区

截至2017年6月底，河北雄安新区常住人口104.71万人，远期规划人口为200万~250万人，人口密度为1000~1250人/公里^2。雄安新区境内少数民族有满、回、蒙古、壮、朝鲜等16个民族。2018年，雄安新区常住人口暂无资料。

第二节　公共服务

公共服务，是21世纪公共行政和政府改革的核心理念，包括加强城乡公共设施建设，发展教育、科技、文化、卫生、体育等公共事业，为社会公众参与社会经济、政治、文化活动等提供保障。公共服务以合作为基础，包括加强城乡公共设施建设，强调政府的服务性，强调公民的权利。

随着信息化水平和人民生活水平的不断提高，公众对公共服务需求越来越大、质量要求越来越高，对国家级新区之间公共服务的差异也越来越敏感，已经不再仅仅满足于知道政府在公共服务上花了多少钱，更关心这些支出取得了哪些效果，给公众的工作生活带来了什么切实的改善。从满足信息需求的层面来看，加快政府公共服务绩效评估，并形成定期公开报告制度，不仅为政府进一步改善我国公共服务提供决策参考，而且可以满足公众的信息需求，提高他们参与政府管理和监督的能力，有利于推动决策的科学化和民主化，有利于提升政府在公众心中的公信力。

一　上海浦东新区

1. 教育

上海浦东新区新增24所新优质学校，全区共有新优质学校69所，占公办义务教育学校的25%。深化学区化、集团化办学，目前已成立20个学区、6个教育集团，参与学校229所，公办义务教育学校覆盖率近70%。“教育六条”政策实施加大推进力度。规范教育培训市场，关停无证无照教育培训机构257户。中小学向社区开放体育设施，其中公办学校开放率达到100%。

2. 医疗卫生

浦东新区积极探索多种形式医疗联合体改革，试点建立北部医疗联合体，儿科医联体扩容至30家成员单位。加快推进“1+1+1”签约转诊工作，共签36.91万人，其中60岁以上老人签约率达43.63%。进一步落实家庭医生签约工作，共签约125.34万户，签约人数244.26万人，2017年内通过全科医生转往上级医疗机构19.36万人次。

3. 基本社会保障

根据全市统一部署，原镇保人员整体纳入城镇职工基本养老和医疗保险体系。在川沙新镇、塘桥街道和航头镇实施社会救助分类帮扶“4+X”项目试点工作，1~11月共帮扶救困6088人次。全体居民人均可支配收入预计超过6万元，增长8.9%，高于全市平均水平。加快养老设施供给，新增养老床位1200张，新增长者照护之家7家。深入推进医养结合，新增养老机构内设医疗机构2家，引导新增为老服务机构与医疗机构毗邻或就近设置，着力推进老年特护院内设护理院建设，加快落实养老机构与社区卫生服务机构实质性签约服务。全面完成7838户居民在外回搬工作。市、区两级实事工程项目全部完成（见表3-5）。

表3-5　2017年由上海浦东新区承担任务或有配合要求的市政府实事项目推进情况

序号	项目建设内容	项目进展情况
1	新建上钢、塘桥、周家渡、祝桥、沪东、南码头、金杨7家长者照护之家	项目已完成
2	新增张江、三林2家养老机构设置医疗机构	张江洪天敬老院、三林常青敬老院已经完成
3	为泥城镇2家，万祥镇、大团镇等4家存量养老机构实施电气线路安全改造	项目已完成

续表

序号	项目建设内容	项目进展情况
4	完成7.1万户老旧小区电能计量表供电设施更新改造任务	项目已完成
5	创建12个停车资源共享利用示范项目,共享泊位数600个	已完成共享总泊位数610个
6	培训持证上门家政服务人员	项目已完成
7	完善25家社区志愿服务中心民生服务功能,包括7家2016年评估结果基本合格单位,以及18家申请参与2017年评估的单位	25家社区志愿服务中心已全部完成
8	帮助756名困难残疾人劳动增收	共有20家涉农经济组织与772名农村困难残疾人签订了劳动合同
9	完成50公里绿道建设,改善生态环境,提升市民生活品质	项目已完成
10	完成5.5万平方米立体绿化建设,提高城市绿化率和绿视率,提升市民绿化感受度	种植已经全部完成,处于养护期
11	新增"绿色账户"覆盖30万户,向社区居民发放绿色账户卡,鼓励市民积极参与干、湿垃圾分类获得积分,通过市场化手段募集各类公益服务资源,为市民绿色积分兑换提供保障	已累计新增绿色账户52.7万户,累计开卡22.36万张
12	在全区开设36个小学生"爱心暑托班",为小学生提供公益性暑期看护服务	7~8月两期暑托班共开设36个办班点,服务小学生3600人次,招募志愿者近1000人
13	在高桥镇、金桥镇新建2个社区幼儿托管点	项目已完成
14	为6个老旧小区消防设施增配或改造,主要是增加消防标识,更新修复老旧消防设施设备	项目已完成
15	组织全区居民小区开展1次逃生疏散演练	项目已完成
16	在中心城区增设15处共计230个停车泊位的夜间道路停车点	已完成灵岩南路、海阳路、板泉路、杨思路、和雅路、申波路等15处夜间停车场,可提供737个停车泊位

资料来源：国家数据网。

4. 就业服务和社会保障

2017年，上海浦东新区就业形势总体稳定，1~11月新增就业岗位13.9万个，城镇登记失业人数控制在市下达指标内。深化区、街镇、居村

“三级就业服务网络”，为有就业意愿人员制订个性化就业帮扶计划。并且在陆家嘴、塘桥等5个街道开展“缤纷社区”试点。在14个镇35个村开展美丽乡村试点。全面完成7个镇25个规模畜禽养殖场退养任务。大力发展农业新型经营主体，实现全区55%水稻种植面积由536个家庭农场经营。完成土地承包权确权登记颁证工作，农村土地承包经营权流转管理得到进一步加强。深化村级集体经济组织产权制度改革，镇级集体经济组织产权制度改革深入推进。

加快养老设施供给，新增养老床位1200张、长者照护之家7家、老年人日间照料中心5家。优化征收安置房建管机制，全年新开工和筹措各类保障房192.2万平方米、竣工107.9万平方米，完成7838户在外过渡居民回搬。稳妥有序推进商业办公项目清理整顿。48项市、区实事项目全部完成。

5. 基础设施

重大工程建设目标全面完成。高标准规划建设现代化综合交通体系，有力推进轨道交通10号线、13号线、14号线、18号线、沿江通道越江隧道工程浦东段等建设。黄浦江东岸滨江（杨浦大桥至徐浦大桥段）22公里全线贯通开放。全年重大工程预计完成投资164.6亿元，占当年计划的104%（见表3－6）。

6. 生态环境

加快推进第六轮环保三年行动计划，111个项目已全部启动，完成率100%。积极落实“河长制”，集中开展城乡中小河道治理，555条段市考黑臭中小河道的相关水利工程已基本完成，1020条段区考河道已开工。锁定三林恒大、航头大麦湾工业园区、祝桥江镇、川沙浦东运河四个市级“五违四必”重点推进区块，大力推进区域环境综合整治。全区共整治违法建筑2329万平方米，整治违法用地7430亩。完成中央环保督察违法违规建设项目清理整治，淘汰关闭率达50%。加快推进外环生态专项、黄浦江滨江绿地、大居配套绿地、楔形绿地等建设。持续推进城区排水系统改造、白龙港及海滨污水处理厂提标改造工程。全面落实水气土污染防治行动计划，细颗粒物（PM2.5）的平均浓度为35微克/立方米，同比下降14.6%。

表 3－6 2017 年重大工程项目推进情况

重大工程	主要情况
轨道、隧道、航道前期工程	10 号线二期:车站、高架区间及港城路停车场用地规划许可证已办理完毕。港城路停车场正在办理居民征收手续 13 号线二期:规划用地手续已完成。华夏中路站动迁剩 1 户居民未签约 14 号线:规划用地手续已完成。浦东南路、浦东大道、昌邑路、歇浦路、龙居路站动迁尚有部分剩余居民和 3 支部队 18 号线:所有站点规划用地手续已完成。民生路站动迁剩 10 户居民;航头停车场征地手续办理中,居民已清盘,剩 3 家企业 轨交补短板项目(2 号线东延伸段):规划用地手续已完成。川沙停车场 3 户居民已清盘。创新中路、凌空路站、远东大道站、华夏东路站、川沙站及川沙停车场已全部交地 江浦路越江隧道:完成航头房源调拨,正在办理征收手续 沿江通道越江隧道浦东段:绿化搬迁已完成,动迁已清盘(除南空部队) 龙耀路越江隧道:涉及新区前期任务已全部完成 大芦线航道整治二期工程:工可及初步设计已批复。除老芦公路桥外,供地批文及国有土地划拨决定书已批复。全线航道区域累计完成动迁交地约 38.8 公里,占比 99% 赵家沟东段航道整治工程:航道部分供地批文及国有土地划拨决定书已批复。动迁企业已清盘,居民剩余 5 户
市级重大项目	骨干路网:东西通道(浦东段)拓建工程施工两证已完成,全线二阶段主体结构完成 90%、地面道路 70%。济阳路(卢浦大桥—闵行区界)快速化改建工程完成工可和初步设计批复,启动企业动迁或土地补偿,已完成 1 家 区域路网完善——第二轮大居外围市政配套:下盐公路中六奉公路—三六灶港桥段完成,三六灶港桥完成,桥东侧至南六公路南半幅完成。芦恒路(区界—林海公路)已竣工通车 区域路网完善——国际旅游度假区周边市政配套:六奉公路(周邓公路—沪南公路)完成管线搬迁 98%、排水 95%、道路 90%、桥梁 90%;两侧绿化带新建工程完成动迁。唐黄路完成排水 40%、桥梁 30%、道路 20%;两侧绿化带川沙段动迁已清盘,张江段居民已清盘,企业剩 1 家。川六公路(唐黄路—川沙路段)已完工,基本具备路网功能;两侧绿带动迁已清盘并已开工建设 区区对接道路:凌空路—迎宾大道北半幅已竣工通车。锦绣东路(金槐路—顾唐路)完成排水 2%、桥梁 37%。东明路(芦恒路—环林西路)排水完成 45%、桥梁 33%、道路 5%。申江南路(沪南公路—奉贤区界)已竣工通车 城乡一体化建设项目:沪南公路(康花路—闸航公路)康花—上南路段完成管线搬迁 90%、排水 25%、道路 23%、桥梁 25%。上南—闸航路段正在推进前期工作

资料来源：国家数据网。

二 天津滨海新区

1. 教育

2017 年全年全区拥有各级各类学校、幼儿园共计 326 所。其中，高职学校 1 所，在校学生 6633 人；中职学校 12 所，在校学生 7104 人；高中学校 31 所，在校学生 22951 人；初中学校 65 所，在校学生 39913 人；小学 95 所，在校学生 96682 人；特教学校 3 所，在校学生 368 人；幼儿园 119 所，在园幼儿 26777 人。建成北塘昆明路小学、海港城实验小学等 5 所学校并投入使用，新增学位 5400 个。推进第三轮义务教育现代化标准建设学校 46 所，标准化建设的 92 个项目全部通过评估验收。举办了第三十一届教育系统科技周活动，被授予“科普中国校园 *e* 站”的特色学校 14 所，在天津市科技创新大赛上获奖作品 508 项。积极配合京津冀协同发展，与中国电子信息产业发展研究院共同建设“赛迪滨海开源学院”和“赛迪智能制造培训中心”。推进职业院校信息化建设，启动职业院校数字化校园建设项目，成立滨海新区职业教育集团。

2. 医疗卫生

2017 年末，全区共有医疗卫生机构 691 个。其中，医院 63 个，诊所 209 个，村卫生室 101 个，社区卫生服务中心 28 个，卫生防疫防治机构 6 个。医疗卫生机构实有床位数 8045 张，其中，医院床位 7553 张，社区卫生服务中心床位 400 张。卫生技术人员 14424 人，其中，职业医师 5929 人，注册护士 5639 人。全年无偿献血 18508 人次。共完成老年人健康体检 17. 28 万人，体检率为 69. 7%；管理高血压患者 14. 79 万人、糖尿病患者 5. 58 万人。管理严重精神障碍患者 5705 人，管理率为 90. 3%。各项公共卫生指标均已完成任务。组建家庭医生服务团队 279 个，家庭医生工作室 184 个，累计签约居民 51. 15 万人，家庭医生签约服务覆盖率 30. 9%，重点人群签约覆盖率 60%。天津滨海新区被国务院确定为全国公立医院综合改革真抓实干成效明显的 40 个地区之一，创建成为国家慢性病综合防控示范区。

3. 基本社会保障

制定并落实20项居民增收措施，最低工资标准提高至2050元，城乡居民基础养老金标准上调至277元。其中，医疗保健、教育文化娱乐、食品烟酒支出分别增长18.1%、12.0%、7.8%。全民参保计划深入实施，社会保险覆盖范围不断扩大。截至2017年末，全市参加医疗保险人数1088.46万人，比上年末增加21.68万人；参加基本养老保险人数811.82万人，增加38.32万人；参加城镇职工工伤保险人数395.33万人，增加7.22万人；参加城镇职工失业保险人数311.3万人，增加8.83万人；参加城镇职工生育保险人数296.95万人，增加11.99万人。截至2017年末，全市老年日间照料服务中心（站）达1251个、床位9892张；全市低保对象（不含农村五保）19.84万人，救助站12个，提供救助服务8564人次。提供住宿的社会服务机构拥有床位5.39万张，各类服务机构年末收养人员3.10万人。全年新安置残疾人就业8402人。

4. 公共就业服务

多措并举稳定就业，持续推进大众创业、万众创新，继续实施百万技能人才培训福利计划，应届大学生就业率达到90%以上。全年新增就业48.95万人，增长0.1%，城镇登记失业率为3.5%。截至2017年末，全社会就业人口894.83万人。其中，第一产业就业人口62.71万人，第二产业就业人口290.90万人，第二产业就业人口541.22万人，第三产业就业人口比重达60.5%，首次超过六成。

5. 基础设施建设

2017年，全区公路里程达3058.11公里。其中，高速公路226.24公里；铺装道路面积5589.90万平方米，其中，高速公路491.94万平方米。新开优化25条公交线路，提升改造81条道路的路灯，改造乡村公路38公里。绕城高速北段开通运行，南段基本完工。轨道交通滨铁1号线、2号线实施建设，滨铁3号线建设提上日程，加快驶入“地铁时代”。塘汉路改造二期通车，疏港联络线半幅通车，北海路地道基本完工，第二大街桥、港塘路—天津大道立交、京山南道西延等加快推进，津汉公路改建、寨上桥重建、世纪大道东延等项目主体完工，滨海文化中心建成运营，国家海洋博物院等一批重大项目加速实施。

6. 生态环境

2017 年全年新区空气质量达二级良好水平天数为 212 天，空气良好率为 58.1%。空气质量综合指数为 6.43，排名全市前三。PM2.5 浓度年日均值为 63 微克/米^3，同比下降 4.5%。全年绿化建设任务 844 万平方米，开工面积 992.59 万平方米，竣工面积 853.44 万平方米，超额完成年度绿化建设任务。新建长征影院街心公园等 5 个公园，全力推进官港森林公园四期提升工程，实施道路绿化和林地绿化面积 36.4 万平方米，加强建设北大港水库、香蕉岛等绿化工程 38 万平方米，有效提升了城区绿化效果。

三　重庆两江新区

1. 教育

截至 2016 年 12 月，重庆两江新区共有学校 263 所，其中高等院校 4 所，分别是西南政法大学、四川外国语大学重庆南方翻译学院、重庆航天职业技术学院、重庆工业职业技术学院；分校区或二级学院多所，分别是西南大学西塔学院、重庆工商大学江北校区、重庆理工大学两江校区、重庆化工职业学院江北校区、重庆文化艺术职业学院江北校区等。按照规划，两江新区将引进国内外优质教育资源，续建和新建教育类重点项目 60 余个。同时，按照常住人口每 3 万人左右设置 1 所普通小学校、每 6 万人左右设置 1 所普通初中学校、每 10 万人左右设置 1 所普通高中学校、每 12 万人左右设置 1 所中等职业学校的标准，同时建设 5 所以上国际学校。

2. 医疗卫生

截至 2016 年 12 月，新区内有医院 284 所。按照规划，两江新区快速实施医疗类重点项目不少于 30 个，培育吸引一批优质医疗资源，加快推进国际健康医疗城建设，新建 5 所以上三级甲等医院。按照常住人口每 3 万 ~5 万人设置 1 个社区卫生服务中心、每 1 万 ~1.5 万人设置 1 个社区卫生服务站的标准，高标准全面完成“一镇一院”“一社区一中心”规划建设，构建完备的基层医疗卫生服务体系，基本形成居民“15 分钟医疗保健圈”。

3. 基本社会保障

2017 年重庆两江新区公租房公司坚持“以客户为中心”工作理念，深化发力供给侧改革，扎实推动产品质量、服务水平、配租比例“三个提升”，扎实有效推进公租房建设运营管理工作。截至 2017 年底，两江新区工业园区公租房累计实现竣工备案登记 370 万平方米、产权办理 172 万平方米、结算审核办理 360 万平方米，累计实现住房配租 23794 套、商业招租 10.8 万平方米（商业开业 6.9 万平方米），为两江新区持续快速发展做好了配套保障，助力两江新区产城融合内陆开放。两江新区工业开发区开工建设公租房项目 9 个，建筑面积 405 万平方米，占地 1846 亩，设计总套数 6.38 万套，建成后可容纳约 19 万人居住。

4. 公共就业服务

2017 年，重庆两江新区城镇新增就业 25687 人，城镇登记失业人员就业 7391 人，就业困难对象再就业 1433 人；创业方面，重庆两江新区 2017 年发放创业担保贷款 825 万元，贴息 68.6 万元，创业补贴 65.4 万元。2017 年，两江新区向企业成功输送人员 6273 人次，向辖区重点电子配套企业发放招工补贴 795.25 万元……通过各项政策的落实，重庆两江新区正逐步推进辖区居民稳定就业。以 2017 年国创会为例，共有 179 家单位参会，提供 1146 个岗位 3010 名人才需求，2700 余人参加现场应聘。通过为期两天的会议，举办了多场丰富多彩的活动，共签订项目 31 个，引进高端人才 20 名，781 名人才与包括世界 500 强在内的 179 家企业初步达成就业意向。

5. 基础设施建设

截至 2017 年 11 月，重庆两江新区拥有水、陆、空三大交通枢纽，重庆两江新区共有 7 条轨道交通线路经过，其中轨道 3 号线、轨道 6 号线已开通运营，其余 5 条线路为轨道交通 4 号线、5 号线、9 号线、10 号线以及东环线。重庆江北国际机场也位于重庆两江新区内，是国家定位的大型枢纽机场、中国八大枢纽机场之一。

四　浙江舟山群岛新区

1. 教育

2017 年全区共有小学 57 所，招生 8202 人，在校生 48222 人，比上年增长 0.2%，小学学龄儿童入学率为 100%。共有初中 27 所，招生 7412 人，在校生 20607 人，比上年增长 1.5%，小学毕业生升学率为 100%。全区各类中等职业教育学校 4 所，招生 2291 人，在校生 7964 人，毕业生 2098 人；普通高中 15 所，招生 3811 人，在校生 11281 人。全市共有普通高等院校 4 所，招生 8108 人，在校生 25285 人，毕业生 7183 人；成人高校 1 所，招生 587 人，在校生 1534 人，毕业生 789 人；高等教育毛入学率为 78.25%。义务教育中小学专任教师 5494 人，比上年下降 1.1%。中等职业教育专任教师 583 人，增长 3.2%。普通高等学校专任教师中副高职称以上教师所占比例为 48.1%；具有硕士以上学位教师比例为 73.1%。全区共有幼儿园 130 所，全年招生 9002 人，在园幼儿 27243 人；3～5 周岁幼儿入园率 99.97%，比上年提升 0.22 个百分点。

2. 医疗卫生

全区共有卫生机构 700 个（含村卫生室）。其中，医院 30 个，社区卫生服务中心（卫生院）39 个，社区卫生服务站 138 个。卫生技术人员 9232 人，比上年末增长 4.1%，其中，执业医师 3581 人，注册护士 3512 人，分别增长 4.6% 和 4.9%。医疗卫生机构开放床位 5723 张，增长 3.9%。2017 年全年累计报告传染病（甲、乙、丙类）7179 例，报告发病率 619.95 人/10 万人。5 岁以下儿童死亡率 2.25‰，同比下降 0.62 个千分点，婴儿死亡率 1.20‰，同比下降 0.55 个千分点，均低于全省平均水平。免费婚检率 87.13%，孕产妇住院分娩率 100%，一孩率 64.81%，二孩率 34.42%。

3. 基本社会保障

2017 年全年全体常住居民人均可支配收入 45195 元，比上年增长 8.7%。城镇常住居民人均可支配收入 52516 元，增长 8.5%；城镇常住居民人均生活消费支出 32218 元，增长 4.7%。渔、农村常住居民人均可支配收入30791元，增长8.8%；渔、农村常住居民人均生活消费支出20472元，增长5.2%。年末全市参加基本养老保险人数（包括职工和城乡居民）83.1万人，基本医疗保险参保人数（包括职工和城乡居民）96.7万人，失业保险参保人数22.3万人，工伤保险参保人数35.8万人，生育保险参保人数22.0万人。年末全市有敬老院31所，社会福利院10所，共有床位4704张。城镇“三无”对象集中供养率100%，渔、农村“五保”老人集中供养率98.74%，比上年提升0.66个百分点。城乡居民得到政府最低生活保障人数13144人，比上年增长1.4%。

4. 就业服务

舟山市为助力高校毕业生来本市就业创业，给予了多种激励方式。一是加大住房保障力度，二是发放个人就业补助，三是建立引才激励机制，四是升级创业担保贷款政策。

5. 基础设施

全市城市建成区面积74.4平方公里，实有城市道路面积1408.9万平方米，建成区绿地率36.5%，人均公园绿地面积13.8平方米。城市生活垃圾无害化处理率100%，全年新建污水管网102.6公里，河湖库塘清污（淤）量178.3万方，城市污水处理率95.2%。2017年全年城区排水管道长度1201公里，供水总量6038万立方米，液化石油气供气总量3.4万吨，天然气供气总量3860万立方米。全年完成治理改造C级危房95幢9.5万方、D级危房40幢4.8万方。

6. 生态环境

2017年全年，全市日空气质量（AQI）优良天数比例为92.1%，列全国各大城市第三位。全市县级以上集中式饮用水源水质达标率100%，水环境功能区水质达标率95%。区域环境噪声平均等效声级51.9分贝。全市新植珍贵树41.84万株，建设珍贵彩色健康森林2.32万亩，实施平原绿化1695亩、人工造林1589亩；创建嵊泗县省级森林城市，定海区金塘镇、岱山县长涂镇省级森林城镇和6个省级森林村庄。全市达到一、二类海水水质标准的海域面积占34.0%，比上年下降4.4个百分点；四类和劣四类海水海域面积占57.2%，与上年持平；近岸海域环境功能区达标率14.6%，比上年提升4.6个百分点。全年舟山海域共发生赤潮15次，累计赤潮面积605平方公里。

五　甘肃兰州新区

1. 教育

甘肃兰州新区自筹建以来，先后吸引省内外优质教育医疗资源向新区集聚，核心区建成幼儿园9所、小学2所、初中1所、高中1所，新增学位9330个；在建幼儿园6所、小学2所、初中2所、高中2所，将新增学位13290个，基本满足群众教育需求。五年来，为实现教育事业跨越发展，新区累计投入40多亿元，新建20余所高标准学校，基础投资力度之大、建设速度之快，前所未有。不断加大教育投入，优化教育布局，完善资源配置，打造名校集群，建成了一批标准化学校，培育了一批区优质教育品牌，稳步构建与国家级新区相配套的现代教育体系，打造优质教育新高地。

2. 医疗卫生

截至目前，新区已建成综合门诊部3所、二级医院1所，总床位120张；在建二级医院、三级综合医院各2所，总床位1300张，医疗卫生体系正在逐步健全。为充分发挥社会救助政策兜底效应，切实保障困难群众基本生活，甘肃兰州新区加快推进基本医疗保障制度建设，充分利用大病救助等政策组合拳，有效减轻贫困户个人医疗费用负担。截至目前，65周岁以上老年人体检人数139人，建档立卡贫困人口体检人数308人，农村低保人员、特困人员体检人数250人。建立特困人群医疗费用困难前置帮扶机制，推进“基本医保＋大病保险＋商业保险＋医疗救助”的救助新途径，针对2978人农村“两保一孤”困难群体意外伤害及重大疾病保险工作，按照人均80元标准购买特大疾病保险。2017年，新型农村合作医疗参合率达到98.78%，人均筹资标准提高到610元，上半年审核报销约12.23万人次的住院门诊、大病保险、工伤保险等医疗费用

1940.45万元。

3. 基本社会保障

在精准脱贫方面，新区将其作为民生“一号工程”，累计投入扶贫资金1.92亿元，实施农村道路、农田、水利等扶贫项目202个，改造农村危旧房149户。加大就业扶贫力度，免费开展困难群众职业技能培训1624人，开发失地农民、贫困户公益性岗位71个，为5136名困难群众发放各类救助金1576万元，为1540名残疾人发放“两项”补贴近200万元，实现建档立卡贫困户帮扶责任全覆盖。2017年脱贫退出人口268户1008人，贫困发生率从2.02%降至1.24%。

在养老服务方面，一是健全养老服务体系。制定出台《兰州新区养老服务业综合改革试点工作实施方案》。二是完善养老服务设施。加快推进新区公共养老福利机构和城乡养老服务设施建设。目前社会福利院已全面建成，设置总床位数300张，其中养老床位200张，儿童床位100张。三是开展居家养老服务。结合社区建设，积极探索构建社区居家辅助养老服务新模式。四是加强养老队伍建设。建立完善基层老年协会，力争兰州新区彩虹城社区获批省级城乡社区老年协会示范点。

4. 就业服务

实施就业创业促进计划，开展就业和岗位技能培训5241人次，帮助3968人与新区149家企业达成用工协议，新增城镇化就业1万余人，城镇登记失业率控制在4%以内。不断提升社会保障能力，推进城乡居民养老和医保一体化，3万多名失地农民纳入城镇职工养老保险体系，城乡居民养老和医疗保险参保率分别达到95.4%和98.8%，城乡低保标准分别提高8%和17.2%，留守困境儿童、特困供养人员全部纳入监护范围。

5. 基础设施

2017年，甘肃兰州新区积极建设中川国际航空港、兰州新区铁路陆港、铁路路网、公路路网和城市路网。此外，建设新区污水处理、供水、供热、供电、供气、通信、消防设施等项目，布局和完善城市垃圾处理、公共卫生间等设施。新区推进城市地下综合管廊建设，建设三大地下管廊系统（科教研发中心管廊、区域中心管廊、南部区域管廊），试点开展海绵城市建设。遵循“产城融合”“景城一体”理念，有序推进城区街景风貌建设，提升城市形象。

六　广州南沙新区

1. 教育

2017 年末，广州南沙新区共有学校（含民办，下同）86 所，其中小学 60 所，普通中学 18 所，中等职业学校 1 所，九年一贯制学校 7 所。全区有省一级学校 5 所、市一级学校 21 所、区一级学校 48 所。全区中小学在校学生 67488 人，其中小学在校学生 43429 人，普通中学在校学生 22642 人。全区共有专任教师 4288 人，其中小学专任教师 2251 人，普通中学专任教师 2037 人。学龄儿童入学率为 100%，初中升学率为 90.22%，高中升学率为 97.6%。全区共有幼儿园 101 所，幼儿园在园人数 25142 人。

2. 医疗卫生

2017 年末，广州南沙新区共有各类卫生机构 192 个，其中医院 12 所，疾病预防控制中心 1 家，卫生监督所 1 家，门诊部 13 所，诊所、卫生所、医务室 34 间，社区卫生服务中心及服务站 16 个，村卫生站 111 所；全区医院实际拥有床位 1961 张，共有各类专业卫生技术人员 3835 人，其中执业医师（含执业助理医师）1150 人，注册护士 1400 人。

3. 基本社会保障

2017 年，农村常住居民人均可支配收入 27944 元，增长 9.8%；人均生活消费支出 20756 元，增长 9.2%；城镇常住居民人均可支配收入 46045 元，增长 9.4%；人均生活消费支出 30990 元，增长 12.9%。2017 年末，广州南沙新区参加城镇职工基本养老保险人数达 27.35 万人；参加城镇职工基本医疗保险人数达 28.96 万人；参加失业、工伤、生育保险人数分别为 28.02 万人、27.26 万人、26.8 万人。城乡低保救济标准统一提高到 900 元，五保供养标准提高到 2121 元。

4. 公共就业服务

2017 年，广州南沙新区城镇登记失业人员就业率 78.0%，其中“4050”人员[①]就业率 77.0%。全区户籍劳动力累计进入企业就业参保人数达 10.2 万人，其中当年新增 2.27 万人。全年提供就业岗位 2.5 万个，资助劳动力技能晋升培训 2851 人，提供就业专项资金 5103 万元，增长 45.8%。

5. 基础设施

2017 年末，广州南沙新区共有篮球场 248 个，乒乓球台 279 张，游泳池 18 个，羽毛球场 131 个，健身路径 268 条，足球场 20 个，田径场 8 个，社区运动中心 22 个，康园中心 8 个，体育活动中心 40 个。

2017 年 4 月 27 日，南沙 CBD 的“心脏”和“大动脉”南沙横沥岛 7.3 平方公里开发项目、广州地铁 18 号线及中铁隧道局全国总部项目同时动工。南沙港铁路全线预计 2020 年建成通车，将打造成连接欧洲快线的物流中心。南沙港铁路项目起自江门广珠铁路鹤山站，终于南沙新区南沙港站，全长约 80 公里，中山段长 30.4 公里，投资 60 亿元，属国家一级货运铁路，其中，南沙港铁路中山段已于 2016 年 10 月动工建设。

6. 文化发展

2017 年末，广州南沙新区有群众艺术馆、文化馆 10 个，公共图书馆 10 个，图书馆共有藏书 34 万册。全区有线广播电视用户 12.36 万户，电视综合人口覆盖率为 100%。

七　贵州贵安新区

1. 教育

贵州贵安新区自成立以来，便启动“全面改薄”（全面改善贫困地区

① “4050”人员是指处于劳动年龄段中女 40 岁以上、男 50 岁以上的，本人就业愿望迫切但因自身就业条件较差、技能单一等原因，难以在劳动力市场竞争就业的劳动者。其中，相当一部分是原国有企业的下岗人员，他们为改革做出了贡献，但随着年龄增长，就业也愈益困难，已引起各级政府和社会各界的关注。他们是再就业最困难的群体，国家对他们实行了更加优惠的政策、特殊扶持。

义务教育薄弱学校基本办学条件）工作，总投资19.086亿元，用于校舍装修、设施建设、设备采购、绿化、道路、停车场等建设，新区义务教育基本办学条件得到全面改善，“全面改薄”项目共涉及学校10所，单体项目27个，校舍建筑面积17万平方米，室外运动场5万平方米，围墙3万米。

2017年，贵州贵安新区投入69011万元，同比增长149.5%，优先保障教育事业发展，加大教育基础设施建设支持力度。贵州贵安新区为进一步优化教师专业结构，提升教师队伍素质，通过事业单位招聘考试招聘教师168人，有效改善中小学紧缺学科教师缺额问题，并全面落实乡村教师生活补助制度，对长期在农村基层工作的教师发放生活补贴。

2. 医疗卫生

2017年，贵州贵安新区投入33646万元，支持完善社会保障制度和医疗卫生体系。提高医疗卫生和社会保障水平，提高城乡低保和优抚对象补助水平。当前，新区正在筹建的有同济贵安医院及综合配套项目、北京同仁医院贵安分院及综合配套项目和湘雅贵安瑞康医院项目。同时，新区围绕构建“15分钟城市社区健康服务圈”和城乡医疗健康服务一体化，重点抓好同济贵安医院等5个三级医院建设工程、二级（县级）医院建设工程、专业公共卫生机构标准化建设工程、乡镇卫生院标准化建设工程、社区卫生计生服务中心标准化建设工程、村卫生室标准化建设工程等六大医疗机构项目，提升医疗卫生服务水平。

3. 基本社会保障

2017年，贵州贵安新区投入40114万元，加强新区城市运营管理，加大对大学城等园区在城乡社区管理等方面的投入力度。2017年，贵州贵安新区在均衡性转移支付、工信化支持、民生保障以及支持“三农”等方面共争取各类资金115536万元，为新区经济社会健康稳定发展提供了有力的资金支持。2017年，贵州省易地扶贫搬迁规模75万人，其中建档立卡贫困人口66万人，自然村寨整体搬迁3600个、同步搬迁人口9万人。搬迁人口接近全省“十三五”时期规划搬迁162.5万人的一半。与2016年的“以城镇安置为主”不同，2017 年集中安置在市（州）政府所在地中心城市或县城，不再安置在旅游景区、中心村，更不允许分散安置。

4. 基础设施

贵州贵安新区已建成通车 560 公里的市政道路，累计开工建设市政道路 700 余公里，完成投资 700 亿元，基本形成“七横四纵”的路网结构，贵安的通行变得愈加便捷畅通。截至 2017 年 12 月 1 日，贵安新区 2017 年棚户区改造安置住房 1400 套已全部开工，公共租赁住房 1654 套基本建成，90 户危房户“危改”全部竣工。贵安新区 2017 年棚户区改造新开工任务为 1400 套，截至目前主体施工已全部完成，开工率达 100%；2018 年公租房分配任务为 3285 套，截至目前已累计分配公租房 9053 套；公共租赁住房已建成 1654 套，任务完成率达 100%；新区 2017 年农村危房改造计划任务为 90 户，目前全部竣工，各乡镇正在组织竣工验收。

八 陕西西咸新区

1. 教育

陕西西咸新区现有学校 359 所，其中，公办 217 所、民办 142 所；在校生总数 12.19 万人；教职工 1.19 万人，其中，专任教师 0.87 万人。到 2020 年，预计各学段需求学位 24 万个，《陕西西咸新区“强优建校”三年行动计划（2018～2020 年）》明确提出“强优建校”总体目标为，到 2020 年，共计划投资 91.62 亿元用于学校建设（财政资金 60.67 亿元、民间资金 30.95 亿元），共建设各类学校 97 所（新建 84 所、改扩建 13 所；公办 78 所、民办 19 所），以满足新区 156 万人口、24 万学位的需求。完成就业创业培训 3119 人次。沣西实验学校、枫叶国际学校、渭柳小学等 12 所中小学、幼儿园竣工投用，新增学位 1.2 万个。

2. 医疗卫生

2018～2020 年，陕西西咸新区共计规划建设各类医院 15 家，其中三级综合医院 10 家，建设（提升改造）基层医疗卫生机构至少 20 家。2018 年计划启动 9 家医院建设，提升改造 10 家乡镇卫生院（社区卫生服务中心）。

目前，沣东新城医院、陕中二附院、德尚医院、陕西秦汉医院、交大创新港医院等7家医院已开始施工；10家乡镇卫生院（社区卫生服务中心）的改造提升工作也如期推进。

3. 基本社会保障

坚决打好脱贫攻坚战。精准开展数据清洗，核实确定贫困户1454户3540人，涉及21个镇街311个村。针对核定的贫困户，按照“两不愁三保障”要求，逐户逐人落实精准帮扶措施，完成21个“三变”改革试点村改革任务，580名贫困劳动力实现就业创业，为249户贫困户发放小额贷款1231.5万元，贫困群众实现应保尽保。陕西西咸新区在全市第三季度交叉检查开发区中排名第一。统筹发展社会事业。完成就业创业培训3119人次。沣西实验学校、枫叶国际学校、渭柳小学等12所中小学、幼儿园竣工投用，新增学位1.2万个。陕西中医药大学第二附属医院、崇文国际医院、陕西慈善总医院等大型医疗机构项目加快推进。不断丰富群众文化生活，全年举办群众性精神文明活动16次、惠民演出100余场。

4. 就业服务

落实更加积极的就业政策，2018年举办综合人才招聘会30场以上，就业创业培训3000人以上，完成城镇新增就业6000人，农村转移劳动力50000人。城镇登记失业率控制在4%以内。实施高校毕业生就业创业促进计划，对有意愿来新区见习的大学生全部推荐见习。免费为入区人才提供人事代理、流动人员社保缴纳、流动党员管理等公共服务。

5. 基础设施

健全规划体系，形成了“总规—分区规划—控规—专项规划—专题研究”五级规划体系。加快新轴线建设，完成新轴线城市设计和地下三层空间综合开发设计方案编制，新中心中央商务区建设全面启动，能源金融商贸区已开工104万平方米，沣东新城片区在建面积超过100万平方米。完善城市功能，全年开工实施499个城建项目，累计完成投资286.7亿元，完成年度任务的118%。新开工市政道路71条、地下综合管廊34.59公里、海绵城市项目34个，地下管网普查完成947公里，地铁1号线二期、5号线二期进展顺利，新增公交线路 7 条。新增分配公租房 5381 套，新开工棚改房 8037 套，均超额完成市考任务。各类特色小镇累计完成投资 36.7 亿元，全国首个诗经主题特色小镇“沣滨水镇·诗经里”建成开园。

6. 生态环境

推进铁腕治霾。强力实施铁腕治霾“1＋1＋10”方案，协同打好治污降霾组合拳。特别是扎实推进“无煤城市”建设，在 5 个新城各建成一个洁净煤配送中心，全面取缔了区内散煤销售点，拆除 20 蒸吨以下燃煤锅炉和小设施 443 台，地方燃煤锅炉全部清零，全年规模以上减煤 40 万吨，散煤治理 27 万吨。实施柔性治水。编制了城市水系规划，计划投入 600 多亿元，治理 9 条河流，打造 23 处湖泊湿地、45 条大小水系，新增水面 1063 公顷。启动实施“八水绕长安”水系项目 4 个，昆明池试验段形成 707 亩水面，渭河、沣河等多个治理项目已建成。严格落实河长制，切实做好水污染防治，辖区 5 条河流的 250 个排污口全部截流封堵，渭河出境断面均达到Ⅲ类水体标准，沣河接近Ⅲ类标准，泾河、新河、太平河水质持续改善。持续增绿扩绿。以“五路两侧”绿化为重点，加快推进新区增绿美化三年行动计划，全年共实施绿化项目 110 个，总面积 5000 亩的大西安城市中央公园项目启动建设，新区绿色版图不断扩大。

九　青岛西海岸新区

1. 教育

青岛西海岸新区 2017 年末建成各类高校 8 所，在校学生约 15 万人。普通中学 50 所，在校学生 61803 人，增长 6.1%。中等专业学校 11 所，在校学生 19902 人，下降 0.61%。共有小学 89 所，在校学生 96993 人，增长 1.11%。幼儿园 373 所，在园幼儿 43502 人，增长 6.8%。学龄儿童及初中入学率均为 100%。

2017 年末共有各类文化机构 30 处（含镇街综合文化站），其中区级文化机构 4 处（文化馆 1 处、博物馆 1 处、图书馆 1 处、茂腔艺术传承中心 1 处），镇（街道、园区）综合文化站 26 处。

2. 医疗卫生

2017 年末共有卫生机构 1248 家。其中，二级综合医院 5 家，三级中医院 1 家，二级中医院 1 家，镇（街）卫生院 16 家，社区卫生服务中心 7 家，社区卫生服务站 16 家，村卫生室 760 家；疾病控制、卫生计生综合监督、急救指挥机构各 1 家，妇幼保健院（所）2 家，专科疾病防治站（所）2 家；民营一级综合医院 20 家，民营专科及二级综合医院 7 家，诊所、医务室和门诊部 362 家。全区医疗卫生机构共有床位 8500 张，其中公立医疗机构床位 7028 张。2017 年末医疗护理人员总数 10560 人（含乡村医生 988 人），其中，执业医师（含执业助理医师）4381 人，注册护士 5318 人。

3. 基本社会保障

全区居民人均可支配收入 39665 元，增长 8.9%（见图 3－3、表 3－7）。按常住地分，城镇居民可支配收入 46686 元，增长 8.2%；农村居民可支配收入 19407 元，增长 7.8%。

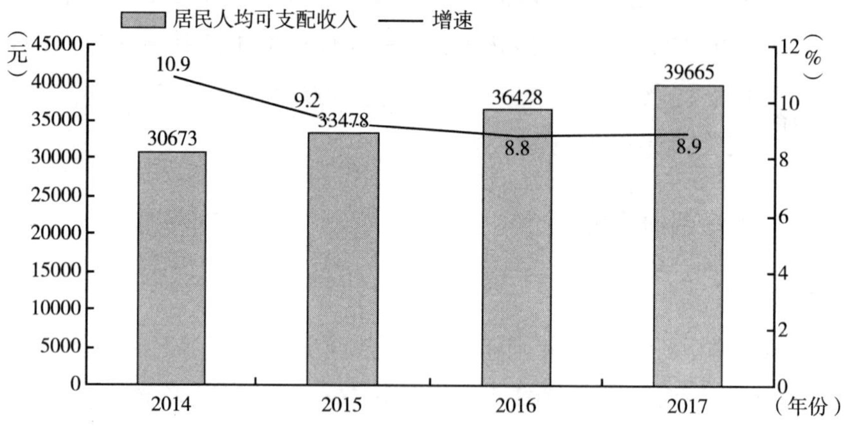

图 3－3　2014～2017 年青岛西海岸新区居民可支配收入及增速

资料来源：国家数据网。

全区居民人均消费支出 20192 元，下降 5%。按常住地分，城镇居民人均消费支出 22840 元，下降 3.4%；农村居民人均消费支出 13607 元，下降 28.2%（见表 3－8）。

表3－7　2017年青岛西海岸新区城乡居民人均可支配收入构成情况

单位：元

指标名称	总计	城镇住户	农村住户
可支配收入	39665	46686	19407
工资性收入	30297	36156	12930
经营净收入	5100	4856	5706
财产净收入	2653	3692	70
转移净收入	1615	1982	701

资料来源：国家数据网。

表3－8　2017年青岛西海岸新区城乡居民人均消费支出情况

单位：元

指标名称	总计	城镇住户	农村住户
消费支出	20192	22840	13607
食品烟酒	5294	5739	4189
衣着	1796	2041	1188
居住	5243	6224	2802
生活用品及服务	1408	1683	723
交通通信	3048	3390	2197
教育文化娱乐	2130	2394	1475
医疗保健	821	823	815
其他用品和服务	452	546	218

资料来源：国家数据网。

据抽样调查，2017年末城镇居民人均现住房建筑面积37平方米，农村居民人均现住房建筑面积23平方米。

2017全年实现城镇新增就业14万人，本区城乡人员就业7.1万人（其中城镇就业2.9万人，农村劳动力转移就业4.2万人），外来人员就业6.9万人。

2017年末全区城镇居民最低生活保障人数达782人，城镇居民最低生活保障资金984.5万元；农村“五保”供养人数978人，农村“五保”供养支出412.1万元。

4. 就业服务

2017 年，全区城镇登记失业率为 2.53%。养老保险参加统筹人数净增 3.6 万人，达到 93.9 万人，参加统筹企业退休人员养老金社会化发放率达到 100%。机关、企业、事业单位参加城镇职工基本医疗保险人数达到 50 万人。其中，在职人员 41.7 万人，退休人员 8.3 万人。

5. 基础设施

2017 年末城镇化率达到 78.92%，比上年提高 1.72 个百分点。城市平均每天供水量 34.72 万吨，增长 4.52%。城市全年实际用水（售净水）量 11294.11 万吨，增长 5.3%，其中生产用水和生活用水分别为 6674.32 万吨和 4514.82 万吨。城市排水管道总长度 2270.71 公里。燃气总管网长度 2062 公里。城市使用液化气、煤制气、天然气的总户数达到 54.24 万户。全年供应液化气总量 1.65 万吨，下降 5.7%，供应天然气总量 2.73 亿立方米，增长 33.2%。城市燃气管道气化率达到 87%。全年新增供热面积 562.9 万平方米，年末供热面积达到 6300.2 万平方米，增长 16.1%，供热普及率达到 82%。

十　大连金普新区

1. 教育

2017 年，大连金普新区高考一本进线率达 45.8%，高于全省 15.7 个百分点。4 所新校舍投入使用，新建 2 所公办普惠制幼儿园，中小学素质教育活动中心获评全国中小学研学实践基地，金普新区校餐模式成为全国样板。

2. 医疗卫生

10 所公立医院全部取消药品加成，组建以金州一院和盛京大连医院为核心的 2 个医疗集团，全面推行分级诊疗模式和家庭医生签约服务，全区新农合受益 83415 人次。圆满完成“两城同创”任务，举办第二届“金石文艺奖”评选，区街村三级提供公共文化服务 1484 场，“点单式”政府购买文化服务模式深受好评。实现社区、村 10 分钟健身圈及公共健身设施全覆盖，成功举办首届全民运动会。

3. 基本社会保障

2017 年城镇新增就业 16581 人，城镇登记失业率控制在 2.98%。2017 年，财政投入 1.1 亿元，用于城乡居民最低生活保障、残疾人扶贫救助、新农合补助等项目。社会福利院维修改造按期完工，在全市率先完成复制推广社区居家养老服务“林海模式”任务。继续推进城中村和城区老旧危房改造，完成棚户区改造 714 套，解决在外逾期过渡居民回迁安置 560 户，实施“暖房子”工程 44.8 万平方米，完成老城区居民燃气入户改造 5000 户。投入 7300 万元，完成 10 个惠民实事项目。制定实施 19 条政策措施和 15 个配套办法，构建人才引进、培养、使用、奖励的政策体系。

4. 招商引资

招商引资成果丰硕。按照“重振日韩、深耕欧美、巩固港澳台及东南亚”的招商思路，内资外资一起抓，引资增资双促进，推动了一批大项目签约落地。2017 年举行招商活动 160 余次，成功举办内外资企业座谈会等招商安商活动。全区新批外资企业 75 家，注册资本 5.5 亿美元，合同外资 3 亿美元。辉瑞制药、松下汽车能源、蒂业技凯工业、派思股份等外资企业增加投资、扩大产能，新增注册资本 21.2 亿美元，合同外资 13 亿美元。

5. 基础设施建设

基础设施建设进展顺利。2017 年全年总投资 5.5 亿元，新建、续建和改扩建公路 75 条，总里程 222.6 公里。渤海大道即将实现全线贯通，金普城际铁路动迁全部完成。杏树港客滚码头进入试运行阶段，金石滩港、杏树港验收工作积极推进。短期填埋、长期焚烧、覆盖全域的垃圾分类“集运处”三年规划编制全面启动，金州垃圾焚烧发电厂配套道路等 16 项城建重点项目配套工程全部完工。

十一　成都天府新区

1. 教育

2017 年，全区拥有普通中学、职业初中 29 所，在校学生 3.14 万人；中等职业学校 8 所，在校学生 1.61 万人；小学 19 所，在校学生 5.28 万人；

幼儿园131所，在园幼儿3.64万人，学龄儿童入学率100%；特殊教育学校1所，在校学生167人。

截至2018年7月，天府新区成都直管区已办理全日制大学本科以上入户94400余人，居成都各区（市）县榜首。2017～2022年五年时间里，新区将布局规划130余所学校、幼儿园，投资逾百亿元，将大力引进、培育一批名优教师，坚定实施素质教育，教好每一位学生。

2. 医疗卫生

2017年，全区拥有各级医疗卫生机构460家，其中区属医疗机构17家，驻区及民营医疗卫生单位443家。拥有床位数3092张，医疗卫生技术人员5668人，其中医生2356人。

3. 基本社会保障

2017年，全区城镇居民人均可支配收入41236元，增长8.3%；农村居民人均可支配收入24772元，增长8.9%。2017年，全区城镇职工养老保险参保20.88万人；城乡居民养老保险参保7.99万人，参保率达97%；城乡居民基本医疗保险参保41.48万人，参保率达99%；城镇登记失业率为2.93%。2017年，全区救助农村低保3.16万人次，发放低保救助金1241.73万元；救助城市低保0.75万人次，发放低保救助金360.59万元，救助率达100%。2017年，全区共有13551名80岁及以上的高龄老年人享受高龄津贴。2017年，区残联资助符合条件的残疾人及残疾人家庭子女参加基本医疗保险、大病医疗补充保险2742人。

4. 基础设施

2017年末，全区城市道路长560.16公里，建成区面积94.66平方公里，道路面积949.12万平方米，其中人行道面积192.72万平方米。绿化覆盖面积4805.96公顷，园林绿地面积4031.20公顷，公园7个，公园面积279.69公顷，公厕156座，环卫专用车辆508辆，城市公共汽车1023辆，城市出租汽车258辆。全区天然气供气管道长3480公里，天然气销售总量20700万立方米，其中居民家庭用气量8951万立方米；用气户数42.34万户。自来水厂1个，供水管道长2240.91公里，综合生产能力30万立方米/日，城市自来水供水总量8113万立方米，自来水用水总户数43.73万户，用水人口31.07万人。

十二　湖南湘江新区

1. 教育

2018～2022年，长沙市本级财政每年安排资金3亿元，设立大科城建设发展专项资金，重点用于建设基础设施、设立产业发展基金、支持各类产业和创新创业、引进培养人才等。支持大科城比照国家大学科技园、国家高新技术开发区相关优惠政策给予支持。鼓励引入民间资本开发建设，符合财政部规范要求的大科城PPP项目政府支出责任纳入市本级财政承受能力论证范围。

2. 医疗卫生

到2020年，全面建成以居家为基础、以社区为依托、以机构为支撑的功能完善、规模适度、覆盖城乡的养老服务体系。养老服务法规政策不断健全、养老服务产品更加丰富、养老服务市场机制进一步完善、养老服务业健康有序发展。

养老服务体系建立健全。生活照料、医疗护理、精神慰藉、紧急救援等养老服务覆盖所有居家老年人。符合标准的日间照料中心、老年人活动中心等服务设施覆盖所有城市社区，90%以上的乡镇和60%以上的农村社区建立包括养老服务在内的社区综合服务设施和站点。全省新增养老床位35万张，养老床位总数达到53万张，实现养老床位数达到每千名老年人35张以上。养老服务补贴制度逐步健全，到2020年，基本养老服务补贴覆盖率达到70%以上。公共服务设施的养老服务功能不断增强，养老服务模式不断创新，养老服务网络平台进一步建立，到2020年建成养老服务信息平台150个以上。

3. 基本社会保障

2017年1～12月累计，一般公共预算支出685454万元。其中，一般公共服务支出19354万元，教育支出11150万元，科学技术支出8000万元，节能环保支出52735万元，城乡社区支出572958万元，农林水支出526万元，交通运输支出5020万元，资源勘探信息支出1000万元，金融支出650万元，国土海洋气象支出5127万元，住房保障支出1197万元，其他支出4737万元，债务付息支出3000万元。

十三　南京江北新区

1. 教育

根据规划，在教育方面，将规划在雄州、浦口建设一南一北2所国际学校，规划小学142所，其中撤并10所，维持现状27所，原址扩建12所，新建101所，易地新建2所。设置90所中学，其中新建的就有50所。

2. 医疗卫生

根据南京江北新区的发展规划，南京市规划局拟定了2049年战略规划暨2030年总体规划，江北新区将以浦口国际医院为核心，形成江北医疗城。规划提出，扩建1所三级综合医院江北人民医院。在雄州、浦口各选址新建1所三级医院。扩建现有8所二级医院，分别为南京市浦口医院、浦口区中心医院、六合区人民医院、南京扬子医院、南京南钢医院、大厂医院以及浦口区中医院、六合区中医院。到2030年，每千名常住人口病床数量达到6.5张，床均用地达到120平方米以上。

3. 公共就业服务

从就业机会指数和就业保障指数来看，2012～2017年南京江北新区就业市场整体向好。此外，随着江北新区聚焦主导产业体系，加大“百名顶尖专家领创行动”、海外人才“345”引进计划以及“创业江北”等人才政策落实力度，江北新区已呈现广聚顶尖人才的图景。2017年仅南京江北新区直管区就吸纳新增就业人员22319人，占本地户籍人口的比重达到3.16%，呈现较高的就业吸附和增长速度。

4. 基本社会保障

南京江北新区为高端人才、产业人才提供了20万平方米、1500套人才共有产权房，形成人才安居保障体系。南京江北新区配套的人才公寓总建筑面积约13万平方米，总投资6.8亿元，可提供1000多套人才房。

十四　福建福州新区

1. 教育

在全省率先成立职业院校联盟，增设19个中职专业、5所普通高中达标晋级，数字青少年宫等22个项目入选省中小学德育建设示范项目。基本完成103个文化站建设工程和1602个文化服务中心达标提升工程，成功举办第五届闽都文化论坛暨闽都文化艺术巡回展。成功举办第24届市运会、中国羽毛球公开赛、环福州·永泰国际公路自行车赛、福州国际马拉松赛等大型体育赛事，实施590个全民健身工程，开展32项1080场全民健身活动。

2. 公共就业服务

成立至今，全市各级财政累计用于民生支出2372.24亿元，为城乡人民兴办实事项目368件。城镇居民人均可支配收入、农村居民人均可支配收入分别比2011年增长57.8%、67.2%。累计实现城镇新增就业71.99万人，转移农业富余劳动力25.15万人。

3. 基本社会保障

全市农林牧渔业总产值839亿元，增长3.5%。新增全国休闲农业与乡村旅游示范县1个、国家级农业产业化重点龙头企业1个、省级农业产业化重点龙头企业50个。江阴、青口省级“小城市”培育试点扎实推进。建成420个新农村“幸福家园工程”示范村、129个美丽乡村。农村土地承包经营权、宅基地及集体建设用地确权登记颁证工作有序推进，土地流转面积59.44万亩。10667人实现脱贫，完成“造福工程”搬迁4683人。成立至今，全市累计建成保障性安居工程12.8万套，实施259个旧屋区改造项目。

4. 基础设施

全市新辟优化公交线路88条，新增更新新能源公交车594辆，新增公共停车泊位7509个，新投放便民自行车2055辆。三江口、鹤林两个海绵城市试点片区启动建设，建成琅岐环岛路西北段等地下综合管廊主体结构4.5公里。实施旧屋区改造692万平方米，拆除“两违”692.16万平方米。基本建成保障性安居工程 3.3 万套，五城区完成回迁安置 1.71 万户、239.16 万平方米。城市空气质量优良率 98.6%，综合指数居全国 74 个重点城市第五。新型智慧城市标杆市启动建设。

5. 生态环境

围绕群众关注的热点难点问题，全市启动实施城区内涝治理项目 71 个、内河水体黑臭治理项目 194 个、内河沿岸污染源整治项目 66 个、水系周边环境整治项目 39 个、城区交通拥堵治理项目 252 个、南北火车站综合整治项目 228 个、全民绿化项目 534 个、休闲步道项目 12 个。城区 47 个易涝点建立责任人制度。新改扩建江心公园、南公园等 10 座城市公园。完成造林绿化 12.16 万亩。

十五　云南滇中新区

1. 公共服务

保障性安居工程有序推进，完成年度投资 38.8 亿元，8870 套棚改项目全部开工建设，基本建成 4198 套。启动片区地下综合管廊建设 37 公里。

2. 基础建设

启动新区三年路网规划建设项目 180 个 847 公里，其中 68 条道路已建成通车，累计通车里程达 325 公里。全年完成道路交通投资 175.9 亿元。

3. 项目

新开工产业项目 57 个、续建 32 个、竣工 45 个（当年开工竣工项目 7 个）、前期项目 24 个，完成年度产业投资 300 亿元。其中，工业投资 115.1 亿元。重点推进十大片区土地储备及前期综合开发，全年投入资金 42.6 亿元，收储土地 10090 亩，完成供地 3637 亩。

4. 招商引资

提质增效，2017 年全年实际到位内资 830 亿元，实际利用外资 1.7 亿美元，中国国药集团、康美药业、京东方、中汽中心等世界 500 强、中国 500 强及行业龙头企业入驻滇中新区。

十六　黑龙江哈尔滨新区

1. 教育

全市现有在哈普通高校 51 所、成人高校 12 所、具有研究生培养资质的科研机构 8 所、中等职业教育学校 86 所、普通高中 103 所、普通初中 343 所、普通小学（含农村小学网点）838 所、特殊教育学校 18 所、幼儿园 1352 所。全市有科研机构 470 余个，拥有 9 个国家级企业技术中心和 111 个省级企业技术中心，有科技研发人员 4.5 万人，还拥有大量的技术工人。焊研所、兽研所、703 研究所等研究机构的技术水平居全国领先地位。黑龙江哈尔滨新区拥有国际、国内各类研发创新机构 200 多家，其中有近 50% 为国家级研发机构。哈尔滨新区现有 306 户国家认定的高新技术企业，占全市总数的 62%。

2. 医疗卫生

全市共有各类卫生机构 1864 个（未含农村卫生室），其中医院 310 个、卫生院 188 个、社区卫生服务中心（站）141 个。卫生机构床位数 8.2 万张。卫生技术人员 6.8 万人，其中执业医师 2.2 万人，注册护士 2.8 万人。卫生机构全年诊疗 3620.7 万人次。全市现有养老机构 430 家，床位数 4.8 万张，其中当年新增养老床位 3823 张，新建乐活休闲养老综合体、老年公寓 31 家。救助孤困儿童 1289 人。全市各类收养性社会福利单位床位 4.9 万张，收养人员 3.3 万人。城镇各种社区服务设施 897 处。

3. 基本社会保障

2017 年全年城市居民最低生活保障对象 10 万人，比上年下降 24.6%；农村居民最低生活保障对象 14.26 万人，下降 26.1%；特困人员 2.37 万人，下降 6.7%。城市居民最低生活保障标准每人每月 580 元，农村居民最低生活保障标准每人每年 3780 元。截至 2017 年末全市筹集并下拨市财政专项扶贫资金 45331.3 万元，确定 44 个贫困村脱贫出列，13147 人实现脱贫，贫困发生率 0.98%。全年市区开工建设棚改住房项目 12 个，新开工 8256 套，完成全年计划的 118%；竣工 8789 套，完成全年计划的 126%。建成回迁房

1.19 万套，1.19 万户棚改居民顺利回迁。提供公共租赁住房 2701 套，完成年度计划的 140%。

4. 基础设施

在路网建设方面，2017 年全年开工建设滨北公铁两用桥、国道绥满公路利民开发区昆明大街连接线、呼兰区向阳路、霁虹桥周边配套道路疏解工程、哈站北部市政路网工程、华南城配套道路等 88 个路桥项目，其中一面街地道桥、郭地方路（一期）、公路大桥区域疏解等 59 个路桥项目已竣工投用。启动建设源网厂/站 19 个，新建改造各类管线 80 公里，地下综合管廊一期试点项目完成 23.5 公里建设任务，实现管线入廊，启动地下综合管廊二期项目施工。地铁 1 号线一、二期和 3 号线一期已通车运营，地铁 1 号线三期、2 号线一期和 3 号线二期正在推进建设，在建里程共计 69.14 公里。新增公共停车泊位 1.5 万个。

全市新增集中供热能力 800 万平方米，集中供热面积达 27300 万平方米，集中供热普及率达到 95%；全市供气管道总长度 4234.7 公里，天然气用户 192.4 万户，其中家庭用户 190.7 万户。

5. 生态环境

机械化清扫率、生活垃圾无害化处理率分别达到 85%、87%。城市污水集中处理率达到 94.2%。道外区东风沟、香坊区曹家沟和呼兰区一排干城区段三条黑臭水体整治主体工程全部完工，如期实现城市建成区基本消除黑臭水体工作目标。市区建成区全年淘汰 10 蒸吨/小时及以下燃煤小锅炉 2074 台。建成 18 个噪声管理工作优秀模范社区。城区新增公园 1 处，新植树木 14.8 万株，新增绿地 20.7 公顷。建成区绿化覆盖面积 14789 公顷。

十七　吉林长春新区

1. 教育

2017 年人才建设投入资金 1.2 亿元，新引进孵化项目 240 个，新引进各类高层次人才 7000 余人，有 1 人入选第十三批国家“千人计划”创业人才、4名人才入围第三批国家“万人计划”科技创业领军人才，新区聚才、引才能力明显提升。2018年全年计划新引入大学本科以上人才5000人以上，列支2亿元专项用于人才管理改革试验区建设。

2. 医疗卫生

积极构建以公共卫生服务为基础、以基本医疗为保障、以专科医院为特色的大健康体系。加快建设吉林大学中日联谊医院北湖分院、吉林省第二人民医院和吉林国健高新妇产医院项目，年底实现暖封闭。采取政府购买服务的方式，推动德生集团3个区级医院、4个社区卫生服务中心建设。

3. 基本社会保障

吉林省新闻出版广电局和吉林省民政厅启动了“书香吉林·社区幸福学堂·社区阅读空间”建设工程，搭建便捷的社区居民阅读平台，向百姓提供舒适的阅读环境和丰富的阅读资源，三年内在全省建设社区阅读空间1839家，实现全省社区全覆盖。在“书香吉林·社区幸福学堂·社区阅读空间”建设工程启动的当年内，就打造了17个阅读空间、2个社区图书馆、1个2500平方米的新华书店，作为全民阅读的重要平台，形成了高新阅读网格化，实现社区全覆盖，为百姓打造“十分钟阅读圈”，营造了“书香社会”的浓郁氛围。

4. 基础设施

总投资92亿元的“三路七桥”工程，2017年投资57.4亿元，年底前通车，2018年完工。总投资188亿元的轨道交通空港线，2017年投资5.1亿元，完成中心广场站、建兰街站主体工程，完成民俗馆站主体工程的50%，交通枢纽完成前期工作；总投资52亿元的北湖快轨一期，2017年投资8亿元，11月底实现桥梁贯通，2018年9月试通车。2017年底前，空港开发区路网形成内连外通的基本骨架，总投资83.8亿元、总长447.3公里的地下管廊，2017年投资22.7亿元，开工建设管廊67公里、缆廊38公里，完成工程量的50%。

5. 生态环境

总投资15亿元，对高新开发区、北湖开发区及北湖生态公园进行环境提升，两年完工，2017年投资10亿元，完成重点区域、重要景观提升任务。总投资126亿元，加大生态环境治理力度，重点实施伊通河北段、干雾海河、饮马河石头口门水库坝下至长吉北线段治理工程，2017年完成投资36亿元。

十八　江西赣江新区

1. 教育

2018年江西赣江新区管委会出台《关于鼓励社会资本进入基础教育领域的实施办法》。江西赣江新区鼓励社会资本以各种方式举办各类民办基础教育，逐步形成不同投资和举办主体以及公平有序的竞争环境，大幅扩充基础教育供给。支持企事业单位、社会团体、其他社会组织及公民个人等各类办学主体通过独资、合资、合作等多种方式办学。

2. 医疗卫生

在医疗卫生方面，江西赣江新区鼓励和引导社会资本举办医疗机构，优化医疗资源配置，完善民生配套，建立政府主导、社会参与、办医主体多元、办医形式多样的医疗卫生服务体系。凡是法无明令禁入的医疗事业领域，均对社会资本开放，鼓励社会资本以多元主体、多种方式进入医疗事业领域。

3. 基本社会保障

鼓励和引导社会资本举办养老机构，充分发挥市场在养老资源配置中的决定性作用，逐步形成以社会力量为主体的养老服务业格局，努力使养老服务业成为积极应对人口老龄化、保障和改善民生的重要举措。凡是法无明令禁入的养老事业领域，均对社会资本开放，鼓励社会资本以多元主体、多种方式进入养老事业领域。

十九　河北雄安新区

1. 教育

2017年12月10日，河北雄安新区召开教育工作会议，提出将启动“千年大计、教育先行”三年提升计划，发起设立雄安新区教育发展奖励基金。清华、北大、北师大、中国人民大学等10余所高校将积极参与雄安新区建设当中，高校将根据自身的学科优势为雄安新区建设贡献力量。北京市第八十中学雄安校区、北京市朝阳区实验小学雄安校区、北京市六一幼儿园雄安校区、北京市海淀区中关村第三小学雄安校区已挂牌成立。

2. 医疗卫生

在医疗健康机构方面，雄安新区将重点承接高端医疗机构在雄安新区设立分院和研究中心，加强与国内知名医学研究机构合作；同时，也要在雄安高标准配置医疗卫生资源。其中包括引进京津及国内外优质医疗资源，建设集临床服务、医疗教育、医学科研和成果转化为一体的医疗综合体；加快应急救援、全科、儿科、妇产科等领域建设，建设国际一流、国内领先的区域卫生应急体系和专科医院；全面打造15分钟基层医疗服务圈，基层医疗卫生机构标准化达标率100%；加快新区全民健康信息平台建设，大力发展智能医疗，建设健康医疗大数据应用中心，构建体系完整、分工明确、功能互补、密切协作的医疗卫生服务体系。

3. 公共就业服务

河北雄安新区自设立以来，雄安三县对人口和人才的吸引力显著增强。一方面，常住人口回流明显；另一方面，高学历人口在雄安新区常住人口中的占比也大幅增加，其中大专学历人口占比和本科以上学历人口占比都增加了60%左右。此外，常住人口兴趣爱好也呈现一定的趋势性变化，比如有“旅游出行”兴趣和“求职创业”兴趣的人口占比在不断提升，体现了本地常住人口的消费结构变化和求新创业精神的提升。

4. 基础设施

2018年雄安新区总体投资规模在3000亿元左右，主要集中在基础设施建设和产业发展两大方面。其中，超过2300亿元的投资集中在铁路、公路、排水、生态修复、拆迁安置等基础设施建设方面；约600亿元投资集中在重大产业项目上，包括建设信息产业园、智能车联网示范区等。此外，还有约120亿元的公共服务类投资，主要包括数据平台、学校、医院等项目的建设。

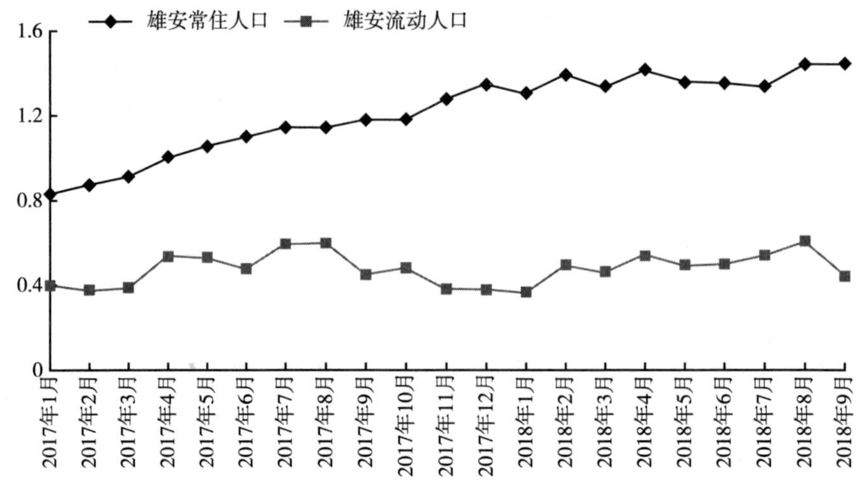

图 3-4　河北雄安新区常住人口与流动人口变动情况

资料来源：国家数据网。

5. 生态环境

河北雄安新区以公司企业和消费购物为主功能的区域增加显著，以工厂为主功能的区域有所减少（见图 3-5）。部分曾经污染严重的区域，经过治理，功能发生了十分显著的变化。雄安新区的交通设施不断完善，生活服务

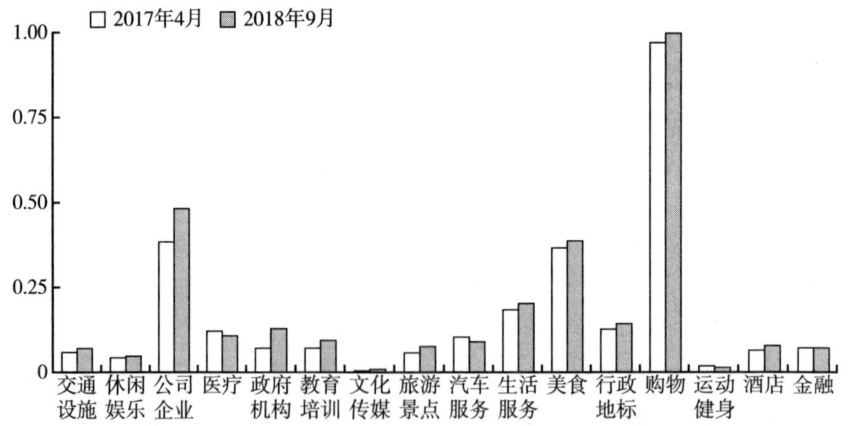

图 3-5　雄安新区 2017 年 4 月和 2018 年 9 月各行业占比情况

资料来源：国家数据网。

和娱乐设施类的POI显著增加。同时，大公司（如上市公司和全球500强企业）和高新技术公司POI增长明显。工商局公开的公司注册信息也可以和POI分析的数据做交叉验证，证实雄安新区的科技服务、信息技术、生活服务等相关门类企业有较大幅度增长。

理论基础篇

自1992年国务院批复设立上海浦东新区以来，我国已先后设立了19个国家级新区，除保持了较高的经济增长速度之外，新区对周边区域的辐射带动作用显著，这背后涉及经济学理论基础、产业经济学理论基础、区域经济学理论基础。基础理论是指一门学科的基本概念、范畴、判断与推理。本篇从经济学中经典的新城建设理论、增长极理论、产业集聚理论、中心城市理论、城市群理论出发，阐述了国家级新区发展背后涉及的经济学知识，为更好地分析全国19个国家级新区打下坚实的理论基础。

第一章　新城建设理论

新城成长动力相关理论有城市生命周期理论、聚集经济理论、城市规模分布理论、最优城市规模理论、有效城市规模理论。新城空间成长相关理论有城市空间结构理论、城市空间扩散理论、城市自组织理论。新城产业发展相关理论有产业结构演变理论、产业集群理论、产业结构趋同理论、主导产业理论。新城管理变革相关理论有政府行为理论、城市管理理论、城市经营理论、城市管治理论。

新城建设发展相关理论有霍华德的田园城市理论、恩温田的卫星城理论、沙里宁的有机疏散理论、赖特的广亩城理论、新城市主义理论、理性增长理论、城市成长管理理论。这里我们对新城建设理论展开叙述。

国外关于城市新区的研究始于19世纪初，在西方具有较完善的理论基础和较成功的实践经验。从新区建设理论来看，埃比尼泽·霍华德（E. Howard）的“田园城市”理论针对英国工业革命后大城市人口膨胀引发的问题，提出建设兼具“城市—乡村”优点的理想城市，开启了英国“新城运动”的篇章，对其后卫星城镇、有机疏散、广亩城等具有代表性的城市扩散理论具有启蒙意义，而后出现的新城市主义和理性增长理论，则主张塑造具有城镇生活氛围、紧凑的社区，取代郊区蔓延的发展模式。

第二章　增长极理论

增长极概念最初是由法国经济学家弗郎索瓦·佩鲁（Francois Perroux）提出来的。他认为，如果把发生支配效应的经济空间看作力场，那么位于这个力场中推进性单元就可以描述为增长极。增长极是围绕推进性的主导工业部门而组织的有活力的高度联合的一组产业，它不仅能迅速增长，而且能通过乘数效应推动其他部门的增长。因此，增长并非出现在所有地方，而是以不同强度首先出现在一些增长点或增长极上。这些增长点或增长极通过不同的渠道向外扩散，对整个经济产生不同的最终影响。他借喻了磁场内部运动在磁极最强这一规律，称经济发展的这种区域极化为增长极。

法国的另一位经济学家布代维尔认为，经济空间是经济变量在地理空间之中或之上的运用，增长极在拥有推进型产业的复合体城镇中出现。因此，他定义：增长极是指在城市配置不断扩大的工业综合体，并在影响范围内引导经济活动的进一步发展。布代维尔主张，通过“最有效地规划配置增长极并通过其推进工业的机制”来促进区域经济的发展。美国经济学家盖尔在研究了各种增长极观点后，指出影响发展的空间再组织过程是扩散—回流过程。如果扩散—回流过程导致的空间影响为绝对发展水平的正增长，即扩散效应，否则是回流效应。

狭义经济增长极有三种类型：一是产业增长极，二是城市增长极，三是潜在的经济增长极。

广义经济增长极意为所有能促进经济增长的积极因素和生长点，其中包括制度创新点、对外开放度、消费热点等。

经济增长极具有相对性和变异性，中国区域经济发展战略经历了均衡（20 世纪 50 ~ 70 年代）—非均衡（80 年代）—非均衡协调（90 年代）

的动态发展过程，典型的发展中大国和区域经济发展的不平衡性这一国情和区情，决定了我们应该采用以增长极理论为基础的非均衡型区域经济发展战略。

增长极理论从物理学的“磁极”概念引申而来。该理论主要观点是，区域经济发展主要依靠条件较好的少数地区和产业带动，应把少数区位条件好的地区和少数条件好的产业培育成经济增长极。增长极理论的基本点如下：①地理空间表现为一定规模的城市；②必须存在推进性的主导工业部门和不断扩大的工业综合体；③具有扩散和回流效应。

增长极体系有三个层面：先导产业增长、产业综合体增长、增长极的增长与国民经济的增长。在此理论框架下，经济增长被认为是一个由点到面、由局部到整体依次递进、有机联系的系统。其物质载体或表现形式包括各类别城镇、产业、部门、新工业园区、经济协作区等。

1. 增长极理论作用

（1）区位经济。区位经济是由从事某项经济活动的若干企业或联系紧密的某几项经济活动集中于同一区位而产生的。例如，某一专业化生产的多个生产部门集中在某一区域，可以共同培养与利用当地熟练劳动力，加强企业之间的技术交流和共同承担新产品开发的投资，形成较大的原材料等外购物资的市场需求和所生产产品的市场供给，从而使经济活动活跃，形成良性循环。区位经济的实质是通过地理位置的靠近而获得综合经济效益。

（2）规模经济。规模经济是由经济活动范围的增大而获得内部的节约。如可以提高分工程度、降低管理成本、减少分摊广告费和非生产性支出的份额，使边际成本降低，从而获得劳动生产率的提高。

（3）外部经济。外部经济是增长极形成的重要原因，也是其重要结果。经济活动在某一区域内的集聚往往使一些厂商可以不花成本或花较少成本获得某些产品和劳务，从而获得整体收益的增加。

2. 新区的增长极作用

增长极理论与新区：依靠优越的区位条件、优惠的政策，以及良好的工业、技术、人才基础，经过近几年的发展，我国新区已形成了较强的示范作用、推动作用和辐射作用，开始产生了较强的乘数效应，不仅对自身所在地区，而且对全国的改革开放和经济发展开始发挥其作为增长极的作用。

（1）区域经济增长的带动效应。全国新区不仅发展速度快，而且质量高，呈现出较强的带动效应，开始对整个国民经济发展产生牵动作用。

（2）改造传统产业的辐射效应。全国新区在努力发展新兴技术的同时，充分发挥技术、人才、机制的辐射作用，因地制宜，选择适宜的方式，积极向区内外企业分享高新技术成果，帮助建立符合市场经济规律的企业运作机制，提供人才和技术服务。与此同时，新区发挥以高新技术、出口加工为主体的经济功能，不仅加快了产业结构调整步伐，促进产业结构向高度化方向发展，而且把一部分市场销售有潜力、发展有前途和经济效益较好但又不适应新区发展的行业通过多种渠道向其他地区转移，逐步改变产业结构趋同的状况。

（3）国际化的领先效应。高新技术产业的发展是没有国界的，必须进入国际市场，在世界范围内进行生产要素的优化组合，只有这样才能站稳脚跟。新区把国际化工作始终置于高新技术成果商品化、产业化的全过程，积极吸引国外的技术、资金、人才、信息，进行全方位、多形式的国际合作和交流，高起点地对外开放。

（4）改革的率先效应。新区按照市场经济规律、高新技术发展规律和国际惯例加快建立新体制和新规范，不仅有力地深化了自身和所在地区的改革，而且为全国的改革提供了经验，起到了示范效应。

（5）知识经济的先导效应。知识经济是指以高新技术为核心，建立在知识和信息的生产、存储、使用和消费基础之上的经济，以知识企业和知识产业为主要支撑。全球经济又一次重大的变革已经开始——知识经济时代开始启动。国际经验表明，发展中国家由于多种生产方式并存，技术层次参差不齐，人的总体素质不高，全社会共同向知识经济社会迈进是不太可能的，必须选择合适的切入点。目前，我国新区已出现知识经济的萌芽，正在逐步演化为发展知识经济的一种社会组织形式，并开始发挥发展知识经济的先导效应。

（6）文明社区的示范效应。新区的建设，不仅带动了地区经济的发展，而且也深刻影响到社会生活的各个方面，促进了社会的全面进步。实践证明新区已逐步成为现代文明的新社区，为建立现代文明社区提供了示范。

案例：陕西西咸新区做强国家中心城市发展增长极

随着《关中平原城市群发展规划》① 的发布，作为西安建设国家中心城市的重要板块，陕西西咸新区再次迎来国家“礼包”，跨入发展“黄金期”。为了加速推动西咸一体化，2017 年 1 月，陕西省委、省政府做出决定，由西安市代管陕西西咸新区。体制机制的变化，为陕西西咸新区注入了改革创新的发展活力，也为大西安拓展出更大的发展空间。

陕西西咸新区作为国家级新区，承担着建设我国向西开放的重要枢纽、西部大开发的新引擎、成为中国特色新型城镇化范例的重要使命。在助力打造西安国际化大都市的进程中，陕西西咸新区的发展目标进一步细化，发展路径更加明晰，成为西部地区重要的经济中心、对外交往中心、丝路科创中心、丝路文化高地、内陆开放高地、国家综合交通枢纽的重要承载地。

国家战略的叠加，使陕西西咸新区建设大西安新特区进入了“黄金期”。陕西西咸新区以创新城市发展方式为统揽，聚力打造先进制造、电子信息、航空服务、科技研发、文化旅游、总部经济 6 个千亿元级产业集群，构建富有竞争力的现代产业体系，着力做强国家中心城市发展增长极。

2017 年，陕西西咸新区全面承接辖区内 97 万人口，经济社会管理职能运行顺畅。城乡规划一体、产业布局一体、基础设施一体、社会管理一体、公共服务一体、创业就业一体、环境治理一体、政策保障一体“八个一体”稳步推进。西安、咸阳两座城市的人流、物流、信息流、资金流加速融合，城市间要素配置不断优化，大西安城市竞争力明显上升。

以中国西部科技创新港为依托，陕西西咸新区加快形成创新链、产业链

① 《关中平原城市群发展规划》依据《中华人民共和国国民经济和社会发展第十三个五年规划纲要》《全国主体功能区规划》《国家新型城镇化规划（2014～2020 年）》有关要求编制，作为关中平原城市群建设的指导性、约束性文件。

双向互动，以科技创新引领产业升级，延伸产业链条。2018 年，陕西西咸新区将全面建成中国西部科技创新港科创基地，加快统筹科技资源改革示范基地、西工大翱翔小镇、“硬科技”小镇三期建设步伐，启动大西安科学城和宝能科技园建设。通过整合西安优质的科教资源，促进产学研深度结合，陕西西咸新区努力打造丝绸之路科创谷，为西北地区战略性新兴产业和现代服务业的快速发展提供强力支撑。同时，推动全国双创示范基地建设，积极创建各类众创空间和特色小镇，通过市场化方式设立人才创新创业基金，形成强大的创新创业新动能。

以西安咸阳国际机场为依托，陕西西咸新区积极打造国际航空物流枢纽，为大西安深度参与“一带一路”建设、主动融入全球经济体系开辟道路。仅 2017 年，陕西西咸新区空港新城就携手海航，新开通西安至阿姆斯特丹、哈恩、芝加哥 3 条洲际全货运航线，启动中兴物流直航项目。东航—赛峰飞机起落架深度维修基地、梅里众诚生物制药等国际产能合作项目纷纷落地，中俄丝路创新园建设稳步推进。目前，陕西西咸新区正在积极申请建设临空经济示范区，为发展枢纽经济、门户经济、流动经济搭建平台，形成我国向西开放新高地。

以制度创新为核心，陕西西咸新区探索“3450”综合行政审批效能体系①，搭建以“一站式”服务为核心的政府公共服务平台，初步实现“一枚印章管审批、一套流程管项目”的新型行政服务方式，努力建设全国“放管服”改革示范区。同时，陕西西咸新区整合包括自贸试验区、开放型经济新体制综合试点等在内的多个国家级试点，用足政策红利，推出微信办照、高层次人才“一站式”服务平台、“一带一路”文物数字化交流合作平台等一系列创新案例，得到国家有关部委认可，并在全国推广。

① “3450”综合行政审批效能体系，即“3 个工作日办结营业执照，4 个工作日办结经营许可，50 个工作日办结建设工程项目审批”。

第三章　产业集聚理论

产业聚集（Industrial Agglomeration）理论一直为国内外学者所关注，他们分别从外部经济、产业区位、竞争与合作、技术创新与竞争优势、交易成本、报酬递增等角度探讨了其形成原因与发展机理。由于研究背景及观察问题角度的不同，不同学者对产业聚集给出了不同的定义。

英国新古典经济学家马歇尔在其著作《经济学原理》中论述第四种生产要素组织时提到了产业集聚现象，[①] 并将其称为“产业区”。他对产业集聚的概念界定主要是从生产联系角度出发，认为企业集聚的根本目的是获取外部规模经济。受其影响，新产业区理论认为产业在地理上集中的动力是企业为了利用范围经济和创新环境，[②] 专业化分工，应对外在环境的不确定性和增强自身创新能力的自驱动的结果。

韦伯（1909）最早提出了集聚经济[③]的概念，他指出集聚是一种“优势”，或是生产的廉价，或是生产被引诱到某一地方的市场化；认为集聚的因素有两类，一类是由企业规模经济引起的工业集中，另一类是由企业间协作、分工和基础设施的共同利用引起不同企业在既定空间集中。

哈佛大学商学院教授迈克·波特（Porter）于 1998 年发表了《企业集聚与新竞争经济学》一文，把产业集聚纳入竞争优势理论的分析框架，创立了产业集聚的新竞争理论。他认为产业集聚是指在某一特定的领域中，大量的产业联系密切的企业以相关支撑机构在空间上集聚，通过协同作用，形成强劲、持续竞争优势的现象。Porter 的产业集聚不仅包括工业产业在既定

① 参见马歇尔《经济学原理》。

② 参见皮奥里・萨贝尔《新产业区理论》。

③ 集聚经济（Agglomerative Economies）是指各种产业和经济活动在空间上集中产生的经济效果以及吸引经济活动向一定地区靠近的向心力，是导致城市形成和不断扩大的基本因素。

空间的集中，而且包括相关支持性产业在既定空间的集中。

佩鲁指出[①]，产业集聚是发展中国家工业化的必然规律，产业集聚成长是区域经济增长极产生的重要条件，并最终带动整个区域的工业化和经济发展。

国内对产业集聚的研究起步相对较晚，自20世纪90年代以来，国内对产业集聚研究才逐步展开和深化，这时才出现了一些关于产业集聚研究的成果，这些研究主要是借鉴和运用国外产业集聚理论来分析我国现有的产业集聚的发展状况，大多是从纯理论的成果基础上融入我国具体的区位实证研究，但是这些理论为我国产业集聚的发展提供了巨大的支持。伴随改革开放以来我国经济的迅猛发展，尤其是深圳、珠海、汕头等经济特区的设立，带动了我国东部经济的快速发展，90年代后一些学者开始研究这些城市的成功之处，并得出了一些适合中国企业发展的产业集聚理论。

1994年，王缉慈教授在中日韩三国工业国际会议上发表的“The making of new industrial in China：Insights into the development zone's phenomenon”一文，对我国出现的一些开发区现象和发展中存在的问题进行探讨，并在《现代工业地理学》[②]一书中介绍了新产业区的概念，还结合国内各区域发展的实际进行了实证分析与探讨。

曾忠禄分析了产业集群特征，并指出要利用产业集群优势发展区域经济。[③] 李小建对新产业区的发展进行阐述，提出从区域的形成时间、规模部门结构、联系程度和根植性等方面来判别新产业区。[④] 周光召院士在关于发展高科技产业的报告中指出，产业集聚是相关产业在一个地区的集中并以多种环节联系在一起。这种集中需要特定的地理、资源、政策和人文条件。

杨小凯利用分工与专业化的理论对产业的集聚和经济发展过程做了直接的阐述，指出产业空间集聚能够实现企业的报酬递增而不是收益递减。[⑤]

---

① 参见 Francois Perroux《“发展极”理论》。

② 王缉慈：《现代工业地理学》，中国科学技术出版社，1994。

③ 曾忠禄：《产业群集与区域经济发展》，《南开经济研究》1997年2月12日。

④ 李小建：《新产业区与经济活动全球化的地理研究》，《地理科学进展》1997年9月30日。

⑤ 参见杨小凯《经济学原理》。

仇保兴利用信息经济学的原理，以浙江省永康市保温杯生产为例,[①] 分析因过度竞争所致的产品质量恶性循环、不断退化的过程。分析表明，在小企业集群内部出现这种情况的主要原因应该是产品质量信息分布不对称性所致的“柠檬市场”效应，而不能将其简单地归结为产品同构、技术档次低和个体私营企业主“赚一票”的短期行为。

综合起来看，产业聚集是指在产业的发展过程中，处在一个特定领域内相关的企业或机构，因相互之间的共性和互补性等特征而紧密联系在一起，形成一组在地理上集中的相互联系、相互支撑的产业群的现象。这些产业基本上处在同一条产业链上，彼此之间是一种既竞争又合作的关系，呈现横向扩展或纵向延伸的专业化分工格局，通过相互之间的溢出效应，使得技术、信息、人才、政策以及相关产业要素等资源得到充分共享，聚集于该区域的企业因此而获得规模经济效益，整个产业群的竞争力大大提高。

案例1：天津滨海新区高端产业集群

天津滨海新区作为我国创新发展的前沿，不断培育高端产业集群，促进产业成长。这里已聚集了国家超级计算天津中心、清华大学电子信息研究院、飞腾 CPU、麒麟操作系统、中科曙光、南大通用等一大批行业龙头企业，并且形成了以高新区、开发区为核心的“双引擎”产业聚集区。

2017 年 11 月，位于高新区的天津飞腾信息技术有限公司宣布完成 FT－2000plus 服务器 CPU 的研制工作，飞腾公司的合作伙伴也正在积极研发相应的整机产品。据了解，FT－2000plus 芯片已经达到 Intel 服务器 CPU E5 主流产品的水平，能够满足高端服务器和超算主控 CPU 的性能要求。同在 2017 年末，天津麒麟公司参与研发的安卓兼容项目 Kydroid 完成第一阶段研发，实现了在银河麒麟操作系统上的绝大部分安卓应用的兼容运行。

此外，曾经研制出在第 35 届全球超级计算机 TOP 500 中排名第二的曙

① 仇保兴：《发展小企业集群要避免的陷阱——过度竞争所致的“柠檬市场”》，《北京大学学报》（哲学社会科学版）1999 年 1 月 20 日。

光“星云”计算机的中科曙光信息公司，也赶在上年末对外集中展示了公司在服务器产品、安全可控产品、人工智能与视觉计算三大板块的最新产品，收获了来自业内专家的“点赞”。目前，中科曙光信息公司的年主营业务收入已超过60亿元，并承担了国家工信部、科技部的多个科研和产业化项目，获得了国家级科技进步二等奖。2017年，中科曙光还与台湾存储巨头乔鼎资讯公司在天津滨海新区合资成立了天津中科曙光存储科技有限公司，将在新一代存储技术领域研发更多高水平产品。

2017年末，曾因“天河一号”获2015年国家科技进步奖特等奖的国家超级计算天津中心大动作连连。先是于11月，与中国气象科学研究院签署合作框架协议，双方同意合作开展大气科学领域大规模并行计算相关的挑战性技术问题研究，开展高性能计算模式和数据处理平台技术研发，联合申报和组织国家、行业领域项目，提升我国在气象防灾减灾和应对气候变化等方面的高性能计算应用水平。在此过程中，超算中心将为中国气象科学研究院提供全面的高性能计算机软硬件资源服务，以及高性能计算技术方面的支持。随后，国家超级计算天津中心还对外正式发布了“天津滨海工业云”2.0版，为企业规划、产品设计和研发、生产、销售、服务等提供全流程的“一站式”综合云服务，将对外提供包括多个行业云平台、供需对接、企业展示、工业库、基础云服务、新闻资讯、产业联盟七大核心功能，涵盖装备制造、模具设计、汽车工业等十大行业领域。

信息安全领域，360公司于2017年1月与高新区签署了战略合作框架协议，将在互联网安全建设方面进一步加强全面战略合作。这标志着360在高新区投资的互联网开放平台创新基地项目将成为天津互联网产业创新创业高地。在360等企业的平台带动作用影响下，高新区软件园也将重点发展防病毒、防火墙、IDS/IPS、漏洞扫描、加密等领域，打造适应市场需求的信息安全产业链。

可以看出，天津滨海新区在数据应用服务领域已走在了全国前列，而区域的新一代信息技术产业正通过不断创新合作来持续释放产业影响力。

案例2：贵州贵安新区以多业态构建产业聚集新高地

贵州贵安新区坚持高端化、绿色化、集约化发展，突出新兴产业引进培育。以“高端产业”和“产业高端”为核心，向高科技要生产力，构建起以大数据为引领的电子信息、高端装备制造业、大健康新医药产业、文化旅游业、现代服务业等一批新兴业态，初步形成了全产业链搭建、多种业态聚集的产业新格局。吸引了各类500强企业数十家，贵州贵安新区高端产业“朋友圈”越来越大。

近年来，园区紧紧围绕新能源汽车、大数据+智能装备重点产业方向，实施精准招商，引进引领性大项目，吸引上下游企业，初步形成具有较强竞争力的高端装备制造产业集群。贵州贵安新区高端装备制造园园区运营管理部副部长陈永智表示，截至2018年10月，高端装备制造园已入驻各类市场主体173家，其中，已投产的工业制造类企业36家、建筑施工企业7家、基金及投资机构21家，其他服务及贸易类企业92家。

围绕新能源汽车产业链的构建，新区先后引进了亚玛顿、上澎太阳能科技等发电端企业，台湾立凯电池、深圳高点等储能端企业，摩拜、博世等运营端企业，加上专注于新能源汽车研发的新特汽车和整车制造的贵州长江汽车，整个新能源闭合产业链初步形成。

高端装备制造园按照“大项目—产业链—产业集聚—产业生态平台”的产业发展模式，引进龙头企业、整机企业，以“龙头”舞动，促进产业链上游配套企业和下游服务贸易类企业的全面发展。

第四章　中心城市理论

中心城市是区域城镇体系的核心城市，也是区域经济发展的重要载体。中心城市的吸纳、辐射、中介、信息及配置等杠杆作用，推动了区域经济的持续发展，缩小了区域间的发展差距，提升了区域的竞争力和影响力。

中心城市的资源配置作用，促进了区域经济发展的效率、质量和动力转换。首先，中心城市能够通过城市的规模和聚集效应，吸引劳动、知识、技术、管理、资本等资源的流动，增强了资源与区域产业的匹配度，提升了区域经济发展的全要素生产率。其次，中心城市是区域的供需中心，其自身的供需能力和结构，影响着区域经济发展的质量。在区域经济发展速度趋缓的态势下，中心城市可以推行供给侧改革，发挥市场在区域资源配置中的决定性作用，推进区域经济的高质量发展。最后，中心城市是区域经济发展的动力中心，能够通过转换核心生产力要素，变革区域经济发展的动力。当前区域经济进入了中高速发展阶段，需要中心城市创新资源配置方式，加快区域经济的动力变革。

中心城市间的竞争和合作，推动了区域经济的发展和协调。首先，区域内中心城市的竞争，激发各中心城市不断创新经济发展方式，增进了区域经济发展的持续力。区域间中心城市的竞争，增强了中心城市改革经济发展政策的主动性，加快了区域经济发展的动力变革。其次，中心城市的合作缩小了区域经济发展的差距，推动了区域经济的协调发展。在合作过程中，中心城市可通过区域发展政策的协调，调整区域经济发展结构，避免各中心城市在经济发展领域的恶性竞争。最后，中心城市能利用自身的比较优势，加强与区域内和区域间中心城市的产业合作，夯实区域经济发展的产业基础。

中心城市的辐射作用提高了区域经济发展的整体性和协调性。首先，随着中心城市规模的扩大，生产要素边际收益逐步下降，为追求较高的要素边际收益，中心城市的人才、资金、信息等资源会向区域内和区域间辐射，从而为区域内和区域间其他地区的经济发展提供必要的资源，增强了区域经济发展的整体性。其次，在中心城市生产要素辐射的过程中，中心城市的产业也会向区域内和区域间转移，形成以中心城市为核心的产业链关系，提高了区域产业结构的协调性，推动了区域内和区域间产业的升级转型。最后，中心城市的生活、工作及教育等民生方式也会辐射到区域内和区域间的其他地区，能拓展区域经济发展的市场空间，增强区域经济发展的动力。

第五章　城市群理论

城市群是在特定的区域范围内云集相当数量的不同性质、类型和等级规模的城市，一般以一个或两个（有少数的城市群是多核心的例外）特大城市（小型的城市群为大城市）为中心，依托一定的自然环境和交通条件，城市之间的内在联系不断加强，共同构成一个相对完整的城市“集合体”。

城市群（又称城市带、城市圈、都市群或都市圈等）是相对独立的城市群落集合体，是这些城市城际关系的总和。城市群的规模有一定的大小，都有其核心城市，一般为一个核心城市，有的为两个，极少数的为三四个，核心城市一般为特大城市，有的为超大城市或大城市。城市群是以这个中心城市为核心，向周围辐射构成城市的集合。城市群的特点反映在经济紧密联系、彼此之间的产业分工与合作，交通与社会生活、城市规划和基础设施建设相互影响。由多个城市群或单个大的城市群即可构成经济圈。

中文“城市群”（城市圈）为中国大陆地区自 1990 年代以后常用的地域经济用语，1994 年 5 月版《结构论》（上海、北京图书馆，1991 ~ 1993 年曾邦哲论文集）用了“城市群”来分析大河流域与湖泊、海岸交汇区域形成的亚文化圈城市网络，提出长江、黄河的上、中、下游城市群，美国的东西海岸线、五湖区与密西西比河流域，以及欧洲的城市群与著名大学网络等地缘文化学。之前常直接借用日文“都市圈”（都市群）来表示同一概念，日文“都市圈”即英文 Metropolitan Coordinating Region 之含义，北美地区的 Metropolitan Area，中文译作“大都会”或“都会区”，概念上和“都市圈”“城市圈”表示的意义相同或相近。

城市群是在城镇化过程中，在特定的城镇化水平较高的地域空间里，以区域网络化组织为纽带，由若干个密集分布的不同等级的城市及其腹地通过空间相互作用而形成的城市—区域系统。城市群的出现是生产力发展、生产要素逐步优化组合的产物，每个城市群一般以一个或两个（有少数的城市群是多核心的例外）经济比较发达、具有较强辐射带动功能的中心城市为核心，由若干个空间距离较近、经济联系密切、功能互补、等级有序的周边城市共同组成。发展城市群可在更大范围内实现资源的优化配置，增强辐射带动作用，同时促进城市群内部各城市自身的发展。

对城市群概念的表述学者们并不一致，但认识在渐趋一致，即城市群是由很多城市组成的，彼此的联系越来越紧密，共同对区域发展产生影响。城市群是工业化、城市化进程中区域空间形态的高级现象，能够产生巨大的集聚经济效益，是国民经济快速发展、现代化水平不断提高的标志之一。

从概念的起源看，城市群是从大城市演化而来的。戈特曼首次以 Megalopolis 来为城市群命名，而更重要的在于：一是超越了 19 世纪以来城市社会学对 Megalopolis 的道德批判语境和价值态度，使一种针对城市群的客观和理性研究成为可能；二是为这个概念赋予了全新的质的内涵和意义，揭示出当今城市从传统的单体城市向城市共同体转型发展的新模式与新形态。进一步说，Megalopolis 既是传统大城市概念的进一步延展，也是人类城市发展的当代模式与最新形态，最突出的特征在于：这种新型大都市不再是单体城市而是一个城市共同体。就此而言，也可以说“大都市就是城市群”。

此外，在中国城市群研究和现实中，有一个具有“准城市群”内涵的概念必须给予重视，这就是在当下几乎和城市群一样随处可见的“经济区”。国家批准的经济区在数量上已相当可观，它们基本上是以数量不等的城市为主体框架，从长远看，这些经济区必定要选择城市群的发展模式。因而，由国家相关部委批准建立的经济区，也包括以进入国家战略为目的的部分省部级城市群或经济区，均应纳入我国城市群研究的范围内。

截至 2019 年 2 月 18 日，国务院共先后批复了 10 个国家级城市群，分别是：长江中游城市群、哈长城市群、成渝城市群、长江三角洲城市群、中原城市群、北部湾城市群、关中平原城市群、呼包鄂榆城市群、兰西城市群、粤港澳大湾区城市群。

案例：成渝城市群

2016年4月12日，《国务院关于成渝城市群发展规划的批复》（国函〔2016〕68号）发布，批复同意《成渝城市群发展规划》。2016年4月27日，国家发展和改革委员会、住房和城乡建设部以“发改规划〔2016〕910号”文件联合印发《成渝城市群发展规划》。同时，文件指出：《成渝城市群发展规划》，依据《全国主体功能区规划》、《国家新型城镇化规划（2014～2020年）》和《国务院关于依托黄金水道推动长江经济带发展的指导意见》编制，是培育发展成渝城市群的指导性、约束性文件。

《成渝城市群发展规划》指出，成渝城市群发展基础主要体现在以下几个方面。

（1）区位优势明显。成渝城市群处于全国“两横三纵”城市化战略格局沿长江通道横轴和包昆通道纵轴的交会地带，是全国重要的城镇化区域，具有承东启西、连接南北的区位优势。自然禀赋优良，综合承载力较强，交通体系比较健全。

（2）经济发展水平较高。成渝城市群是西部经济基础最好、经济实力最强的区域之一，电子信息、装备制造和金融等产业实力较为雄厚，具有较强的国际国内影响力，人力资源丰富，创新创业环境较好，统筹城乡综合配套等改革经验丰富，开放型经济体系正在形成，未来发展空间和潜力巨大。

（3）城镇体系日趋健全。重庆、成都核心引领作用不断增强，一批中小城市特色化发展趋势明显，县城（区）和建制镇分布密集，每万平方公里拥有城镇113个，远高于西部的12个/万平方公里和全国的23个/万平方公里，各级各类城镇间联系日益密切。

（4）经济社会人文联系密切。成渝城市群各城市间山水相连、人缘相亲、文化一脉，经贸往来密切，区域交通、农业、商贸、教育、科技、劳务等领域合作不断加强，毗邻区域合作不断深化，川渝合作进程逐步加快，一体化发展的趋势日益明显。

《成渝城市群发展规划》要求：根据资源环境承载能力，优化提升核心地区，培育发展潜力地区，促进要素聚集，形成集约高效、疏密有致的空间开发格局，建设引领西部开发开放的国家级城市群。

政策政务篇

国家级新区具有改革先行先试区、新产业集聚区等特征。截至2018年底，我国共有19个国家级新区，从促进改革的角度说，这些新区实际上就是新的特区。国家为了使新区促进所在区域加快发展，带动周边地区，在政策、资金等方面往往给予较大力度的支持。规划建设新区就是培育新的经济增长极。新区的持续发展离不开国家、所在省份以及新区本身的政策支持，而对这些政策进行梳理和对比分析，有利于各个新区发现自身的优势和不足，为今后的政策制定和政策侧重方向提供依据。本篇梳理了各个新区不同层级的政策数量，在此基础上进一步分析了金融政策、财税政策、人才与土地政策、招商引资（含贸易）政策、产业政策等，提出现存问题并给出了政策建议。

国家级新区是改革的试验田。进一步推进体制机制创新是国家交给新区的重要任务。我国各新区积极围绕各自发展的重点方向开展体制机制改革创新的先行探索，构建开放型经济新体制、创新行政区划管理制度，加大简政放权力度，提升行政服务效能，打造良好的营商环境。

自1992年国务院批复设立上海浦东新区以来，通过20多年的经济建设，国家级新区在数量上不断增加，在布局上逐步优化，在功能上趋于完善，成为区域经济发展、对外开放、产城融合发展、创新机制体制等方面的桥头堡和试验区，进而带动周边地区发展。截至2018年底，经国务院批复，先后成立上海浦东新区、天津滨海新区、重庆两江新区、浙江舟山群岛新区、甘肃兰州新区、广州南沙新区、陕西西咸新区、贵州贵安新区、青岛西海岸新区、大连金普新区、成都天府新区、湖南湘江新区、南京江北新区、福建福州新区、云南滇中新区、黑龙江哈尔滨新区、吉林长春新区、江西赣江新区及河北雄安新区等19个国家级新区。按照《关于促进国家级新区健康发展的指导意见》文件精神，在今后较长一段时期内，国家级新区与所在省份的总体水平发展情况相比，经济增长速度应具有明显优势，努力提升经济发展的质量，着力打造成为全面扩大对外开放的示范窗口、机制体制创新的首要平台、辐射带领地区发展的重要经济增长极、产城融合发展的重要示范区。在全国改革开放和现代化建设发展中，切实提升新区的战略地位。当前，各国家级新区的迅猛发展离不开政策的支持，本篇对各国家级新区现有政策进行统计，具体统计结果如表1所示。

表 1　国家级新区政策支持情况

单位：项

新区	金融政策	财税政策	人才政策	土地政策	招商引资政策	产业发展政策	总部经济政策	科技创新政策	贸易政策	营商环境政策	环境保护政策
上海浦东新区	—	11	4	10	9	10	2	4	1	7	8
天津滨海新区	2	—	4	2	—	4	1	6	—	1	1
重庆两江新区	1	—	2	1	2	3	3	2	1	2	2
浙江舟山群岛新区	2	1	6	—	2	9	2	2	3	—	3
甘肃兰州新区	2	2	1	1	4	7	—	3	1	3	4
广州南沙新区	5	—	2	—	1	9	1	2	3	2	—
陕西西咸新区	7	5	5	2	9	16	2	1	2	6	11
贵州贵安新区	—	—	2	—	1	3	—	1	—	12	—
青岛西海岸新区	5	—	3	7	1	1	3	5	2	5	6
大连金普新区	2	—	2	—	2	8	—	7	—	2	1
成都天府新区	4	—	3	3	5	9	1	6	3	4	6
湖南湘江新区	3	—	2	2	2	5	1	—	—	2	1
南京江北新区	1	—	2	—	2	1	—	4	1	1	5
福建福州新区	2	—	1	—	—	3	2	2	1	1	1
云南滇中新区	—	—	—	—	—	—	—	—	—	2	—
黑龙江哈尔滨新区	—	—	—	—	—	3	—	2	—	3	—
吉林长春新区	—	—	7	—	2	7	—	1	—	4	—
江西赣江新区	2	—	2	—	—	3	—	2	—	1	1
河北雄安新区	1	1	2	3	—	10	—	5	2	1	4

毫无疑问，较早批复的新区有着更为充分的政策支持，尽管国家级新区设立是为了在新区推行一些新的改革政策，不是一味提供优惠政策，但我们都知道，早期成立的上海浦东新区、天津滨海新区在资金使用、政策倾斜和企业落户等方面还是享受到了优厚待遇，这些"特区"的优惠政策对新区经济快速发展起到了非常明显的作用。成立之初的十年内，上海浦东新区、天津滨海新区的GDP年增长速度都在20%以上。但从图1可以明显看出，2017～2018年，国家的总体开发战略已经发生改变，在国家宏观政策转向区域均衡发展的情况下，各个新区能享受到的优惠政策基本相同，而之前类似上海浦东新区和天津滨海新区的优惠政策已经不可能再有。此外，上海浦东新区和陕西西咸新区在2017~2018年政策扶持上力度较大，而且新批复成立的河北雄安新区在政策扶持力度上同样不甘示弱，极力提高经济发展速度。

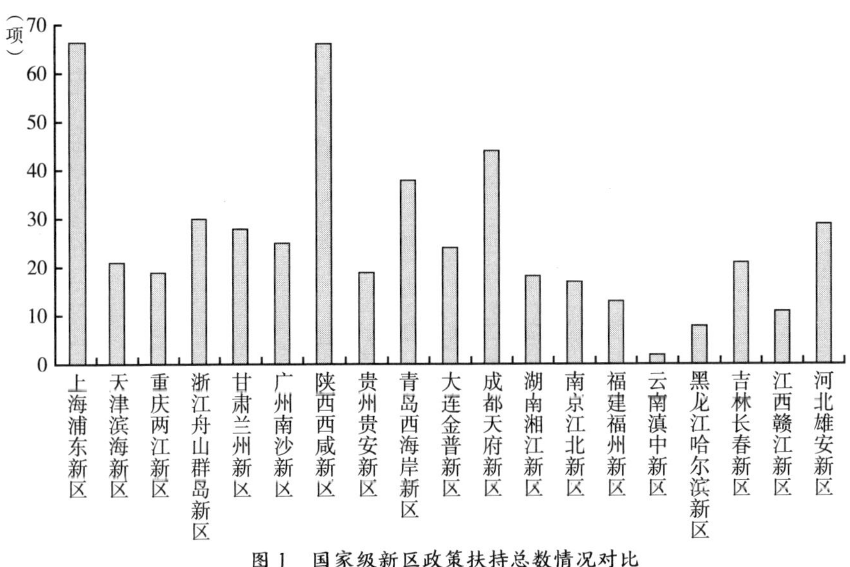

图1 国家级新区政策扶持总数情况对比

为进一步进行详细分析，本篇选取2017~2018年政策出台数量较多的上海浦东新区、陕西西咸新区、成都天府新区、青岛西海岸新区和浙江舟山群岛新区在政策类别上加以分析（见图2）。

从图2可以看出，产业发展政策、招商引资政策、环境保护政策和人才政策是近年各新区比较关注的，各新区在政策制定方面都比较全面。产业发展和招商引资关乎区域的经济发展状

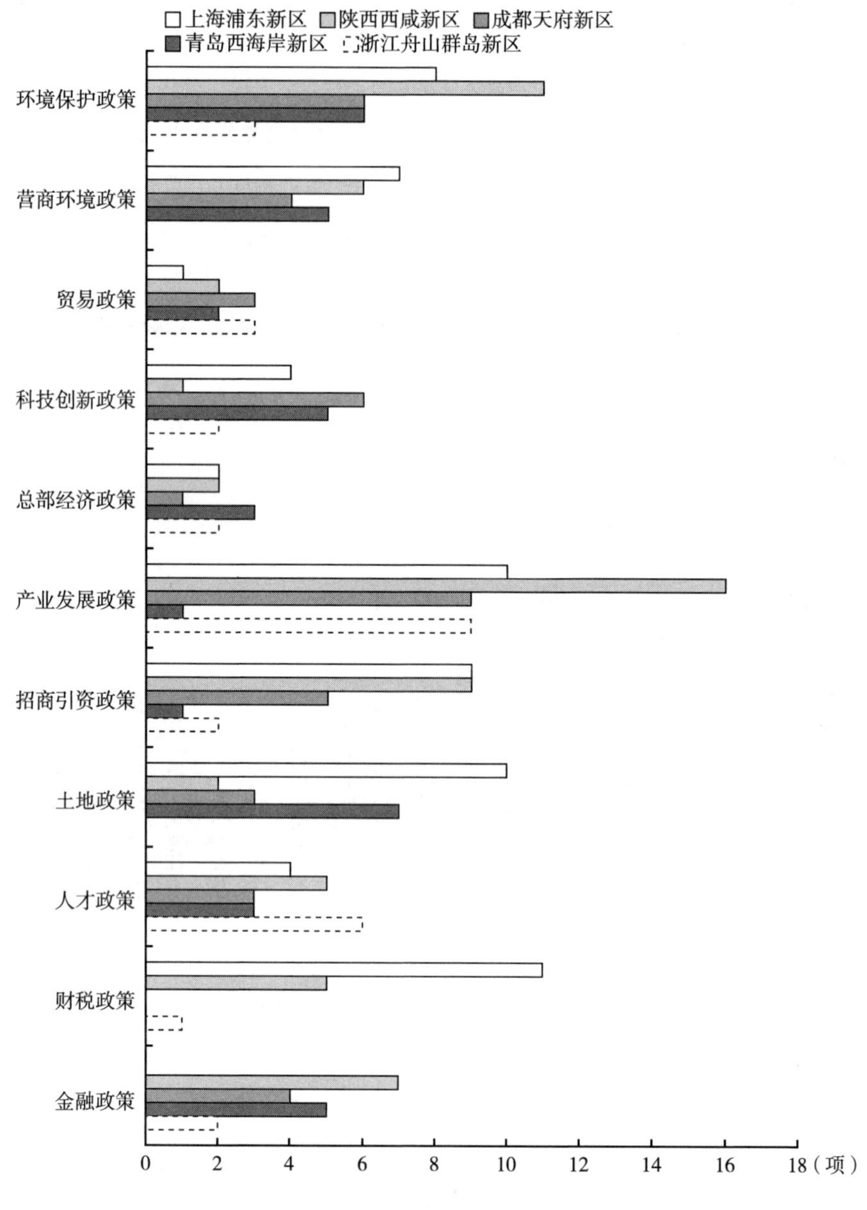

图 2　国家级新区政策扶持情况对比

况，人才引进可为地区发展注入新活力，而环境保护是经济实现可持续发展的前提条件，因此各新区都紧抓这三方面的发展机会，制定相应的战略，为经济更好发展做足准备。尤其是上海浦东新区和陕西西咸新区，更加重视政府引领作用，各方面政策制定比较完善。

此外，近年来，营商环境、总部经济和科技创新成为经济发展的新动力，部分新区虽然制定了相应政策措施，但是重视度明显偏低，因此，为使经济能够更加优化、发展更加全面，在这方面的发展还需要引起重视，给予关注。除此以外，政府不仅仅负责政策的制定，还应关注政策执行力度、执行效果。因此，需要市场和公众积极参与监督评估，以便政策效果更好地发挥。

第一章　金融政策

第一节　金融政策总述

部分新区金融政策支持情况如表 1－1 所示。

表 1－1　部分新区金融政策支持情况

新区	政策文件
天津滨海新区	《天津市小微企业应收账款融资专项行动实施意见(2017～2019 年)》
	《关于构建天津市绿色金融体系的实施意见》(2017)
重庆两江新区	《重庆两江新区加快金融业发展办法》(2018)
浙江舟山群岛新区	《舟山市人民政府关于健全政策性融资担保体系建设的意见》(2017)
	《舟山市“十三五”金融业发展规划》(2017)
甘肃兰州新区	《甘肃兰州新区银行业金融机构支持地方经济发展贡献度考核测评办法(暂行)》(2017)
	《小额贷款公司税收优惠政策出台》(2017)
江西赣江新区	《江西赣江新区建设绿色金融改革创新试验区总体方案》(2017)
	《江西赣江新区关于促进绿色金融发展的实施意见》(2017)
广州南沙新区	《转发〈广州金融政策汇编(电子稿)(2017)〉的通知》(2017)
	《广州金融白皮书 2017》(2017)
	《关于印发〈广州南沙新区(自贸片区)促进金融服务业发展扶持办法实施细则〉的通知》(2018)
	《关于印发〈广州南沙新区(自贸片区)促进金融服务业发展扶持办法实施细则〉(2018 年 7 月修订版)的通知》(2018)
	《〈广州南沙加快推进企业上市工作扶持奖励办法(2016 修订版)〉(已废止)》(2017)
陕西西咸新区	《陕西省人民政府关于印发〈陕西省推进普惠金融发展规划(2016～2020 年)实施方案〉的通知》(2017)
	《西安市人民政府办公厅关于加快融资租赁业发展的实施意见》(2017)
	《关于进一步促进融资担保行业发展的实施意见》(2017)
	《陕西西咸新区沣东新城关于促进金融业发展的扶持办法》(2017)
	《西安市金融扶贫信贷风险防范体系建设方案》(2017)

续表

新区	政策文件
	《中国(陕西)自由贸易试验区陕西西咸新区能源金融贸易区功能区招商引资优惠政策》(2018)
	《陕西西咸新区 2017 年财政预算执行情况及 2018 年财政预算草案的报告》(2018)
青岛西海岸新区	《青岛西海岸新区金融工作办公室 2017 年政务公开实施方案》(2017)
	《青岛西海岸新区(黄岛区)金融突发事件应急预案》(2017)
	《青岛西海岸新区(黄岛区)金融业发展"十三五"规划》(2017)
	《青岛市黄岛区小微企业转贷过桥资金实施细则》(2017)
	《山东省青岛市西海岸新区条例》(2017)
大连金普新区	《关于加快发展商业养老保险的实施意见》(2017)
	《产业扶贫项目实施与扶贫专项资金使用管理指导意见》(2018)
成都天府新区	《关于创新要素供给 培育产业生态 提升国家中心城市产业能级财政金融政策实施细则》(2017)
	《成都市金融业发展"十三五"规划》(2017)
	《2017 年成都市市级金融业发展专项资金实施方案》(2017)
	《服务中国(四川)自由贸易试验区成都片区税收优惠政策指引》(2017)
湖南湘江新区	《关于清理规范一批行政事业性收费有关政策的通知》(2017)
	《关于进一步规范地方政府举债融资行为的通知》(2017)
	《关于长沙市城市基础设施配套费征收标准及有关问题的通知》(2018)
南京江北新区	《南京江北新区加快建设扬子江新金融集聚区的若干意见》(2018)
福建福州新区	《关于推动金融创新发展的八条措施》(2017)
	《福州市引进和培育金融机构奖励办法的通知》(2017)
河北雄安新区	《关于金融支持河北雄安新区建设的情况报告》(2017)
	《河北省地方金融监督管理条例》(2017)

第二节　金融政策完善建议

随着改革开放的不断深入，国家级新区都在全面推进自由贸易试验区建设。国家级新区应继续深化投资领域创新与商事制度改革，完善贸易监管制度，创新社会治理模式，稳健推动金融开放创新试点，提升地区性金融中心建设水平。

第二章　财税政策

第一节　财税政策总述

部分新区财税政策支持情况如表 2－1 所示。

表 2－1　部分新区财税政策支持情况

新区	政策文件
上海浦东新区	《“十三五”期间上海浦东新区财政扶持经济发展的意见》(2017)
	《上海浦东新区“十三五”期间促进专业服务业发展财政扶持办法》(2017)
	《上海浦东新区“十三五”期间促进楼宇经济发展财政扶持办法(试行)》(2017)
	《上海浦东新区“十三五”期间促进商贸服务业发展财政扶持办法》(2017)
	《上海浦东新区“十三五”期间促进航运业发展财政扶持办法》(2017)
	《上海浦东新区“十三五”期间促进金融业发展财政扶持办法》(2017)
	《上海浦东新区“十三五”期间促进战略性新兴产业发展财政扶持办法》(2017)
	《上海浦东新区“十三五”期间创新型人才财政扶持办法》(2017)
	《上海浦东新区“十三五”期间促进总部经济发展财政扶持办法》(2017)
	《上海浦东新区公共财政改革发展“十三五”规划》(2017)
浙江舟山群岛新区	《舟山市 2017 年财政预算上半年执行情况的报告》(2017)
甘肃兰州新区	《甘肃兰州新区地方政府性债务风险应急处置预案》(2017)
	《甘肃兰州新区鼓励发展大宗贸易带动商贸物流集聚发展的奖励政策》(2018)
陕西西咸新区	《陕西省地方税务局关于调整土地增值税预征率的公告》(2017)
	《陕西西咸新区地方税务局专业纳税评估实施办法》(2017)
	《陕西西咸新区地方税务局发票管理工作规范》(2017)
	《陕西西咸新区地方税务局纳税评估案件复查管理办法》(2017)
河北雄安新区	《省国税局为河北雄安新区建设提出 16 条税收政策建议》(2017)

第二节　各新区财税政策分析

国家级新区的发展离不开强有力的财政支撑，建立一个科学合理、财事权与支出相匹配的财政体制，有利于充分调动各方参与建设国家级新区的积极性，促进新区快速有效发展。综合对比国家级新区的各项财政政策，对新区提出一些建议：第一，采取财税分成办法协调新区与所在行政区的利益关系，调动各方积极性；第二，设立专项资金支持新区发展；第三，积极争取国家财政政策支持；第四，积极推动新区财政体制创新。

第三章　人才政策

第一节　人才政策总述

部分新区人才政策支持情况如表3－1所示。

表3－1　部分新区人才政策支持情况

新区	政策文件
上海浦东新区	《中国(上海)自由贸易试验区推荐外籍高层次人才申请在华永久居留的认定管理办法》(2017)
	《上海浦东新区就业和社会保障发展“十三五”规划》(2017)
	《关于持永久居留身份证外籍高层次人才创办科技型企业试行办法》(2018)
	《关于本市统筹推进一流大学和一流学科建设实施意见》(2018)
天津滨海新区	《天津高新区人才政策“黄金七条”》(2017)
	《天津高新区人才服务“便利七条”》(2017)
	《中新天津生态城人才引进、培养与奖励暂行规定(修订稿)》(2017)
	《天津滨海新区关于进一步集聚人才创新发展的若干措施》(2018)
重庆两江新区	《重庆两江新区“十三五”人才建设与发展纲要(2016～2020)》(2017)
	《关于制定科技互联网人才吸引政策的建议》(2018)
浙江舟山群岛新区	《舟山市“1252人才强教工程”实施方案》(2017)
	《浙江舟山群岛新区人才住房保障办法》(2017)
	《浙江舟山群岛新区人才服务保障办法》(2017)
	《浙江舟山群岛新区引进培养高层次人才奖励办法》(2017)
	《浙江舟山群岛新区人才分类认定办法》(2017)
	《关于深化实施浙江舟山群岛新区“5313”行动计划的意见(试行)》(2017)
甘肃兰州新区	《高层次人才创新创业项目扶持办法(试行)》(2017)
广州南沙新区	《关于推动珠三角国家自主创新示范区与中国(广东)自由贸易试验区联动发展的实施方案(2016～2020)》(2017)
	《广州南沙新区(自贸片区)促进航运物流业发展扶持办法》(2017)
贵州贵安新区	《关于印发贵州贵安新区汽车产业人才培养引进实施办法(试行)的通知》(2017)
	《贵州贵安新区促进大众创业万众创新十条政策措施(试行)》(2017)

续表

新区	政策文件
陕西西咸新区	《西安市人民政府办公厅关于印发进一步吸引人才放宽部分户籍准入条件户口登记工作规范的通知》(2017)
	《西安市深化人才发展体制机制改革打造“一带一路”人才高地若干政策措施》(2017)
	《陕西省陕西西咸新区沣西新城关于高层次人才引进政策实施细则》(2017)
	《关于加强陕西西咸新区高层次人才服务平台建设的实施意见》(2018)
	《西安市进一步加快人才会聚若干措施》(2018)
青岛西海岸新区	《关于实施“梧桐树”聚才计划的若干政策》(2018)
	《关于实施人才支撑新旧动能转换五大工程的意见》(2018)
	《青岛市引进高层次优秀人才来青创新创业发展的办法》(2018)
大连金普新区	《大连市人民政府关于鼓励社会力量兴办教育促进民办教育健康发展的实施意见》(2018)
	《大连市人民政府关于进一步加强控辍保学提高义务教育巩固水平的实施意见》(2018)
成都天府新区	《四川省推动农业转移人口和其他常住人口在城镇落户方案》(2017)
	《成都天府新区成都直管区“天府英才计划”实施办法》(2017)
	《成都实施人才优先发展战略行动计划》(2017)
湖南湘江新区	《长沙市建设创新创业人才高地的若干措施》(2017)
	《长沙市科技创新创业领军人才认定管理办法》(2018)
南京江北新区	《南京市南京江北新区直管区人才安居办法(试行)》(2018)
	《关于进一步加强人才安居工作的实施意见》(2018)
福建福州新区	《关于鼓励引进高层次人才的七条措施》(2018)
吉林长春新区	《吉林长春新区众创空间及入驻企业认定管理办法(试行)》(2017)
	《吉林长春新区国家“双创”示范基地建设工作方案》(2017)
	《支持吉林长春新区建设发展有关出入境政策措施》(2017)
	《吉林省公安机关执行公安部支持吉林长春新区建设发展有关出入境政策措施的实施细则》(2017)
	《〈吉林长春新区外籍高层次人才直接申请在华永久居留推荐函〉申请须知(暂行)》(2017)
	《吉林长春新区“长白慧谷”英才计划暂行办法》(2018)
	《吉林长春新区加快高层次人才集聚若干政策》(2018)
江西赣江新区	《江西赣江新区关于人才引进和培育的若干措施(试行)》(2017)
	《江西赣江新区关于深化人才发展体制机制改革的若干意见(试行)》(2017)
河北雄安新区	《关于进一步做好院士智力引进工作的意见》(2017)
	《关于深化人才发展体制机制改革的实施意见》(2018)

第二节　各新区人才政策分析

近年来，各地政府及国家级新区为促进地方发展，推出了一系列人才政策以留住人才并充分发挥他们在城市建设和发展中的作用。在多项人才政策的背后，各新区存在一些普遍性问题，如大学生等对人才政策了解不够细致，人才政策的宣传、普及程度不够高，人才政策的落实情况不够理想。住房和薪酬是人才最为关心的两个问题，要想人才政策的红利实现，仅仅落户是不够的，还需有效实施住房及薪酬方面的政策，才能更好地留住人才。

第四章　土地政策

第一节　土地政策总述

土地是发展之基，是国家级新区开发建设最重要的要素资源，完善的土地政策是保障新区健康发展的重要前提。本节整理了部分新区出台的土地政策。通过表 4－1 可以发现，各个新区对于土地规划的政策出台并不重视，甚至有部分新区并没有制定相关的土地政策。已经出台的土地政策也大多是本省出台的促进当地发展的整体政策，而不是针对新区发展状况的具体实施方案，比如青岛西海岸新区的《关于印发青岛市黄岛区集体土地征收补偿办法的通知》等。

表 4－1　部分新区土地政策支持情况

新区	政策文件
上海浦东新区	《上海浦东新区外高桥新市镇 G03－06 地块出让方案》(2017)
	《上海浦东新区土地资源利用和保护“十三五”规划》(2017)
	《关于前滩 41－01、42－01、47－01、53－01 地块租赁住房项目的请示》(2017)
	《上海浦东新区航头镇交通网络型商贸中心 K－1 地块出让方案》(2017)
	《上海浦东新区“十二五”保障房曹路基地 14－02 地块出让方案》(2017)
	《张江现代都市金融信息园(银行卡产业园二期)8－2、8－3、8－4 地块出让方案》(2017)
	《上海市土地资源利用和保护“十三五”规划》(2017)
	《上海浦东新区“十二五”保障房曹路基地 11－01 地块出让方案》(2018)
	《上海浦东新区国有土地使用权出让收支预算管理办法》(2018)

续表

新区	政策文件
天津滨海新区	《关于加强滨海湿地保护严格管控围填海的通知》(2018)
	《天津滨海新区国有土地上房屋征收工作若干问题的意见(试行)》(2018)
重庆两江新区	《重庆两江新区指定区域开展“定制建筑”开发建设试点工作的指导意见(试行)》(2018)
甘肃兰州新区	《甘肃兰州新区土地利用总体规划》(2018)
陕西西咸新区	《大西安(西安市—陕西西咸新区)国民经济和社会发展规划(2017～2021)》(2018)
	《陕西西咸新区控制性详细规划》(2018)
青岛西海岸新区	《关于印发青岛西海岸新区集体土地范围内房屋确权登记发证实施细则》(2017)
	《青岛市国有土地上房屋征收与补偿条例》(2017)
	《青岛市城乡建设委员会国有土地上房屋征收评估管理办法》(2017)
	《青岛市黄岛区集体土地征收补偿办法》(2017)
	《青岛市黄岛区国有土地收回(收购)管理办法》(2017)
	《黄岛区土地利用总体规划(2006～2020)》(2018)
	《关于印发青岛市黄岛区集体土地征收补偿办法的通知》(2018)
	《关于加快推进农村土地流转的实施意见》(2018)
成都天府新区	《四川省建设项目用地预审管理办法实施细则》(2017)
	《土地储备资金财务管理办法》(2018)
	《成都市人民政府关于成都天府新区2017年第32批(双流区)城镇建设用地实施方案的批复》(2018)
湖南湘江新区	《进一步加强建筑形态规划管控的指导意见(试行)》(2017)
	《湖南湘江新区产业用地有偿使用管理暂行办法》(2018)
河北雄安新区	《坚持“以人民为中心”的理念认真制定好土地征迁政策》(2017)
	《河北省人民政府办公厅关于提升土地利用质量效益的指导意见》(2018)
	《关于加强耕地保护和改进占补平衡的实施意见》(2018)

第二节　各新区土地政策分析

综合对比各国家级新区的用地情况，多数新区建设用地产出效率都低于所在城市辖区的平均水平。在一些国家级新区开发建设中，有一些所谓的重点项目用地面积超出实际需求，而迟迟不推进实质性开发建设，导致国有资产的变相流失。此外，新区发展较为强调新增用地拓展，而忽视或者绕开存量用地的更新改造。总的来说，国家级新区用地存在使用粗放、低效用地的情况。

第五章　招商引资政策

第一节　招商引资政策总述

招商引资是加快国家级新区经济快速发展的重要手段，一个好的投资项目可以促进新区的经济发展，带动基础设施建设，为其他行业的发展提供各种各样的机会。为此，国家级新区要把握“一带一路”建设中的机遇，充分发挥区位、资源等各种优势广泛吸引海内外的投资项目。本章通过梳理近年来各国家级新区的招商引资（含贸易）政策（见表5－1）发现，当前国家级新区存在产业园区规划缺乏前瞻性、实用性和持续性，以及重外资、轻内资等问题。为此，国家级新区在发展过程中，应发挥“一张蓝图绘到底”的精神，依法依规制定招商政策，杜绝恶性竞争。

表5－1　部分新区招商引资政策支持情况

新区	政策文件
上海浦东新区	《上海浦东新区深化上海国际贸易中心核心功能区建设“十三五”规划》(2017)
	《上海市创业投资引导基金管理办法》(2017)
	《上海浦东新区政府投资建设项目审计监督办法》(2018)
	《全面深化中国(上海)自由贸易试验区改革开放方案》(2018)
	《中国(上海)自由贸易试验负面清单管理模式实施办法》(2018)
	《上海市贯彻落实国家进一步扩大开放重大举措加快建立开放型经济新体制行动方案》(2018)
	《中国(上海)自由贸易试验区跨境服务贸易负面清单管理模式实施办法》(2018)
	《中国(上海)自由贸易试验区跨境服务贸易特别管理措施(负面清单)(2018年)》(2018)
	《上海市外商投资企业土地使用管理办法》(2018)

续表

新区	政策文件
重庆两江新区	《“黄金10条”招商引资政策》(2017)
	《重庆两江新区深化服务贸易创新发展试点实施方案》(2018)
浙江舟山群岛新区	《浙江省人民政府关于促进创业投资持续健康发展的实施意见》(2017)
	《关于促进海洋产业集聚区招商引资的政策实施意见》(2017)
甘肃兰州新区	《甘肃兰州新区招商引资项目报备认定办法》(2017)
	《甘肃省人民政府关于进一步加强招商引资促进外资增长若干措施的通知》(2017)
	《关于开展支持中小企业参与“一带一路”建设专项行动的通知》(2017)
	《甘肃兰州新区鼓励发展大宗贸易带动商贸物流集聚发展的奖励政策》(2018)
广州南沙新区	《广州南沙新区(自贸片区)招商项目引荐专项奖励办法》(2017)
陕西西咸新区	《陕西省人民政府关于促进民营经济加快发展的若干意见》(2017)
	《西安市人民政府关于加快发展服务贸易的实施意见》(2017)
	《陕西省陕西西咸新区泾河新城招商引资工作奖励办法》(2017)
	《陕西省陕西西咸新区沣西新城招商引资项目引荐人奖励办法》(2017)
	《陕西西咸新区能源金融贸易区投资优惠政策(暂行)》(2018)
	《西安市招商引资优惠政策“黄金十条”》(2018)
	《陕西省陕西西咸新区沣西新城招商引资优惠政策实施办法(2017年修改)》(2017)
	《关于加快陕西西咸新区发展的若干政策》(2018)
	《优化提升营商环境实施方案》(2018)
贵州贵安新区	《贵州贵安新区2018产业大招商突破年行动方案》(2018)
青岛西海岸新区	《关于印发青岛西海岸新区总部企业认定和管理办法(试行)的通知》(2018)
大连金普新区	《大连市企业投资项目核准和备案管理办法》(2018)
	《西岗区企业投资项目核准和备案实施细则》(2018)
成都天府新区	《国务院关于印发中国(四川)自由贸易试验区总体方案的通知》(2017)
	《四川省人民政府印发关于扩大开放促进投资若干政策措施意见的通知》(2017)
	《关于印发成都天府新区直管区推行工商登记全程电子化和电子营业执照实施方案的通知》(2017)
	《四川省关于印发支持四川成都天府新区建设发展若干政策》(2017)
	《关于印发成都市政府投资基金暂行管理办法的通知》(2018)
湖南湘江新区	《长沙高新区招商引资中介人奖励办法》(2018)
	《促进开放型经济发展的若干政策措施》(2018)

续表

新区	政策文件
南京江北新区	《南京江北新区促进服务贸易创新发展专项资金使用和管理办法（试行）》（2018）
	《南京江北新区固定资产投资项目节能审查实施办法》（2018）
吉林长春新区	《关于对招商引资项目和企业轻微违法行为首违不罚的规定》（2018）
	《吉林长春新区打造一流营商环境“二十条”措施》（2018）
江西赣江新区	《江西省复制推广自由贸易试验区新一批改革试点经验工作实施方案》（2017）
河北雄安新区	《关于落实国务院扩大对外开放积极利用外资若干措施的意见》（2017）
	《关于扩大进口促进对外贸易平衡发展的意见》（2018）
	《关于进一步激发民间有效投资活力全面推进全省经济高质量发展的实施意见》（2018）

第二节 招商引资（含贸易）政策现存问题分析

各个国家级新区的招商引资（含贸易）政策存在以下的问题。在区域内规划产业园区进行招商引资是各地常见的发展模式，然而，有些园区在制定产业发展规划时缺乏前瞻性、实用性和持续性；随着竞争加剧，政府招商成本不断增加，“重外资、轻内资”使很多地方政府在招商引资过程中往往只注重对外来企业特别是外商投资企业的引进、支持和服务。针对这些问题，需要相应的政策措施。

一 部分产业园区规划缺乏前瞻性、实用性和持续性

在区域内规划产业园区进行招商引资是各地常见的发展模式，然而，有些园区在制定产业发展规划时缺乏前瞻性，往往是根据国家重点鼓励产业或者重大在谈项目来进行产业规划。因此，园区之间未形成功能互补，一旦某产业产能过剩或者重大项目引进失败，园区发展将进入“寒冬”。有些园区的产业发展规划缺乏实用性，没有正确认识到自身优势与劣势。在面临发展

瓶颈时，有些园区被迫调整产业规划和空间规划，引入与原规划不符的产业项目，导致越来越多综合性产业园区出现。

二　政策竞争导致招商成本增加

招商引资扶持政策一直是地方政府吸引项目落地的重要谈判砝码，越来越多的项目投资方将政府扶持政策，尤其是资金扶持政策，作为减轻项目公司资金压力和压缩投资成本的重要手段。这些扶持政策主要包括：土地款优惠返还、场地租金返还、企业纳税额地方留成优惠返还、个人所得税返还、生产线补贴资金、进资额配套补贴资金、专项启动资金及行政收费减免等。这些扶持政策的主要操作模式是通过地方政府出台的各种产业政策，按照相应额度给予兑现。在这种情况下，当地区间投资环境相近、市场能力相当、政企关系相同时，扶持政策就成为政府吸引项目落地的关键，随着竞争加剧，政府招商成本不断增加。①

第三节　招商引资政策完善建议

通过对国家级新区的招商引资政策进行阐述，并对存在的问题进行分析，提出以下的政策建议，包括：国家级新区要适应形势，精准招商；兑现政策，优化环境；弱化管理，强化服务；分类帮扶，分时帮扶；园区建设，注重统筹。

一　适应形势，精准招商

当前，应适应经济新常态发展要求，实行精准招商。

第一，“以商招商”。政府唱主角的招商引资方式，是政府越位和错位现象的突出表现，按照市场规律办事，强化企业自主招商意识，显得十分重要。

第二，“专业招商”。要建设一支素质优良、责任心强、吃苦耐劳、既

① 刘晓：《当前地方招商引资存在问题和对策分析》，《经济管理》（文摘版）2016 年第 1 期。

掌握法律法规和本地政策又吃透外商心思的专职招商引资工作队伍，加大专业招商人员在外经外贸、投资服务、社交礼仪、项目工作等方面的培训力度，完善专业招商人员的各项激励保障机制。

第三，“园区招商”。作为区域发展的主要引擎、对外开放的主要载体、深化改革的实验基地，园区大多具备相对完善的载体功能，要切实发挥园区招商的主体作用。

二　兑现政策，优化环境

一方面，强化政策扶持的“硬”支撑。精心打造政策的硬优势，形成区域竞争优势，开创招商引资工作新局面。针对重点项目，切实按照“一业一策”要求，量身定做有利于促进主导产业、现有企业加快发展的特惠型政策。明确从设备抵扣、技改补助、科技创新、人才引进、金融支持、优先礼遇等方面给予个性化的政策支持。

另一方面，加强投资环境“软”实力。投资环境对客商来讲是最大吸引力，对政府来讲是最强的竞争力，尤其是软环境的好坏，直接关乎招商引资的成败。环境好，服务优，效率高，成本低，是吸引、留住、扩大外商投资的关键所在。

三　弱化管理，强化服务

一方面，要树立正确的服务理念，摒弃阻碍开放的思想。以亲商、安商、扶商、富商为宗旨，以改革探索为手段，转变政府职能，强化服务意识，把发展中遇到的问题，特别是项目推进、招商引资工作的难点作为政府及部门服务的重点，急项目之所急，想客商之所想，多设路标、少设障碍，多服务、少干预，多帮忙、少添乱，着力提高解决问题的能力和效率。

另一方面，要进一步创新服务方式，深化行政审批制度改革，认真实施重大决策事先听证、事前公示制度和政务公开、办事公开、服务承诺、首问责任等制度，全面推行“并联审批”“一审一核”制，简化审批程序，减少审批环节，提高办事效率。

四　分类帮扶，分时帮扶

一方面，在对帮扶项目的覆盖面上，实现“无死角”帮扶。对服务项目一视同仁，不“看人头下菜”，坚持“一碗水端平”，对规模大、科技含量高、带动能力强的大项目，力求做到锦上添花，同时对规模小的、刚刚起步的项目，做到雪中送炭，全力服务。

另一方面，对帮扶项目实现“全时段”帮扶。对招商项目进度不同的项目，帮扶的侧重点也有所不同：对签约项目，单位注重主动服务、尽责服务，在高效服务上下功夫，及时做好土地征用、规划设计、施工招标等前期准备工作，确保项目尽快开工，推动合同资金转化为实际投资；对开工项目，要及时解决资金、政策、土地、人才等方面出现的问题，加大项目推进力度。对在建项目，注重要素整合调度，实行倒排进度，推进项目快速建设，争取项目早建成、早投产。

五　园区建设，注重统筹

对园区进行统一规划管理、统一形象宣传、统一对外招商、统一设施配套、统一领导协调，推进园区体制创新。具体说来，要做到以下“三个好”。

第一，规划好。园区建设要与城镇化战略相结合，纳入土地利用总体规划和城镇体系规划之中。对不同园区的建设和管理要做到规划先行，统筹安排、科学规划，明确产业定位。

第二，预留好。要明确同一园区内的项目投资密度，既要留足发展空间，又要防止圈地，更要严格控制非工业用地比例和改变用地性质，以确保园区的可持续发展。

第三，整合好。对地域相邻、功能雷同的园区合理进行规划整合和区域重组，为工业集约开发和集约发展提供载体和平台，从而进一步提升产业集聚水平，延长拉粗产业链条，实现资源共享，减少园区建设和发展成本。

第六章　产业发展政策

第一节　产业发展政策总述

产业政策对推动产业结构优化升级、增强产业国际竞争力、维护国家经济安全、促进经济协调发展等具有重要的作用，国家级新区的发展也离不开产业政策的支持。本章通过分析近年来各国家级新区的产业发展政策等认为，不同新区的区位条件使产业政策侧重点有所不同。为了有效促进国家级新区各个领域全面发展，各新区应不断重视产业结构优化升级，在产业政策制定时注意因地制宜，并应及时监督项目落实情况。

产业政策是国家制定的，引导国家产业发展方向、引导推动产业结构升级、协调国家产业结构、使国民经济健康可持续发展的政策。产业政策主要通过制定国民经济计划（包括指令性计划和指导性计划）、产业结构调整计划、产业扶持计划、财政投融资、货币手段、项目审批来实现。新区产业政策主要是针对国家级新区，由国家、省市或者新区指定的，用以重点支持某些产业优先发展，或者为该产业发展提供有利条件的政策。每个新区的发展定位不同，拥有不同的发展规划，因此在新区的产业政策上也具有不同的特点。

本章对部分国家级新区近年来的产业政策进行了梳理，通过产业政策可以看出每个新区近年来的产业发展大致方向，各新区产业政策情况如表 6－1 所示。

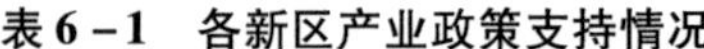

表6－1　各新区产业政策支持情况

新区	政策文件
上海浦东新区	《“十三五”期间上海浦东新区财政扶持经济发展的意见》(2017)
	《世博地区暨中国(上海)自贸试验区世博片区发展“十三五”规划》(2017)
	《上海浦东新区深化上海国际航运中心核心功能区建设“十三五”规划》(2017)
	《中国(上海)自由贸易试验区保税区片区发展“十三五”规划》(2017)
	《上海陆家嘴金融贸易区暨上海自贸试验区陆家嘴片区发展“十三五”规划》(2017)
	《浦东黄浦江沿岸开发“十三五”规划》(2017)
	《上海浦东新区国民经济和社会信息化“十三五”规划》(2017)
	《金桥经济技术开发区暨中国(上海)自由贸易试验区金桥片区发展“十三五”规划》(2017)
	《临港地区“十三五”发展规划》(2017)
	《关于加快本市体育产业创新发展的若干意见》(2018)
天津滨海新区	《天津滨海新区关于促进新兴产业发展的指导意见》(2017)
	《天津东疆保税港区促进产业发展资金管理办法》(2018)
	《天津东疆保税港区进一步支持产业聚集和创新发展鼓励办法》(2018)
	《促进航空物流产业发展支持政策》(2018)
重庆两江新区	《重庆两江新区促进先进制造业发展办法》(2017)
	《重庆两江新区加快金融业发展办法》(2017)
	《重庆两江新区产业发展专项资金管理办法》(2017)
浙江舟山群岛新区	《舟山市人民政府关于加快远洋渔业转型升级的若干意见》(2017)
	《浙江省人民政府关于深化制造业与互联网融合发展的实施意见》(2017)
	《舟山市人民政府办公室关于加快浙江自由贸易试验区船舶保税维修产业发展的若干意见》(2018)
	《浙江省全面改造提升传统制造业行动计划(2017～2020年)》(2017)
	《舟山北部产业海绵城市示范区建设规划》(2018)
	《舟山市人民政府办公室关于大力推进粮食产业经济发展的实施意见》(2018)
	《舟山市加快推进工业企业股改上市行动计划(2018～2022年)》(2018)
	《舟山市人民政府办公室关于印发舟山市推进“进口非特”化妆品产业发展三年行动计划(2018～2021年)的通知》(2018)
	《舟山市人民政府办公室关于加快发展应急产业的实施意见》(2018)

续表

新区	政策文件
甘肃兰州新区	《甘肃兰州新区2017年煤炭经营市场监管工作方案》(2017)
	《甘肃兰州新区钢铁煤炭水泥平板玻璃等行业化解过剩产能实现脱困发展实施方案》(2017)
	《甘肃兰州新区产业发展扶持及奖励政策(试行)》(2017)
	《甘肃兰州新区商标品牌战略实施方案》(2017)
	《甘肃兰州新区特色产业发展工程贷款实施方案》(2018)
	《关于落实省政府构建生态产业体系推动十大类生态产业发展总体方案任务分解的意见》(2018)
	《甘肃兰州新区支持国家康复辅助器具产业综合创新试点工作政策措施清单》(2018)
广州南沙新区	《广州南沙新区(自贸片区)促进航运物流业发展扶持办法》(2017)
	《中国(广东)自由贸易试验区广州南沙新区片区深化商事制革改革先行先试若干规定》(2017)
	《广州南沙新区(自贸片区)促进科技创新产业发展扶持办法》(2017)
	《广州南沙新区(自贸片区)促进商贸业发展扶持办法》(2017)
	《广州南沙新区(自贸片区)促进先进制造业与建筑业发展扶持办法》(2017)
	《广州南沙新区(自贸片区)促进旅游产业发展扶持办法》(2018)
	《广州南沙新区(自贸片区)促进人工智能产业发展扶持办法》(2018)
	《广州南沙新区(自贸片区)促进金融服务业发展扶持办法实施细则》(2018)
	《广州南沙新区(自贸片区)支持新兴产业园发展的用地管理意见土地供后评价实施细则》(2018)
陕西西咸新区	《西安市人民政府关于加快服务外包产业发展的实施意见》(2017)
	《陕西省陕西西咸新区空港新城管理委员会关于扶持航空产业及战略性新兴产业发展的若干意见》(2017)
	《陕西省陕西西咸新区空港新城委员会关于扶持商贸文化产业及总部经济发展的若干意见》(2017)
	《陕西西咸新区扶持民营经济加快发展的政策意见》(2017)
	《陕西省陕西西咸新区沣西新城关于促进高层次人才引进的若干政策(修订)》(2018)
	《陕西省陕西西咸新区沣西新城关于促进大众创业万众创新的若干政策(修订)》(2018)
	《陕西省陕西西咸新区沣西新城关于促进动漫产业发展的若干政策(试行)》(2018)

续表

新区	政策文件
	《陕西西咸新区文化创意产业发展奖补政策》(2018)
	《陕西省陕西西咸新区沣西新城关于促进信息产业发展的若干政策(修订)》(2018)
	《陕西省陕西西咸新区沣西新城产业扶持政策实施细则(试行)》(2018)
	《沣西新城2018年农机购置补贴实施方案》(2018)
	《西安市汽车产业发展规划(2018~2025年)》(2018)
	《西安市汽车产业链发展推进方案(2018~2025年)》(2018)
	《陕西省陕西西咸新区沣西新城关于促进现代服务业发展的若干政策(修订)》(2018)
	《关于推动汽车产业加快发展的若干政策意见》(2018)
	《陕西西咸新区文化创意产业发展奖补政策》(2018)
贵州贵安新区	《贵州贵安新区促进大众创业万众创新十条政策措施(试行)》(2017)
	《关于印发贵州贵安新区支持特色会展业发展若干政策的通知》(2018)
	《贵州贵安新区集成电路产业发展规划纲要(2017~2020)》(2018)
青岛西海岸新区	《关于印发青岛西海岸新区(黄岛区)大数据产业发展“十三五”规划的通知》(2017)
大连金普新区	《大连市支持产业发展落实产业用地政策实施细则》(2018)
	《大连金普新区畜牧业发展规划(2017~2020年)》(2018)
	《大连金普新区企业投资项目承诺制实施方案(试行)》(2018)
	《大连金普新区促进金融业发展财政扶持办法》(2018)
	《大连市产业扶贫项目实施与扶贫专项资金使用管理指导意见》(2018)
	《大连市支持产业发展落实产业用地政策实施细则》(2018)
	《大连市深化“互联网+先进制造业”发展工业互联网实施方案》(2018)
	《大连市休闲渔业船舶管理办法》(2018)
成都天府新区	《成都天府新区加快主导产业发展的若干政策》(2017)
	《关于创新要素供给培育产业生态提升国家中心城市产业能级若干政策措施的意见》(2017)
	《成都市促进大数据产业发展专项政策》(2018)
	《成都市人民政府办公厅关于大力发展高新技术服务业支撑产业功能区及园区建设增强西部科技中心功能的实施意见》(2018)
	《成都市加快医疗美容产业发展支持政策》(2018)
	《关于加快推进军民融合产业发展的意见》(2018)
	《成都高新区关于构建生物产业生态圈(产业功能区)促进生物产业发展的若干政策》(2018)

续表

新区	政策文件
	《成都绿色智能汽车产业发展规划(2018~2022年)》(2018)
	《成都市人民政府办公厅关于加快发展都市现代林业产业的实施意见》(2018)
湖南湘江新区	《湖南湘江新区管委会关于加快高端制造业发展的实施意见》(2017)
	《长沙高新区促进军民融合产业发展实施意见》(2017)
	《长沙高新区加强自主创新促进产业发展若干政策》(2017)
	《关于推进人工智能与智能制造产业发展的若干政策》(2018)
	《湖南湘江新区产业用地有偿使用管理暂行办法》(2018)
南京江北新区	《南京江北新区关于进一步加快文化和旅游产业发展若干政策》(2018)
黑龙江哈尔滨新区	《哈尔滨市人民政府办公厅关于印发哈尔滨市落实哈长城市群发展规划实施方案的通知》(2017)
	《哈经开区平房区产业发展扶持办法(黄金十条)》(2017)
	《平房区(哈经开区)复制推广自由贸易试验区新一批改革试点经验实施方案》(2017)
福建福州新区	《关于进一步加快福州市文化产业发展若干政策》(2017)
	《关于加快中国东南大数据产业园区发展的若干政策》(2017)
	《关于实施乡村振兴战略的实施意见》　(2018)
吉林长春新区	《吉林长春新区科技企业孵化器及入驻企业认定管理办法(试行)》(2017)
	《吉林长春新区众创空间及入驻企业认定管理办法(试行)》(2017)
	《吉林长春新区国家“双创”示范基地建设工作方案》(2017)
	《吉林长春新区促进金融创新发展若干政策》(2018)
	《吉林长春新区促进现代服务业加快发展若干政策》(2018)
	《吉林长春新区促进战略性新兴产业发展若干政策》(2018)
江西赣江新区	《江西省人民政府关于加快建设九江江海直达区域性航运中心的实施意见》(2017)
	《江西省“十三五”大健康产业发展规划》(2017)
	《关于支持江西赣江新区加快发展的若干意见》(2017)
河北雄安新区	《河北省“十三五”电力发展规划》(2017)
	《河北省战略性新兴产业发展三年行动计划》(2018)
	《关于共同推进河北雄安新区规划建设战略合作协议》(2017)
	《河北省人民政府关于加快推进工业转型升级建设现代化工业体系的指导意见》(2018)
	《雄安规划纲要》(2018)
	《关于进一步扩大服务业重点领域对外开放的实施方案》(2018)

续表

新区	政策文件
	《关于深化产教融合的实施意见》(2018)
	《关于推动互联网与先进制造业深度融合加快发展工业互联网的实施意见》(2018)
	《河北省战略性新兴产业发展三年行动计划》(2018)
	《河北省人民政府关于加快推进工业转型升级建设现代化工业体系的指导意见》(2018)

第二节　国家级新区产业发展特点

根据前文对 19 个国家级新区的产业政策的比较，以及新区产业政策内容的解读，可以发现国家级新区的产业发展呈现出以下特点。

第一，各国家级新区的产业发展受到所在省市产业布局和产业规划的影响，新区的产业政策在国家和省市出台政策的框架下制定，是结合自身发展定位和发展特点对政策的进一步细化和落实。

第二，根据不同新区的区位条件，产业政策侧重点有所不同。设立较早的新区，如上海浦东新区和天津滨海新区，产业政策主要侧重于鼓励发展战略性新兴产业、现代服务业；而地处内陆、经济发展程度不高的新区主要支持实体经济，以及具有战略性意义的产业。陕西西咸新区发展航空经济，开展能源合作，与陕西省在“一带一路”建设中的地位有更密切的关系。甘肃兰州新区对钢铁、水泥、煤炭产业进行过剩产能化解，既是产业结构转型升级的需要，也是实现自身经济发展的措施。

第三节　产业政策的完善建议

产业政策是产业发展的指南针，在当前形势下，国家级新区要在完善产业政策的基础上，在引领经济发展新常态、贯彻落实新发展理念方面继续发挥引领示范作用，为促进经济持续健康发展和全国改革开放大局做出更大贡献。

一　产业政策制定要因地制宜

国家已经批准设立的19个国家级新区，发展基础、发展阶段、发展水平、发展重点和承担任务各不相同。各地要切实落实主体责任，因地制宜、因区施策，按照国家赋予的功能定位，进一步明确各新区发展的方向和重点，积极主动作为、创新体制机制、深化改革探索。目前发展困难较大的新区，应该多一些拼劲和闯劲；具有开发开放相对优势的新区，应该多一些探索和创新；经济基数较低、相对远离中心城区依托的新区，应该多一些实干和积累；新近设立、刚刚起步的新区，应该多一些谋划和定力。同时积极稳妥推进符合条件地区新区设立工作，进一步发挥新区在引领发展、推进创新方面的积极作用。

二　及时监督项目落实情况

各新区应在实施应对当前经济下行压力措施的同时，抓住国家大力促进民间投资的机遇，提高服务水平、加大招商引资力度，加快推动新区项目建设。按照储备一批、动工一批、投产一批的要求，做好项目的周期性滚动管理，利用好专项建设基金等工具，研究设立国家级新区发展引导基金，不断提升服务企业项目建设的能力和水平，推动各类项目尽快落地。不断创新招商引资模式，协同战略投资者、金融机构共同招商，融资融商一体，精准招商，提高引进项目水平。

三　重视产业结构优化升级

各新区要把推动供给侧结构性改革与促进新区产业转型升级相结合，着力推动经济结构优化和产业转型升级，因地制宜地扎实推进去产能、去杠杆、去库存、降成本、补短板“五大任务”，“加减乘除”一起做。传统产业比重大的新区，应大力淘汰落后产能，努力降低企业经营成本，积极调整优化产业结构，加快转变经济发展方式，推动产业集成集约集群发展。产业体系相对高端的新区应依托人力资本、土地、资本等优势，优化资源配置，着力补齐创新短板，大力发展新兴产业，增加有效供给，形成更具竞争力的现代产业体系。①

① 《国家级新区调研报告 2016》。

第七章　总部经济政策

第一节　各新区总部经济政策支持情况

自本世纪初北京学者首先提出“总部经济”概念以来，总部经济现象日益引起我国理论界和经济界的重视。发展总部经济，能够给一个地区带来产业聚集和升级、消费增长、就业扩大、税收增加等明显的综合外溢效应，是推动产业提档升级、经济转型发展的有效途径。当前，我国总部经济发展方兴未艾，对区域经济的发展影响越来越大，成为很多省份在经济新常态下推动区域经济发展的重要力量。国家级新区要加快发展，实现经济结构转型升级，提高经济发展的质量和效益，必须加快发展总部经济。

总部经济，顾名思义就是众多企业将其总部活动（主要是设计、研发、营销、品牌、物流、金融等）在特定城市的核心地区集中配置，通过自我强化效应而形成的集聚经济形态。发展总部经济，主体是总部企业。总部企业是依法注册并开展经济活动，并对其控股企业或分支机构行使管理和服务职能的企业法人机构。按管辖区域可分为全球总部、全国总部和区域总部，按功能可分为综合型总部和职能型总部。目前，国内外对总部企业还没有统一的数量认证标准。经济发达地区和城市为引导总部经济发展，大都根据本地实际、产业方向和重点，对总部企业和总部经济制定了各自的认证标准。总部经济是经济全球化和国际分工深化发展的产物，其发展不仅提高了总部企业的实力和核心竞争力，而且由于其知识含量高、产业关联度强、集聚带动作用大等特点，对区域经济发展具有重大的促进作用。为了更好地了解各个国家级新区总部经济政策支持情况，我们对此进行相应的梳理，具体情况如表 7 - 1 所示。

表 7－1　部分新区总部经济政策支持情况

新区	政策文件
上海浦东新区	《上海市鼓励跨国公司设立地区总部的规定》(2017)
	《上海浦东新区“十三五”期间促进总部经济发展财政扶持办法》(2017)
天津滨海新区	《天津滨海新区关于促进总部经济发展的实施意见》(2017)
重庆两江新区	《智慧两江建设实施方案》(2017)
	《重庆两江新区国家自主创新示范区建设实施方案》(2018)
	《重庆两江新区促进总部经济发展办法》(2018)
浙江舟山群岛新区	《中国(浙江)自由贸易试验区关于加快发展总部经济的暂行办法》(2017)
	《关于加快推进舟山新城航运服务集聚区建设的实施意见》(2018)
广州南沙新区	《广州南沙新区(自贸片区)促进总部经济发展扶持办法》(2017)
陕西西咸新区	《支持总部经济发展优惠政策》(2017)
	《陕西省陕西西咸新区沣西新城关于促进总部经济发展的若干政策(试行)》(2018)
青岛西海岸新区	《关于引进总部型企业的若干政策》(2017)
	《山东省青岛西海岸新区条例》(2017)
	《青岛西海岸新区总部企业认定和管理办法(试行)》(2018)
成都天府新区	《成都市人民政府关于加快总部经济发展做强国家中心城市核心功能支撑的意见》(2018)
湖南湘江新区	《关于支持总部经济发展的实施办法》(2018)
福建福州新区	《关于加快区级总部经济发展的五条措施》(2017)
	《关于鼓励新引进企业总部的四条措施》(2018)

第二节　对总部经济政策的分析评价

通过以上总结梳理，19 个国家级新区出台的总部经济发展扶持政策大致可归纳为以下几个方面。

一是财政资金补助。主要是通过财政资金补助的形式对新设立的企业总部给予一次性的资金补助，吸引聚集总部企业入驻。在新区发展总部经济的扶持政策中财政资金补助力度最大，且大部分新区都出台了此类政策。如天津滨海新区对新设立的企业总部给予一次性资金补助，其中注册资本 10 亿元以上，补助2000万元。

二是实行税收减免。以地方税收收入返还的形式加大对总部企业的扶持力度，包括对总部企业实现的增加值、营业收入、利润总额形成的区级地方财力部分实行全额或部分补贴。比如，上海浦东新区对新注册企业总部2年内实现的增加值、营业收入、利润总额形成的区地方财力部分全额补贴给企业，第三年减半补贴。重庆两江新区对新入驻的服务业企业总部3年内缴纳的增值税、营业税、企业所得税的区级财政收入部分，第一年给予70%的扶持，第二年、第三年给予50%的扶持。

三是实行购房补贴。主要是对企业总部购买办公用房给予一次性补贴及交易手续费减免、契税补贴，对企业总部租赁办公用房给予一定租金补贴。比如，上海浦东新区对国内大企业总部购买商品房减半交易手续费，契税税款50%的地方补贴；对新引进总部购买办公用房给予一次性补贴、对租赁办公用房给予一定的租金补贴。天津滨海新区对新引进总部企业购买办公用房按1000元/米^{2}给予最高1000万元补助，租赁办公用房5年内给予50%租金补助，每年最高不超过200万元。

四是实行专项奖励政策。主要是对企业总部升级、增设功能性机构等给予资金奖励，通过设立专项奖励政策的形式扶持新区范围内的总部企业发展壮大。比如，天津滨海新区对区域型总部升级为全国总部、跨国公司地区总部升级为亚太地区或全球总部的，给予1000万元的资金奖励；对首次进入中国民营企业、服务业企业或制造业企业500强，首次进入中国企业500强、世界企业500强，给予300万元的资金奖励，并可累进重复享受；对总部企业在天津滨海新区增设的投资中心、营销中心、研发中心等功能性机构，每个给予100万元的一次性资金奖励。

五是实行人才支持政策。主要包括对总部企业所需的各类人才在落户、子女入学方面提供便利，减免个人所得税，提供购房补贴等，这也是大部分新区支持总部经济发展、提高新区软环境配套的通行做法。有的新区还就人才支持出台了专门的扶持政策，强化人才兴区战略，提升地区投资兴业的软实力。

第三节 总部经济政策的完善建议

国家级新区由于所处区位和经济发展基础不一，有的新区总部经济发展非常成熟，如上海浦东新区、天津滨海新区已经发展 20 多年，总部经济已经成为地区经济发展的重要支撑，而后续批复的新区总部经济发展基础还很薄弱，基本上处于起步阶段，有的仅有一些概念性规划设想。因此，有必要通过总结梳理兄弟国家级新区发展总部经济的政策，借鉴好的经验和做法，促进国家级新区尤其是后续批复新区总部经济的发展。为此，提出以下相关建议。

一 加强新区总部经济的发展规划

总部经济是各类企业总部在一定区域内高端聚合的经济形式，有自身发展规律。新区在发展总部经济、规划建设中央商务区时，应站在区域发展的角度，从顶层设计上谋划好总部经济的规划布局。一方面要与所处省会城市或者中心城市错位融合发展，主动承接主城区总部企业外溢功能；另一方面在新区内部要形成发展合力和发展重点，有所为有所不为，避免分散用力，将区内优势资源集中在一个区域，打造吸引跨国公司和外埠大型企业集团总部入驻的一流环境，实现总部经济发展。

二 加强总部经济中央商务区载体的建设

中央商务区是总部经济的空间载体，集中大量金融、贸易、文化、服务机构以及商务写字楼、酒店、公寓等配套设施，具备完善便捷的交通、通信等基础设施和良好的经济发展环境，便于商务活动的场所。新区要利用各自所处的临空、临港等对外开放平台区位和产业优势，打造符合区域经济发展的企业总部中央商务区，依托企业总部发展金融、信息、科研、保险商务展会等配套产业。

三　合理选择总部经济承载中央商务区的建设方式

在中央商务区的建设上，国内一般采取两种途径：一种是对城市原有的商业街区加以改造和扩建，如唐山的万达广场、沈阳的沈河区等；另一种途径是择地新建，如上海的陆家嘴、重庆的江北城等。两种方式的选择主要根据建设过程中的投入产出比加以确定。各新区中央商务区建设在择地新建的基础上，可以考虑依托现有已成形的经济区块，例如，现有经济商圈核心区、机场航空商务区等，高标准设计、滚动式向外开发，降低开发成本、提高建设效率。

四　制定优惠扶持政策，大力优化发展环境

总部经济形成是由于企业将总部和其他环节进行空间分离，各自在具有比较成本优势或资源优势的地区布局，从而获得总体最大利益的一种选择性结果。[①] 目前虽然有的新区原有功能区都出台支持总部经济发展的专项或者综合性政策，但普遍针对性和可操作性不强，跟自身目前的财力也不相匹配，难以落地实施。有必要结合新区实际，在新区层面出台统一的总部经济发展专项扶持优惠政策，细化扶持奖励标准。一是制定详细的总部企业的认定标准，对不同的总部企业进行分类定级、分等级认定，精准扶持。二是设立总部经济发展的专项资金，根据不同的总部企业类型或等级出台具体的实施办法和奖补措施，在土地、税费减免、办公用房补助、经营贡献奖励、人才激励等方面给予支持，形成吸引总部经济发展的政策机制。三是开辟总部企业入驻的“绿色通道”，提供全程跟踪服务，在注册登记、行政审批、资金补助、进出口、出入境、产权保护、子女入学等方面，为总部企业提供便捷高效的政务服务环境。

五　积极争取上级支持

国内外具有世界影响力的中央商务区发展历程表明，中央商务区的建设

① 王陈伟、卢向虎：《国家级新区发展总部经济的扶持政策比较》，《城市观察》2017 年第 1 期。

必须有上级政府的强力支持。上海和北京的中央商区发展就直接或间接地得到了中央政府的支持，被赋予了一些特殊政策。为此，新区建设发展总部经济应做好以下方面工作：一是抓住国家级新区发展机遇，在区域产业布局的过程中尽全力争取所有省份将省内大型企业总部向新区布局；二是抓住北京非首都功能疏解和东部沿海产业梯度转移的重大机遇，吸引在京央企总部和东部发达地区区域性总部落户入驻；三是抓住国家“一带一路”建设中的机遇，争取中央支持，吸引丝路沿线国家领事馆、办事处入驻。

第八章　科技创新政策

第一节　科技创新政策总述

国家级新区是按照一个城市或新城区的要求和标准来加以规划和建设的。国家级新区承担着全面深化改革、先行先试的光荣使命，创新能力是检验国家级新区“新”与“旧”的试金石。国家级新区要把创新作为新区发展的第一要义，让创新成为新区最鲜明的时代特色和改革注脚，让新区成为名副其实的区域创新中心。创新包括理论创新、制度创新、科技创新、文化创新等，其中国家级新区需要高度关注的是科技创新和制度创新。在科技创新上，需要重点围绕发展战略性新兴产业（高新技术产业）开展工作，具体说来就是构建“1＋4”高新技术产业体系。“1”是指以互联网信息技术为核心，落实“互联网＋”战略，推进国家信息化战略目标的实现；“4”是指在信息化战略的指导下，努力在新能源、新材料、生物技术和先进装备制造业上取得突破性创新进步和发展，使新区成为高新技术产业发展的排头兵。本节对部分新区科技创新政策进行了梳理，具体情况如表8－1所示。

表8－1　部分新区科技创新政策支持情况

新区	政策文件
上海浦东新区	《上海浦东新区科学技术奖励办法》(2017)
	《关于本市推动新一代人工智能发展的实施意见》(2017)
	《上海市战略性新兴产业发展专项资金管理办法》(2017)
	《上海市张江科学城专项发展资金管理办法》(2018)

续表

新区	政策文件
天津滨海新区	《天津开发区“泰达科技创新十条”》(2018)
	《生态城细化科技企业奖励和创新创业补贴政策》(2018)
	《中新天津生态城创新创业补贴实施细则》(2018)
	《中新天津生态城科技企业奖励实施细则》(2018)
	《天津经济技术开发区打造创新新引擎、建设科技创新高地的若干措施》(2018)
	《天津市天津滨海新区科工创新委关于支持自贸区外资企业科技创新的若干措施》(2018)
重庆两江新区	《重庆两江新区促进科技创新发展办法》(2018)
	《重庆两江新区科技创新券管理办法》(2018)
浙江舟山群岛新区	《舟山市实施“八大行动计划”》(2017)
	《“十三五”海洋经济创新发展示范工作考核办法》(2018)
甘肃兰州新区	《甘肃省支持科技创新若干措施》(2017)
	《兰州市支持科技创新若干措施》(2017)
	《甘肃省科技创新型企业认定和管理办法(试行)》(2017)
广州南沙新区	《广州市南沙区科学技术经费管理办法》(2018)
	《广州南沙新区(自贸片区)集聚人才创新发展若干措施实施细则》(2018)
陕西西咸新区	《陕西省陕西西咸新区沣西新城关于促进大众创业万众创新的若干政策(修订)》(2018)
贵州贵安新区	《贵州贵安新区绿色金融改革创新试验区建设实施方案》(2018)
青岛西海岸新区	《青岛西海岸新区新旧动能转换创新驱动工程三年行动计划(2017～2019年)》(2017)
	《青岛西海岸新区关于加快科技经济发展提升的实施意见》(2018)
	《山东省技术先进型服务企业认定管理办法(试行)》(2018)
	《科技创新支持新旧动能转换的若干措施》(2018)
	《青岛西海岸新区科技创新券使用管理实施细则》(2018)
大连金普新区	《大连金普新区关于促进科技创新若干措施(试行)》(2018)
	《大连金普新区创新创业投资引导基金管理暂行办法》(2018)
	《大连金普新区利用闲置厂房(仓库)发展科技孵化载体办法》(2018)
	《大连金普新区沈大国家自主创新示范区三年行动计划 2017～2019 年(修订)》(2018)
	《关于全面实施创新驱动发展战略　加快建设东北亚科技创新创业创投中心的意见》(2018)
	《大连市支持科技创新若干政策措施》(2018)
	《大连市科技创新券实施办法》(2018)

续表

新区	政策文件
成都天府新区	《四川省人民政府办公厅关于加快建设成都国家自主创新示范区的实施意见》(2017)
	《成都市创新管理优化服务培育壮大经济发展新动能加快新旧动能接续转换工作实施方案》(2018)
	《成都市深入实施创新驱动发展战略打造“双创”升级版的若干政策措施》(2018)
	《关于推动民营企业创新发展的指导意见》(2018)
	《加快推进国防科技工业军民融合深度发展的若干政策措施》(2018)
湖南湘江新区	《湖南省支持企业研发财政奖补办法》(2018)
南京江北新区	《南京江北新区知识产权促进和保护办法(试行)》(2018)
	《南京江北新区科技创新券管理暂行办法》(2018)
	《南京江北新区开设“双创”企业 绿色通道实施办法(试行)》(2018)
	《南京江北新区科技创新平台引进培育支持办法(试行)》(2018)
黑龙江哈尔滨新区	《哈尔滨高新技术产业开发区鼓励和支持国际科技合作项目入驻哈尔滨科技创新城暂行办法》(2018)
	《哈尔滨高新技术产业开发区鼓励和支持创新创业暂行办法》(2018)
福建福州新区	《福州高新区支持科技创新十条措施实施细则》(2018)
	《关于扶持“双创”工作的八条措施》(2018)
吉林长春新区	《吉林长春新区促进科技创新发展若干政策》(2017)
江西赣江新区	《江西赣江新区关于支持科技创新发展的若干措施》(2017)
	《江西赣江新区关于激励人才创新创业的若干举措(试行)》(2017)
河北雄安新区	《加快推进科技创新的若干措施》(2017)
	《河北雄安新区规划纲要》(2018)
	《河北省科技创新三年行动计划(2018～2020年)》(2018)
	《小微型企业创业创新基地培育活动实施方案》(2018)
	《关于创新体制机制推进大规模国土绿化的意见》(2018)

第二节　科技创新能力现状现存问题分析

随着新区科技创新的不断推进，如何改变传统发展模式，真正做到科技创新主体在市场中占据主导地位，从而带动产业结构优化升级，做到产学研紧密结合推动科技创新，成为各新区在进一步提升自身科技创新实力中需要解决的问题。

一　创新主体实力不强是影响新区综合创新水平的重要因素

大部分新区缺少足够多的创新主体，尽管“十二五”期间新区科技型企业数量不断增长，各新区都在出台相关的科技创新政策支持创新企业的发展，但是总体上企业实力不强，缺乏前沿技术领域中具备较强国际竞争力的企业。此外，新区内部自我成长的领军企业数量偏少，大多是从外部招商引资进入的，并没有形成完整的产业链条。

二　企业创新主体地位还不够突出

自主创新活动尚未成为新区企业的普遍行为，各大企业的科技创新意识还不强，在科研平台建设、专利申报方面能力还很欠缺，有的企业经历了多年的发展，也没有自主知识产权，甚至连一项专利都没有，自身建立的研发平台也只是简单的化验或检测产品质量，离科研开发还有很大的距离，部分企业仅满足于维持现状，因循守旧，“重生产经营、轻科技创新”的现象较为普遍，积极进行自主创新活动以实现技术储备的危机感不强，导致企业缺乏长远竞争力。

三　产业结构不优制约着新区经济增长方式的转变

就天津滨海新区而言，新区八大支柱产业中，石油化工、装备制造等传统工业产业所占比例仍然较高，生物医药、新能源新材料、大数据产业等前沿技术产业和战略性新兴产业所占比例偏低。同时在高技术产业领域外资企业所占比重偏高，其技术溢出效应对新区提升科技创新能力起到的作用与预期相差较远。

四　产学研用结合还不够紧密

新区内企业与大专院校、科研机构的合作数量相对较少、层次相对较低，大多限于单一的技术合作，且合作模式单调，尤其是以产权为纽带，资金、技术、人才、管理等优化配置、集成的深层次合作形式还没有形成。另外，最近几年成立的新区科技人才缺乏，高级人才数量较少，高学历、高端技术人才和管理人才极为缺乏，科技创新和研发力量薄弱。

五　科技创新政策的运用还不够充分

一是科技创新政策的宣传不够到位，形式较为单一。目前，在政府门户网站上公布政策是各部门常用的宣传形式，但相关部门网站的政策法规信息存在更新不及时以及综合性、配套性不够强等问题，不方便企业全面了解相关政策。二是科技创新税收优惠政策的引导作用有待进一步发挥。三是政策体系不完善。各新区所在省市大部分已经出台科技创新“十三五”规划，但是只有部分新区出台了配套的科技创新“十三五”规划以及配套的实施政策，内容涉及科技投入、税收优惠、金融支持、科技创新基地与平台、人才队伍和科普建设、技术转移与成果转化、创造和保护知识产权、政府采购等。其中少数新区在这几个方面的实施政策均有涉及，一些新设的新区如黑龙江哈尔滨新区、江西赣江新区等没有出台相应的政策。

第三节　科技创新发展的完善建议

科技创新是构建创新体系的基础。要以国家级新区为重点，统筹自主创新示范区、大学城、未来科技城、国家双创示范基地等功能平台建设，将国家级新区打造为区域创新中心。

一　高标准建设大学城

大学是国家创新之源。一座城市没有高品质的大学城难以称作伟大的城市，一座新区没有高品质的大学城也难以称为国家级新区。部分国家级新区已拥有大学，部分新区正在建设大学城，但也有极少数新区缺少大学。

要结合“双一流”建设，将大学品质提升与功能拓展和新区建设有机结合。国家和地方要通过专项政策因地制宜地支持在国家级新区建设大学城，鼓励所在城市的高校以搬迁、建设分校和研究院等方式入驻大学城。[①]

二　着力提升创新基础能力

坚持优存量与促增量并重，发挥高校和科研院所的引领作用，强化企业的创新主体地位，瞄准国际高端、面向国际前沿，做精做特研发机构、做优做强产业研究院，建设一批国家产业创新中心和技术创新中心，提升创新基础能力。鼓励新区积极争取参与国家科技创新2030重大项目，推进高校和科研院所的科技基础设施和创新资源共享。积极争取国家支持，组建一批在重大创新领域具有国际水平、突出学科交叉的国家实验室，形成创新能力强、开放程度高的综合性国家科学中心。

三　完善科技成果转化和普惠创新支持机制

支持实施科技成果转化行动，支持全面下放创新成果处置权、使用权和收益权，提高科研人员成果转化收益分享比例，支持科研人员兼职和离岗转化科技成果。建立从实验研究、中试到生产的全过程科技创新融资模式，促进科技成果资本化、产业化。实行以增加知识价值为导向的分配政策，加强对创新人才的股权、期权、分红激励。增加财政科技投入，重点支持基础前沿、社会公益和共性关键技术研究。推动落实企业研发费用加计扣除和扩大固定资产加速折旧实施范围政策，强化对创新产品的首购、订购支持，激励企业增加研发投入。强化金融支持，大力发展风险投资。更好发挥企业家作用，包容创新对传统利益格局的挑战，依法保护企业家财产权和创新收益。

四　构建创新功能支撑体系

以高校、科研院所、企业为支撑，加快高新技术、高端设备、高级人

① 郭丁文：《发展为要　创新为魂　推动国家级新区创新发展的思考与建议》，《中国经贸导刊》2017年第25期。

才、创新企业、创新品牌和高水平服务等创新要素的培育和聚集，发展以技术、品牌、质量为核心的新产品、新产业和新市场，完善区域创新体系。打造由大学城、高新园区、产业新城组成的“创新三角”，构建“生产集群—创新平台—城市服务与创新服务”三个层面的创新功能支撑体系。更好发挥新区在整合创新要素方面的积极作用，强化新区科技管理、知识产权服务等方面的职能，以新区为平台打通产学研用的体制障碍和制度壁垒，畅通科技成果转化和产业化的途径。

第九章　贸易政策

2018年国务院出台《关于扩大进口促进对外贸易平衡发展的意见》，明确贸易发展基本原则：一是坚持深化改革创新。深化体制机制改革，营造创新发展环境，以制度、模式、业态、服务创新提高贸易便利化水平，以扩大进口增强对外贸易持续发展动力。二是坚持进口出口并重。在稳定出口国际市场份额的基础上，充分发挥进口对提升消费、调整结构、发展经济、扩大开放的重要作用，推动进口与出口平衡发展。三是坚持统筹规划发展。坚持内外需协调、内外贸结合，推动货物贸易与服务贸易、利用外资、对外投资、对外援助互动协同发展，遵循市场化原则，内外资一视同仁，促进经常项目收支平衡。四是坚持互利共赢战略。将扩大进口与推进“一带一路”建设、加快实施自贸区战略紧密结合，增加自相关国家和地区进口，扩大利益融合，共同推动开放型世界经济发展。基于此，各个新区积极响应国家方针，相继提出相关贸易规划政策，本章节将对部分新区在贸易政策方面的具体方案进行评述。

第一节　各新区贸易政策支持情况

部分新区贸易政策支持情况如表9－1所示。

表9－1　部分新区贸易政策支持情况

新区	政策文件
上海浦东新区	《上海浦东新区深化上海国际贸易中心核心功能区建设“十三五”规划》(2017)
重庆两江新区	《深化服务贸易创新发展试点总体方案》(2018)
浙江舟山群岛新区	《“开放舟山”建设三年(2017～2020年)行动计划》(2017)
	《浙江省对外贸易主体培育行动计划(2018～2020年)》(2017)
	《关于培育外贸新优势促进外贸稳增长的通知》(2018)

续表

新区	政策文件
甘肃兰州新区	《关于扩大进口促进对外贸易平衡发展的意见》(2018)
广州南沙新区	《广州南沙新区(自贸片区)促进科技创新产业发展扶持办法》(2017)
	《广州南沙新区(自贸片区)促进商贸业发展扶持办法》(2017)
	《广州南沙新区(自贸片区)促进先进制造业与建筑业发展扶持办法》(2017)
陕西西咸新区	《陕西省贸易政策合规工作实施办法》(2017)
	《陕西省陕西西咸新区沣东新城管委会关于印发扶持服务贸易加快发展暂行办法的通知》(2017)
青岛西海岸新区	《山东省青岛西海岸新区条例(草案征求意见稿)》(2017)
	《青岛市促进对外贸易又好又快发展若干措施实施细则》(2018)
成都天府新区	《服务中国(四川)自由贸易试验区成都片区税收优惠政策指引》(2017)
	《关于加快构建国际门户枢纽全面服务"一带一路"建设的意见》(2018)
	《建设西部对外交往中心行动计划(2017～2022年)》(2018)
南京江北新区	《南京江北新区促进服务贸易创新发展专项资金使用和管理办法(试行)》(2018)
福建福州新区	《福州港口生产发展扶持政策(2017～2020年)》(2017)
河北雄安新区	《河北雄安新区规划纲要》(2018)
	《深化服务贸易创新发展试点总体方案》(2018)

第二节　促进新区对外贸易发展的措施

一　各新区积极响应国家拓展国际贸易协议的磋商和制定

目前中国和19个国家签署了自贸双边协定，涉及32个国家和地区；落地和付诸实施的自贸双边协定有14个国家，涉及22个国家和地区；正在谈的有5个国家。多个领域互惠互利政策的实施大大促进了中国和这些国家或地区双边贸易的发展，也提高了中国外贸抵御经济风险的能力。因此，各个新区需要大力配合国家贸易发展方向，积极寻求发展新方向、新出路。尤其是针对"一带一路"建设，应以国家政府为坚强后盾，积极和"一带一路"沿线国家或地区展开更广泛的经济合作，签订双边贸易经济合作协议，促进贸易的多元化发展。

二　加强对外贸易政策和措施的落实

面对国际和国内复杂的经济环境，近年来，中国政府出台了多项政策和措施促进对外贸易，相应地，各新区也同样出台各自的贸易政策和措施。但是，政府政策出台和实施存在滞后性，导致实际的进出口贸易并没有出现立竿见影的效果。因此，需要各新区职能部门加大政策实施力度，促进政策的落地，解决政策实施过程中的“肠梗阻”现象，缩短政策实施的时滞效应，促进对外贸易的发展持续稳定不失速。

此外，地方政府应做好以下三点：第一，增强服务意识，提高行政服务效率，鼓励责无旁贷的精神；第二，对通过合法手段与企业间达成的合同及其他形式协定，应遵约守信；第三，服务企业或项目时做到一视同仁、公正公平。

三　加快产业结构和产品结构的调整

政府加快产业结构的调整，通过市场淘汰落后产能，发展新业态和新产业，使整个产业的布局适应中国经济发展的新常态。企业的发展要跟上中国经济改革的步伐，要善于把握国际市场的需求环境变化，注意引进和挖掘技术优势，及时调整产品结构，满足社会生产和消费的需要。传统的加工贸易模式已不能适应经济的发展，人力资本的增长、资源环境的约束等将倒逼加工贸易进行转型。政府应给予一定的政策支持，促进加工贸易企业转型升级和创新能力的提高。

第十章　营商环境政策

第一节　营商环境政策总述

国家级新区并不是政策的洼地，而是改革的高地。国家设立新区的目的是希望通过新区的先行先试和体制机制改革来形成发展优势，增强加快发展的内生动力，进而加强对周边地区的辐射、带动作用，促进区域经济的健康、快速、协调发展。要把新区的建设导向由过去的严重依赖财政、税收和土地等优惠政策（见表 10－1），向激发市场主体活力、营造良好营商环境转变；要把新区政府职能由重审批、重监管向重服务、重效率方向转变。要以创新、协调、绿色、开放、共享五大发展理念为基础，深化重点领域和关键环节的改革，创新行政管理体制和运行机制，提高综合服务效能，积极探索依靠深化改革推动新区快速发展、促进区域经济协调发展，把深化改革作为推动“一带一路”建设的有效途径。

表 10－1　部分新区营商环境政策支持情况

新区	政策文件
上海浦东新区	《上海浦东新区综合交通体系建设“十三五”规划》(2017)
	《上海浦东新区关于建立公平竞争审查制度的实施意见》(2017)
	《上海浦东新区进一步深化企业投资建设项目审批改革方案》(2017)
	《上海浦东新区关于推行政务服务“意见征询”工作的实施意见》(2018)
	《上海浦东新区“六个双”政府综合监管实施办法(暂行)》(2018)
	《上海浦东新区关于实施企业市场准入“单窗通办”工作机制的方案》(2018)
	《服务保障上海浦东新区营商环境建设 12 条意见》(2018)
天津滨海新区	《关于营造企业家创业发展良好环境的规定》(2018)

续表

新区	政策文件
重庆两江新区	《重庆两江新区进一步优化营商环境“十项行动”方案(试行)》(2018)
	《重庆两江新区推进“证照分离”改革试点方案》(2018)
甘肃兰州新区	《甘肃兰州新区全面推进政务服务“一窗受理、集成服务”工作方案的通知》(2018)
	《甘肃兰州新区第二批群众和企业到政府“最多跑一次”办事事项目录(129项)》(2018)
	《甘肃兰州新区推进“证照分离”改革试点方案》(2018)
广州南沙新区	《广州南沙新区(自贸片区)促进金融服务业发展扶持办法》(2017)
	《国家外汇管理局广东省分局关于印发〈推进中国(广东)自由贸易试验区广州南沙新区、珠海横琴新区片区外汇管理改革试点实施细则〉的通知》(2018)
贵州贵安新区	《关于印发贵州贵安新区关于加快推进以大数据为引领的众创众包众扶众筹“四众”发展新模式实施方案的通知》(2017)
	《关于印发贵州贵安新区大力推进“互联网+政务服务”工作实施方案的通知》(2017)
	《关于印发〈贵州贵安新区“双I审批”试点工作方案〉的通知》(2017)
	《关于精简审批流程的通知》(2017)
	《关于印发贵州贵安新区招商引资体制机制改革创新试点工作方案(试行)的通知》(2017)
	《关于公布贵州贵安新区行政审批中介服务事项清单的通知》(2017)
	《关于印发〈贵州贵安新区深入推进依法分类处理信访诉求工作方案〉的通知》(2017)
	《关于印发贵州贵安新区个体工商户登记制度“四放开二合一”改革试点实施方案的通知》(2017)
	《关于印发贵州贵安新区企业设立登记申报承诺制和实名认证制“1+1”改革试点实施方案的通知》(2017)
	《贵州贵安新区促进大众创业万众创新十条政策措施(试行)》(2017)
	《关于印发贵州贵安新区推广“块数据”促进数据共享开放实施方案的通知》(2017)
	《关于印发贵州贵安新区总部企业认定办法(试行)的通知》(2018)
陕西西咸新区	《陕西省公安厅优化营商环境24条措施》(2018)
	《优化提升营商环境实施方案》(2018)
	《关于助力优化营商环境优化居住证制度的通知》(2018)
	《出入境管理局优化营商环境四条措施的实施细则》(2018)
	《中共西安市委西安市人民政府关于加强和改善营商环境的决定》(2018)
	《西安市深化“放管服”改革全面优化提升营商环境实施方案》(2018)

续表

新区	政策文件
青岛西海岸新区	《山东省青岛西海岸新区条例(草案征求意见稿)》(2017)
	《关于优化营商环境加强招商引资工作的实施意见》(2017)
	《青岛西海岸新区商业设施布局专项规划(2016~2035年)》(2018)
	《青岛市一流营商环境提升年实施方案》(2018)
	《青岛市政务服务"五个一"承诺书》(2018)
大连金普新区	《大连市企业投资项目核准和备案管理办法》(2018)
	《大连市建设项目环境影响评价文件分级审批管理规定》(2018)
成都天府新区	《成都天府新区加快主导产业发展的若干政策》(2017)
	《成都高新区国家税务局关于进一步优化营商环境的二十条措施》(2018)
	《四川省进一步优化营商环境工作方案》(2018)
	《成都市国家税务局 成都市地方税务局关于深化"放管服"改革 优化税收营商环境的若干措施》(2018)
湖南湘江新区	《关于印发长沙市优化营商环境三年行动方案(2018~2020年)的通知》(2018)
	《关于进一步优化营商环境的十条措施》(2018)
南京江北新区	《南京江北新区开展"证照分离"改革试点实施方案》(2018)
福建福州新区	《福州市优化营商环境工作三年行动方案》(2018)
云南滇中新区	《云南省人民政府关于调整一批行政许可事项的决定》(2017)
	《云南滇中新区"证照分离"改革试点工作实施方案》(2018)
黑龙江哈尔滨新区	《黑龙江省人民政府关于下放给黑龙江哈尔滨新区一批省级行政许可事项的决定》(2017)
	《黑龙江省人民政府关于成立黑龙江哈尔滨新区工作领导小组的通知》(2018)
吉林长春新区	《长春新区科技企业孵化器及入驻企业认定管理办法(试行)》(2017)
	《长春新区众创空间及入驻企业认定管理办法(试行)》(2017)
	《长春新区国家"双创"示范基地建设工作方案》(2017)
	《长春新区打造一流营商环境"二十条"措施》(2018)
江西赣江新区	《江西省开展"证照分离"改革试点方案》(2018)
河北雄安新区	《河北省优化营商环境条例》(2018)

第二节　国家层面对营商环境建设高度重视

2018 年，李克强总理在国务院常务会议上听取优化营商环境工作汇报，决定开展中国营商环境评价。按照党中央、国务院部署，顺应社会期盼，近年来各地区、各部门持续推进“放管服”等改革，改善营商环境取得积极成效。下一步，要把进一步优化营商环境作为促进高质量发展、应对复杂形势的重要举措，瞄准市场主体反映的突出问题，推改革、促开放，放宽市场准入，加强公正监管，制止乱收费、乱检查等，避免对企业自主经营的不当干扰，不断缩小与国际一流营商环境的差距，使市场主体活力和社会创造力持续迸发。加快把一些地方已经见效、便利企业的做法推向全国。尤其要在精简事项、简化流程、降低费用等方面加大力度。建立企业参与营商环境政策制定的工作机制，支持开展第三方评估，打造市场化、法治化、国际化营商环境。会议决定，按照国际可比、对标世行、中国特色原则，围绕与市场主体密切相关的开办企业、办理建筑许可、获得信贷、纳税、办理破产等，开展中国营商环境评价，并逐步在全国推开，推动出台更多优化营商环境的硬举措，让企业有切身感受，使中国继续成为中外投资发展的热土。

第三节　营商环境建设的完善建议

为进一步优化营商环境，当前应重点做好以下工作：第一，提高行政审批改革措施的精准性。在全面推行不见面审批改革的过程中，不宜搞“一刀切”，要考虑部分群众有见面审批需求的特殊情形。第二，不断强化服务企业的意识和责任。政府做好服务是本职，服务不好是失职。第三，善于运用大数据推动营商环境建设。要打通部门间的信息壁垒，加强大数据平台建设和运用，促进提升审批效率，为企业提供精准服务。第四，营商环境的最终评价标准是企业和群众的获得感。营商环境的改善不仅要看审批时间缩减到几个工作日、审批事项精简到多少项、对企业减税多少等，更要看企业家的直观感受，是否做到了利企便民，由企业和群众说了算。第五，法治是最好的营商环境。政府部门应依法办事，持续推进政务公开，加大知识产权保护力度，保障企业和企业家的合法权益。通过以上努力，立足企业和群众本位，在改革措施的质量上下功夫，一定能在打造法治化、国际化、便利化的营商环境上做得更好，擦亮营商环境这块“金字招牌”。

第十一章　环境保护政策

第一节　环境保护政策总述

改革开放40多年来，中国经济的高速发展取得了举世瞩目的辉煌成就。但与之相伴随的是发展过程中严重存在资源损耗大、质量偏低、环境污染严重和发展难以为继等问题。因此，实现十九大提出的经济发展方式转变，就必须根本彻底扭转长期以来经济社会发展中所形成的唯GDP是举的错误发展观。2018年5月在北京召开的全国生态环境保护大会，将生态环境第一次上升到政治的高度，将提供良好的生态环境作为关系到党的使命宗旨的重大政治问题和关系到民生福祉的重大社会问题。同时，明确了生态文明建设的时间表，即要在本世纪中叶建成美丽中国和2035年基本实现美丽中国这两个阶段性目标。而要实现这一目的，归根到底在于树立绿色发展观，实现中国经济高质量的发展，建成生态文明大国。而环境治理作为生态文明的主战场和抓手，对实现发展理念和发展方式的根本转变，无疑有着重要的推动促进作用。基于此，除中央政府出台了相关环境治理的政策规划外，地方政府以及国家级新区都发布了各种治理环境的政策规划以及激励手段（见表11－1）。

表11－1　部分新区环境保护政策支持情况

新区	政策文件
上海浦东新区	《上海浦东新区生态环境保护“十三五”规划》(2017)
	《上海浦东新区气象事业发展“十三五”规划》(2017)
	《金桥经济技术开发区暨中国(上海)自由贸易试验区金桥片区发展“十三五”规划》(2017)
	《上海浦东新区节能低碳专项资金管理办法》(2017)
	《上海市支持餐厨废弃油脂制生物柴油推广应用暂行管理办法》(2018)

续表

新区	政策文件
	《上海市"十三五"节能减排和控制温室气体排放综合性工作方案》(2018)
	《上海市2018～2020年环境保护和建设三年行动计划》(2018)
	《关于建立完善本市生活垃圾全程分类体系的实施方案》(2018)
天津滨海新区	《天津市"十三五"生态环境保护规划》(2017)
重庆两江新区	《关于加快推进重庆两江新区生态文明建设的实施意见》(2018)
	《进一步加强生态环保问题整改措施细化方案》(2018)
浙江舟山群岛新区	《舟山市生态环境保护"十三五"规划》(2017)
	《舟山市海洋环境保护"十三五"规划》(2017)
	《2018年舟山市蓝天保卫战行动计划》(2018)
甘肃兰州新区	《甘肃兰州新区2017～2018年冬季大气污染防治工作方案》(2017)
	《甘肃兰州新区全面推行河长制工作方案》(2017)
	《甘肃兰州新区水污染防治2018年度工作方案》(2018)
	《甘肃兰州新区畜禽养殖废弃物资源化利用工作方案》(2018)
陕西西咸新区	《2017年陕西西咸新区化学品类危险废物环境治理工作实施方案》(2017)
	《陕西西咸新区2017年"铁腕治霾·保卫蓝天"工作方案》(2017)
	《沣西新城城市生活垃圾分类三年行动方案》(2017)
	《沣西新城2017年臭氧治理专项行动方案》(2017)
	《沣西新城城市道路"以克论净 深度保洁"作业标准(试行)》(2017)
	《沣西新城城市治理工作考核办法》(2017)
	《沣西新城"烟头革命"实施方案》(2017)
	《陕西西咸新区2018年环境保护工作要点》(2018)
	《沣西新城2018年农作物秸秆综合利用和禁烧工作实施方案》(2018)
	《陕西西咸新区铁腕治霾打赢蓝天保卫战三年行动实施方案(2018～2020年)》(2018)
	《宜居环境建设总体实施方案》(2018)
青岛西海岸新区	《山东省青岛西海岸新区条例》(2017)
	《青岛西海岸新区(黄岛区)突发环境事件应急预案》(2017)
	《青岛市环境保护约谈办法(试行)》(2017)
	《青岛市"十三五"生态环境保护规划》(2017)
	《青岛市2017年大气污染综合防治工作方案》(2017)
	《青岛市市容和环境卫生管理条例》(2018)
大连金普新区	《大连市人民政府关于对公共机构和公共场所实行生活垃圾强制分类的通告》(2017)

续表

新区	政策文件
成都天府新区	《四川成都天府新区环境保护规划(2016～2030年)》(2017)
	《四川省"十三五"环保保护规划》(2017)
	《关于印发成都天府新区直管区环保百日攻坚十大行动实施方案的通知》(2017)
	《成都市生活垃圾焚烧项目运营监管办法》(2017)
	《成都市重污染天气应急预案(2017年修订)》2017)
	《成都市2018年大气污染防治工作行动方案》(2018)
湖南湘江新区	《长沙市环境保护工作责任规定(试行)》(2017)
南京江北新区	《南京江北新区第二次全国污染源普查实施方案》(2018)
	《南京江北新区大气污染防治行动计划2018年度实施方案》(2018)
	《南京江北新区2018年最严格水资源管理制度目标任务分解方案》(2018)
	《南京江北新区港口码头水污染防治行动实施方案》(2018)
	《南京江北新区环境总体规划(2017～2035)》
福建福州新区	《福州市"十三五"环境保护规划》(2017)
江西赣江新区	《江西赣江新区生态环境保护规划》(2018)
河北雄安新区	《河北雄安新区及白洋淀流域水环境集中整治攻坚行动方案》(2017)
	《河北雄安新区规划纲要》(2018)
	《河北省生态环境损害赔偿制度改革实施方案》(2018)
	《河北省地下水超采综合治理五年实施计划(2018～2022年)》(2018)

第二节　各新区环境保护政策存在的问题

各新区虽然已经在不同方面制定了相应的环境治理政策，环境治理效果也取得一定成效，但在推进环境保护与经济高质量发展融合方面，还存在一定的距离。尤其是国家级新区作为国家经济发展的重要引领，积极追求绿色GDP对整个国家追求绿色发展具有带头作用。通过对目前各新区环境政策的梳理总结，发现在政策制定和实施过程中还存在下列问题：一方面以政府命令—限制型政策为主。各新区在政策制定过程中，以政府命令式政策为主，以市场为主导的经济激励型政策和以民众监督为核心的公众参与型政策较少。该种政策结构使得参与人群较少，政策执行效果可能差强人意。另一方面新区在政策制定过程中的监管力度较小，使得下级部门和人员在执行过程中可能存在不作为和“搭便车”行为。最终结果是政策实施效果无法达到预期目标。

第三节　各新区环境保护政策完善建议

基于出现政策组合结构不平衡及监管力度不足的问题，政府应该为环境治理注入新的活力。环境治理不仅仅是政府的事，也是每一个人的事。政府需要进一步开放环境治理市场，让公众和企业参与进来。①明确排污单位治污主体责任和第三方治理责任，排污者承担污染治理主体责任，第三方治理单位依据合同履行相应义务。②加大政策的支持和引导力度，依据第三方治理机制和实施方式，支持第三方治理单位参与排污权交易。③鼓励排污企业、政府、第三方治理信息的公开。通过进一步开放环境治理市场，有助于实现排污单位达标排放和环境质量改善，促进环境污染治理向“市场化、专业化、产业化”转变，推动建立排污者付费、第三方治理的污染治理新机制，最终实现污染防治的有效性和稳定性。④完善环境治理过程中的奖励惩罚机制，落实每一部分政策执行的负责人员。增强民众环境保护意识，积极鼓励民众监督环境治理政策实施过程中出现的问题。

产业发展篇

近年来，国家级新区一直致力于改革创新，激发企业活力，在促进经济发展、扩大对外开放、推动改革创新中发挥了重要作用。各个新区在所在区域中都发挥了重要的带动和示范引领作用。国家级新区是重要的综合性经济功能区，地域宽广，规划范围一般涵盖开发区、高新区等园区，尤其是具有区域特色的园区，部分新区甚至包括综合保税区、自贸区、自主创新示范区等。各国家级新区都重视大众创业与万众创新相结合，积极发展新兴产业。本篇通过对 19 个国家级新区的产业规划、重点发展产业、新区内园区发展概况等进行梳理，让读者对新区内的产业现状有全面细致的了解。

第一章　产业布局

产业布局是对一个国家或者地区未来产业演化路径的预想，是建立在对一个国家或者地区的经济发展现状、要素禀赋、国际和国内产业发展态势，以及市场潜力等因素的理性分析和经验判断基础上，最终提出产业经济开发和空间布局的具体安排以及保障措施。①

本章主要对国家级新区产业规划中的产业布局和产业发展重点领域进行阐述，以期让读者对不同发展程度的国家级新区的产业重点发展领域有所了解。

一　上海浦东新区

在《关于浦东新区2017年国民经济和社会发展计划执行情况与2018年发展计划报告》中，对浦东新区2018年的产业发展进行了详细规划。2018年新区更加注重创新驱动，并以张江科学城为中心向外扩散，旨在聚焦现代化经济体系的建设，推进区域核心功能能级的加快提升。

（一）聚焦提升张江科学城建设集中度和显示度，强化创新驱动，推进科创中心核心功能区向纵深发展

把握新一轮科技革命和产业变革趋势，坚定不移地贯彻实施创新驱动发展战略，坚持科技创新和制度创新“双轮驱动”，积极主动抢占科技和产业制高点。重点聚焦“两大区域、五大支撑体系”，以全球视野、国际标准建设张江综合性国家科学中心，增强“磁效应”和“场效应”，加快构筑科创中心核心功能区基本框架。

（二）聚焦现代化经济体系建设，扩大服务功能，推进区域核心功能能级

① 黄幸婷、胡汉辉：《产业发展规划的范式研究》，《科学学与科学技术管理》2012年第9期。

加快提升

深化供给侧结构性改革，推动经济发展质量变革、效率变革、动力变革，率先建设现代化经济体系。大力发展新经济、培育新增长点、形成新动能。围绕构建以服务业为主体、战略性新兴产业为引领、先进制造业为支撑的现代产业体系，注重创新链、产业链、价值链整合，抓好战略招商和精准招商，进一步巩固发展实体经济，增强区域核心功能，努力抢占价值链中高端，持续提升浦东的吸引力、创造力、竞争力。

二　天津滨海新区

滨海新区在新的经济形势下，确定了智能制造、高端装备制造、新能源汽车、新一代信息技术、节能环保、现代金融、生命健康、文化创意等新八大重点产业，着力形成产业聚焦、创新驱动、功能集成的发展格局，形成新的经济增长点。

（一）智能制造：构建智能制造生态体系

在智能制造产业中，促进产业链、供应链、创新链、价值链融合发展，打造国家智能制造示范区，并依托开发区、保税区、高新区，重点发展高端数控机床、工业自动控制系统、3D 打印装备等产业，加快临港经济区智能装备产业园建设，配套发展中德企业创新中心、小企业孵化中心等。

（二）高端装备制造：航天、海洋共同发力

滨海新区同时具备空港和海港优势，在高端制造业方面也将结合地理位置的优势，着力发展航空航天和海洋工程装备。以空港经济区为重点，以开发区西区和滨海高新区为两翼，加快建设国内重要的民用飞机和零部件制造业基地、国家级大型宇航产品研制基地，打造空客亚洲中心。以临港经济区、南港工业区和天津港保税区为重点，加快建设国家级海洋工程装备基地。

（三）新能源汽车：2020年生产能力10万辆

2020 年，滨海新区新能源汽车年生产能力将达到 10 万辆。在关键技术方面，将围绕新能源汽车整车、电池、电机、电控四大领域，重点突破电池

储能、控制系统、驱动系统核心技术和关键技术。推进智能汽车技术创新，加快突破车载智能系统关键技术，支持开展全速自适应巡航、自动紧急制动以及无人驾驶等技术攻关，支持发展驾驶辅助、部分自动驾驶以及高度自主驾驶技术。

（四）新一代信息技术：百亿亿次超级计算中心

滨海新区将加快国家新一代 E 级计算机样机研制项目建设，做强国产飞腾 CPU。特别是“天河三号”百亿亿次超级计算中心，做优高性能计算与存储产业，推动国产麒麟操作系统产业化，促进移动互联网深度开发利用。同时，支持大数据存储、管理、分析发掘等软件开发，发展海量数据存储、大数据一体机等装备制造。依托中科智能识别、中兴通信等项目，推进自主物联网技术产业化。

（五）节能环保：聚集海水淡化装备制造上下游企业

滨海新区将大力发展节能汽车、工业节能装备、绿色电池等装备。延伸石化产业链，发展环保材料、可降解产品等环保化工产品。引导大气、水、固体废弃物等污染防治和海水淡化装备制造上下游企业集聚。提高大港电厂海水淡化供应能力，大力发展循环经济，以汽车零部件、工程机械、金属制品及包装物等再制造为重点，实现制造与修复、回收与利用、生产与流通有机结合。推进北疆电厂电水盐联产循环经济产业链示范工程。

（六）现代金融：打造金融集聚新高地

2020 年滨海新区全区在沪深两市上市企业将力争达到 40 家，新三板挂牌企业达到 150 家，企业资产证券化率达到 40%。具体来说，将以中心商务区为核心，积极引进设立银行、证券、保险等各类金融机构总部和分支机构。在保持滨海新区传统优势上，还将继续加快国家租赁示范区建设，推动东疆保税港区开展国际航运金融试点和租赁业务创新试点，大力发展东疆租赁产业投资母基金。积极利用“金改 30 条”融资租赁创新政策，拓宽企业跨境融资渠道。

（七）生命健康：建成覆盖全生命周期产业体系

到 2020 年，滨海新区将基本建成覆盖全生命周期产业体系，产值达到

1000 亿元。大力发展人工器官及植（介）入器械制造、生物药品制造等产业，提高生物医药产业集中度。加快重大新药创制，推动合成生物技术创新平台建设，鼓励生物技术药物、化学药物、中药等新产品与新工艺开发。推广“互联网+医疗”，完善健康大数据、医疗云等智能服务。

（八）文化创意：加快数字新媒体发展

发挥国家级文化和科技融合示范基地、国家动漫产业综合示范园、中国天津 3D 影视创意园区等国家级文化产业示范园区作用，滨海新区将继续打造集影视动漫、广告传媒、图书出版、数字文娱四大领域为一体的产业集群。建设艺术衍生品基地和国际艺术品仓储物流展示交易中心，加快数字新媒体、文化金融、文化贸易、艺术品产业发展。

三　重庆两江新区

按照规划，“十三五”期间，两江新区在产业和城市功能布局上，重点建设“六城八园”，促进人口、产业集聚。

（一）六大城市功能组团

龙盛产业新城规划 178 平方公里，集聚人口 80 万；水土高新城规划 60 平方公里，集聚人口 40 万；礼嘉商务旅游城规划 40 平方公里，集聚人口 30 万；悦来会展城规划 18.67 平方公里，集聚人口 20 万；照母山科技创新城建成 35 平方公里，集聚人口 40 万；江北嘴金融城建成 5 平方公里，集聚人口 2 万。

（二）八大产业集聚平台

包括保税加工贸易产业园、智能制造产业园、国际汽车产业园、电子信息产业园、通用航空产业园、生物医药产业园、互联网产业园、服务贸易产业园等“八园”。

四　浙江舟山群岛新区

浙江舟山群岛新区海洋产业集聚区是浙江省委省政府重点打造的 15 个省级产业集聚区之一，规划定位建设成为我国海洋综合开发示范区、长三角主要的海洋产业集聚发展区和浙江海洋经济发展引领区。集聚区核心区介绍如下。

（一）舟山高新技术产业园区

舟山高新技术产业园区是浙江省级高新技术产业园区，规划总面积约27.5平方公里。已形成以高端临港工业、海洋医药（保健品）、海洋食品制造、新能源汽车零部件、精密机械制造为核心的五大支柱产业；未来还将布局高端临港装备制造、清洁能源、物流集散、航空配件制造、海洋电子信息等产业板块。

（二）舟山港综合保税区

舟山港综合保税区于2012年9月29日经国务院正式批复设立，属于我国目前保税层次高、政策优惠、功能齐全、区位优势明显的海关特殊监管区。功能定位为“一中心、两基地”，“一中心”指建设成为我国大宗商品的国际物流配送中心，“两基地”指建设成为富有特色的现代海洋产业基地、我国重要的进口商品基地。

五　甘肃兰州新区

（一）空间布局突出长远发展

按照“产业集聚、组团分布、北工南居、产城融合”的总体布局，兰州新区未来将形成“两区八园两通廊”的空间结构。“两区”指中心城区和综合保税区，“八园”指石油化工产业园、新材料产业园、现代物流产业园、生物医药产业园、科教产业园、装备制造产业园、航空产业园和文化旅游产业园，“两通廊”指连接新老城区的东西通廊。

（二）产业结构突出高端集群

围绕打造“国家重要的产业基地和承接产业转移示范区”，大力实施一产倍增计划、推动二产跨越式发展、实现三产倍数增长，不断完善新区现代产业新体系，着力构建企业小循环、产业中循环、区域大循环的循环经济发展格局，不断推动一、二、三产融合发展。

（三）产城融合突出服务完备

按照“以产促城、以城兴产”的发展思路，着力构筑功能完备的现代化基础设施网络，加快完善教育、医疗、商贸、交通、文化旅游等公共服务设施，推动产业布局、城市发展和生态建设同步推进、良性互动，实现产业与城市融合发展、人口与产业协调集聚。

六　广州南沙新区

（一）四大特色功能组团

南沙新区面积共803平方公里，依区位组团分为“一核四区”。根据《广州南沙新区发展规划（2012～2025）》，南沙新区落实主体功能定位，形成中部、北部、西部、南部四大特色功能组团。

1. 中部组团

总面积约220平方公里，由城市综合服务区、合作配套区、明珠湾城和岭南“钻石水乡”示范区四个功能区块组成，围绕核心湾区（由明珠湾城和合作配套区组成）进行布局，与港澳合作共建高端商贸、特色金融和专业服务、科技研发、总部经济和文化创意产业。

2. 北部组团

总面积约130平方公里，围绕庆盛枢纽进行布局，由教育培训和研发成果转化区、高新技术产业园区和汽车制造基地三个功能区块组成。发展粤港澳教育、医疗和科技优势，重点发展高技术服务业、教育培训业、高新技术产业、高端医疗产业和汽车制造业。

3. 西部组团

总面积约190平方公里，由高端装备制造业区、岭南文化旅游区、都市型现代农业区三个功能区块组成。利用岭南水乡文化和生态农业景观基础，重点发展都市型现代农业、文化旅游业；依托广州重大装备制造基地，重点发展高端装备及重型装备制造业。

4. 南部组团

总面积约260平方公里，围绕万顷沙交通枢纽进行布局，由南沙、海洋高新技术产业基地、生态保护与度假疗养区三个功能区块组成。依托港口和保税港区，重点发展船舶制造、海洋工程等临港产业和航运及保税物流、商贸会展、生态疗养、离岸数据服务等产业。

（二）七大功能片区

中国（广东）自由贸易试验区广州南沙新区片区总面积60平方公里（含广州南沙保税港区7.06平方公里），共7个区块，分为中心板块、海港板块、庆盛板块。

1. 蕉门河中心区区块

作为境外投资综合服务区，面积共3平方公里，区域内重点发展商务服务产业、培育外贸新业态，集聚中小企业总部。

2. 明珠湾起步区区块

作为金融商务发展试验区，面积共9平方公里，区域内重点发展总部经济、金融服务和商业服务。

3. 南沙湾区块

作为国际科技创新合作区，面积共5平方公里，区域内重点发展科技创新、文化创意、服务外包和邮轮游艇经济。

4. 万顷沙保税港加工制造业区块

作为国际加工贸易转型升级服务区，面积共10平方公里，区域内重点发展加工制造、研发孵化、数据服务、电子商务、检测认证服务等生产性服务业。

5. 海港区块

作为国际航运发展合作区，面积共15平方公里，区域内重点发展航运物流、保税仓储、国际中转、国际贸易、大宗商品交易、汽车物流等航运服务业。

6. 南沙枢纽区块

作为粤港澳融合发展试验区，面积共10平方公里，区域内重点发展资讯科技、金融后台服务、科技成果转化、专业服务等。

7. 庆盛枢纽区块

作为现代服务业国际合作区，面积共8平方公里，区域内重点发展商贸会展、国际投融资、教育培训、健康服务、文化创意、科技研发等综合服务。

七　陕西西咸新区

2018年5月31日，陕西省西咸新区规划建设局发布《西咸新区控制性详细规划》，规划范围为西咸新区全局，西起西咸北环线及涝河入渭口，东至包茂高速，北至西咸北环线，南至京昆高速，规划区范围882平方公里，规划城乡总建设用地360平方公里，其中城市建设用地272平方公里。以资源环境承载能力为硬约束，形成“一心双轴、一河五组团”的空间结构。

“一心”指现代化大西安新中心中央商务区。

“双轴”：创新发展轴指南北纵观沣东新城、秦汉新城、空港新城的现代化大西安新中心新轴线；“丝路经济轴”指对接红光大道、西安东西向轴，串联西安市主城区中心与大西安新中心核心区的城市次轴线。

“一河”：以渭河为纽带，着力构建横贯东西的大西安生态长廊。

“五组团”：空港新城、沣东新城、秦汉新城、沣西新城、泾河新城五个新城组团（见表1-1）。

表1-1　陕西西咸新区十大产业园区分布

五组团	重点产业园区
空港新城	综合保税区B区、临空产业园区
沣东新城	国家统筹科技资源示范区、六村堡新加坡产业园
秦汉新城	五陵塬文化产业园区、周陵新兴产业园区
沣西新城	信息服务产业园区、国际文教园区
泾河新城	现代物流园区、地理信息产业园区

（一）西咸新区五大产业园区

1. 空港新城

规划范围141平方公里。主体功能是建设西部地区空港交通枢纽和临空产业园。以临空产业为主，重点发展空港物流、飞机维修、国际商贸、现代服务业等产业。

2. 沣东新城

规划范围 161 平方公里，其中遗址保护区面积 13.3 平方公里。主体功能是建设西部地区统筹科技资源示范基地和体育会展中心。以高新技术为主，重点发展高新技术研发、体育、会展商务、文化旅游等产业。

3. 秦汉新城

规划范围 291 平方公里，其中遗址保护区面积 104 平方公里。主体功能是建设具有世界影响的秦汉历史文化聚集展示区和西安国际化大都市生态田园示范新城。以生态、文化和商业为主，重点发展秦汉历史文化旅游、金融商贸、总部经济、都市农业等产业。

4. 沣西新城

规划范围 143 平方公里，其中遗址保护区面积 8.6 平方公里。主体功能是建设西安国际化大都市的新兴产业基地和综合服务副中心。重点发展信息技术、新材料、物联网、生物医药等战略性新兴产业，以及行政商务、都市农业等产业。

5. 泾河新城

规划范围 146 平方公里。主体功能是建设西安国际化大都市统筹城乡发展示范区和循环经济园区。以低碳产业为主，重点发展节能环保、高端制造业、测绘、新能源等产业。

（二）西咸新区十大产业园区

1. 空港新城综合保税区

占地 2 平方公里，重点发展保税加工、保税物流、保税仓储等基本功能的同时，集现代物流、高端产业和服务产业、国际贸易为一体，打造面向欧亚、辐射全球的世界一流综合保税区。

2. 空港新城临空产业园区

重点发展航空物流、商务会展、电子信息等临空产业集群，建设以枢纽空港为依托，服务西北乃至全国的国际化临空经济中心。

3. 沣东新城统筹科技资源示范园区

规划用地 10 平方公里，重点发展公共科技服务、高科技研发和创业孵化、高技术企业总部经济和高端生产性服务等产业，将成为“面向全球”的科技资源聚集基地。

4. 沣东新城新加坡现代产业园区

占地 1200 亩，重点针对以电子信息、太阳能光伏、机电制造、物联网等为主的战略性新兴产业，规划引入 200 家以上世界 500 强企业及欧美、日本、韩国等区域行业龙头企业。

5. 秦汉新城周陵新兴产业园区

总规划面积 973 公顷，目前已入区的相关项目有 16 个，总投资 110 亿元。在“十二五”期间，将引入相关产业项目 80 个，总投资 300 亿元，实现产值 500 亿元。

6. 秦汉新城五陵塬文化产业园区

在渭河北岸的百里帝陵保护带内，建设世界最大的文化遗址保护公园、都市森林景观区及由若干文化小镇组成的创意文化产业园。

7. 沣西新城信息服务产业园区

以组团式、园区式、集约化发展模式，大力发展信息技术研发、信息设备制造和软件产业，形成完整的信息产业集群。

8. 沣西新城国际教育文化园区

占地约 9 平方公里，园区由 3 ~4 个文教园区小镇构成，沿沙河两岸布局。项目将打造成为集国际文化、国际教育、国际交流为一体的知名文教园区。

9. 泾河新城地理信息产业园区

依托大地原点，建设以原点文化旅游、地理知识科普教育为主，集娱乐性、参与性为一体的地理信息科教博览区以及地理信息相关产品的研发制造区、测绘产业园区。

10. 泾河新城物流交易园区

占地约 6 平方公里，主要依托包茂高速复线建设工程，建设成为覆盖中西部、辐射全国、联通世界的内陆型现代公路物流中心。

八　贵州贵安新区

根据《贵州贵安新区总体规划（2013～2030年）》，新区规划了核心职能集聚区（贵安生态新城、马场科技新城、天河潭新城、花溪大学城、清镇职教城）、特色职能引领区（平坝新城、乐平产业功能区、蔡官产业功能区）、文化生态保护区（屯堡村寨群落、手工艺遗产群落、水脉林盘群落、滨湖湿地群落）三大功能区，同时，规划了八大产业园区和综合保税区，重点打造大数据、高端电子信息制造、高端特色装备制造、高端文化旅游养生、高端服务业等现代产业集群。①

近年来，贵安新区坚持以大数据为中心竞争力，以电子信息工业、高端装备制造工业、大健康医药工业、文明旅行业、现代效劳业②等五大主导工业为渠道，主动出击、精准对接，招商引资获得显著成效。

九　青岛西海岸新区

青岛西海岸新区是我国重要的先进制造业基地和海洋新兴产业集聚区，培育形成了航运物流、船舶海工、家电电子、汽车制造、石油化工、机械装备六大千亿级产业集群。青岛西海岸新区秉持“陆海统筹、东西统筹、城乡统筹”，着力构建“一核、两港、五区”总体发展格局。

“一核”：中央商务区，规划面积30平方公里，以高端商务、科技创智、会展旅游为主导，打造东北亚国际金融、航运与数据中心，建设创新高效、低碳生态的智慧新城。

“两港”：前湾港和董家口港，使新区实现“港口裂变、产业聚变”。前湾港以国际集装箱中转为主业；董家口港以国家能源资源储备、大宗货物交易为特色，形成两港联动、梯次升级之势。

---

① 《贵安新区总体规划（2013～2030）》。

② 现代效劳是指围绕制造业、文明工业、现代物流工业等供给技术性、常识性效劳的事务劳动，包含研制和技术效劳、信息技术效劳、文明构思效劳、物流辅佐效劳、租借效劳、鉴证咨询效劳、播送影视效劳、商务辅佐效劳和其他效劳。

“五区”：国家级前湾保税港区，海关监管区面积 11.74 平方公里，拓展区面积 53 平方公里。在前湾港、董家口两港均有布局，叠加口岸功能与保税功能，国家已批准汽车整车进口保税业务，并正在向自贸区试验区挺进。

十　大连金普新区

大连金普新区为提升产业国际竞争力，充分利用现有产业基础和研发能力，发挥临港靠海区位优势，推进制造业与服务业、工业化与信息化深度融合，加快传统产业升级改造，大力发展战略性新兴产业，延伸产业链条，打造区位特色突出、国际竞争力强的产业集群。形成了五大产业集群：以集成电路研发设计和加工制造为核心，打造国际一流的电子信息产业集群；以生物制药、新材料、新能源产业为核心，打造战略性新兴产业集群；以数控机床及关键件、专用设备、汽车及零部件制造为核心，打造高端装备制造业集群；以空海航运、保税物流、国际贸易、现代商务、科教研发、创意设计、金融保险为核心，打造现代生产性服务业集群；以休闲购物、旅游度假、影视娱乐为核心，打造高端生活服务业集群。

十一　成都天府新区

成都天府新区按照“产业高端、布局集中”的原则，根据区域自然特点、资源环境承载力、土地利用和城乡规划布局、产业发展定位等，形成产城融合的“一带两翼、一城六区”。

（一）“一带两翼”

1.“一带”

高端服务功能集聚带：成都天府新区中轴线向南延续，并向东延伸至龙泉山边，沿线主要布局金融商务、科技研发、行政文化等高端服务功能集聚带。

2.“两翼”

东西两翼产业功能带：西翼以成（都）眉（山）乐（山）产业走廊为

基础，打造成（都）眉（山）高技术和战略性新兴产业集聚带；东翼以成都经济技术开发区为基础，打造现代制造产业功能带。

（二）“一城六区”

1. “一城”——天府新城

集聚发展中央商务、总部办公、文化行政等高端服务功能，建设区域生产组织和生活服务主中心，为专业功能区提供完善的生产生活配套服务。

2. “六区”

成（都）眉（山）战略性新兴产业功能区：依托成都新材料产业集聚区、成（都）眉（山）合作工业园区，形成以新材料、高端装备制造、节能环保等为代表的战略性新兴产业集聚区；利用彭祖山、黄龙溪和锦江等资源布局文化旅游、休闲度假、健康养生等现代服务业（见表1－2）。

表1－2　成都天府新区“六区”产业发展重点

六区	发展重点
成眉战略性新兴产业功能区	战略性新兴产业集聚区、现代服务业
空港高技术产业功能区	电子信息、新能源、生物产业
龙泉现代制造产业功能区	汽车制造、装备制造
创新研发产业功能区	重点布局企业创新总部，吸引科技成果转化、孵化中试等集聚发展
南部现代农业科技功能区	农业社会化服务、农产品深加工、现代种业
“两湖一山”国际旅游文化功能区	休闲度假、会议展览、文化交流

空港高技术产业功能区：依托双流电子信息产业集聚区、西航港产业区等，形成以电子信息、新能源、生物产业等为代表的高技术产业集聚区。

龙泉现代制造产业功能区：依托成都经济技术开发区和龙泉驿老城区布局，支撑跨龙泉山联动发展格局，形成以汽车制造、装备制造等为代表的现代制造业产业集聚区。

创新研发产业功能区：在天府新区铁路新客站以南、第二绕城高速公路以北，重点布局企业创新总部，吸引科技成果转化、孵化中试等集聚发展。

南部现代农业科技功能区：在天府新区南部重点发展都市现代农业，大力开展农业社会化服务，布局农产品深加工、现代种业等项目，形成农业产业化、现代化的重要基地。

“两湖一山”国际旅游文化功能区：深入发掘优秀的人居文化传统，突出生态田园城市新区特色，利用龙泉湖、三岔湖、龙泉山打造国际旅游目的地，重点发展休闲度假、会议展览、文化交流等。

十二　湖南湘江新区

2018 年 12 月 1 日，湖南湘江新区管委会正式公布《湖南湘江新区“十三五”发展规划》。在产业发展方面，构建“两走廊”（湘江西岸现代服务业走廊、319 国道战略性新兴产业走廊）和“五基地”（自主创新引领基地、先进制造业发展基地、总部经济集聚基地、生态旅游休闲基地、现代都市农业示范基地）的产业发展空间布局，实施制造业“521”工程，重点发展先进装备制造、智能装备制造、新材料、新一代电子信息、食品精深加工等五大千亿元产业集群，生物医药与健康、新能源与节能环保等两大 500 亿元产业集群，家纺服装等一个 200 亿元产业集群，打造具有国际竞争力的高端制造研发转化基地。

聚焦高端装备与人工智能、先进储能材料、基因工程和生命技术、信息终端、3D 打印与工业机器人等高端制造业，以及移动互联网、现代金融、文化旅游等现代服务业，构建新区“5 + 3”产业格局。着力培育现代金融、旅游休闲、文化创意等七大服务业基地，打造中部一流、国内领先的创新创意产业集聚区和区域性现代服务业中心。“十三五”期间，服务业增加值年均增长 17%，到 2020 年，增加值将超过 1100 亿元。

十三　南京江北新区

东部：重点发展重化工业、特色环保设备、水处理成套设备、电子电力产品等产业。

西部：重点发展以汽车及其零部件、轨道交通为核心的产业。

滨江：重点发展现代服务业、总部经济、航运物流、港口贸易。

沿山丘陵地区：发展生态旅游、休闲、生态农业。

中部：重点发展科技创新、生产性服务业、高新技术产业等等。

十四　福建福州新区

中部片区：为新区核心区，与福州主城区构成市域双核，重点发展现代商贸、金融、科技研发、总部经济等高端服务业。

南部片区：按照港城模式组织内部空间布局，发挥港口优势，依托江阴、松下港区建设，重点发展临港重化工、电子信息、机械制造、新能源、航运物流产业。

北部片区：围绕交通枢纽布局，重点发展滨海休闲度假、航运物流、特色都市农业等产业。

十五　云南滇中新区

滇中新区是滇中产业聚集区的核心区域，拥有嵩明杨林经济技术开发区、昆明空港经济区等多个国家级、省级重点园区和安宁国家级重点石油化工基地，形成了装备制造、汽车、石油化工、电子信息、保税物流等一批优势产业，产业支撑和带动作用明显。

依托新区优越的地理环境和生态条件，凭借长水国际机场人流物流资源，大力发展基础服务（包括通信服务和信息服务）、生产和市场服务（包括金融会计、物流、批发、电子商务以及中介和咨询等专业服务）、个人消费服务（包括教育、医疗保健、住宿、餐饮、文化娱乐、旅游、房地产、商品零售等）、公共服务（包括政府的公共管理服务、基础教育、公共卫生、医疗以及公益事业信息服务）等现代服务业。

十六　黑龙江哈尔滨新区

哈尔滨新区将依托现有产业基础，按照“3 + 3”产业发展思路，着力打造高端装备制造业、绿色食品产业、新一代信息技术产业 3 个千亿级产业集群和发展壮大生物医药、新材料、旅游文化时尚等 3 个战略性新兴产业，推动产业项目集聚向产业集群构建转变，大力实施创新驱动发展战略，积极探索老工业基地转型发展新路径。积极探索“多规合一”试点，推进统一规划平台建设，以规划引领新区各功能组团建设，推动空间分散布局向功能集合再造转变。

打造松北科技创新组团。重点以万鑫石墨、清华万博、哈工大科学工程、宝力慧谷等项目为牵动，规划建设占地 15 平方公里的战略性新兴产业区。以科技创新城核心区和万达文旅城为中心，规划建设占地 20 平方公里的科技商务中心。以松花江沿线奥体中心、大剧院、枫叶小镇奥特莱斯等为支撑，规划建设综合性文化商贸旅游带。

打造利民大健康产业组团。重点建设 5 平方公里的绿色食品园、9 平方公里的商贸物流园，加快形成以绿色食品、生物医药为主导的健康产业发展新格局。突出抓好 32 平方公里的松花江避暑城建设，依托优良生态资源，大力发展健康管理、医养结合、候鸟式养老等产业。

打造哈南现代制造业组团。重点建设 5 平方公里的中国云谷新一代信息技术产业园和 3 平方公里的机器人产业园，加快促进航空、汽车和新能源汽车、新一代信息技术、智能装备等产业集聚发展。

十七　吉林长春新区

根据新区资源环境承载能力、现实基础和发展潜力，围绕战略定位和产业布局，构建“两轴、三中心、四基地”的发展格局（见表 1－3）。

长春新区所辖四个开发区的具体定位如下。

长春高新技术产业开发区位于长春市南部，是一处建成区，是国家级开发区，是长春新区申报的基础。这个区的规划特点是开发区职能转型，主要有两项任务：一是都市产业升级，主要是加强创意与软件、光电、医药、汽车等优势产业升级；二是国家级开发区转型，重点是加强公共服务设施网络

表1－3 长春新区“两轴、三中心、四基地”发展格局情况

	涵盖范围	发展方向
“两轴”	哈长战略性新兴产业发展轴	依托哈大经济走廊，重点发展高端装备制造、生物医药、新材料、新能源等战略性新兴产业，规划建设一批新兴产业园区，构筑带动哈长、辐射东北的战略性新兴产业发展轴
	长吉高端服务业发展轴	依托长吉图国际合作走廊，大力发展高技术服务、现代物流、文化创意、旅游休闲、养老健康等现代服务业，打造立足长吉、面向东北亚的高端服务业发展轴
“三中心”	科技创新中心	依托与中国科学院合作建设的长东北科技创新综合体，进一步完善光电子、新材料、新能源、生物医药、生态农业等五大专业技术平台和政务、金融、信息、人才、科技企业孵化、知识产权及国际合作等七大公共服务平台，组建高技术产业技术创新战略联盟，集中力量实施重大创新工程，推进关键核心技术取得新的突破，加快形成科研项目孵化基地、科技成果转化基地、中小企业培育基地和企业上市融资基地，打造长吉图科技创新中枢
	国际物流中心	依托与中国铁路总公司合作建设的大型铁路综合货场，与长春兴隆综合保税区功能互补、联动发展，畅通陆海联运通道，发展跨国物流、内贸外运新模式，形成吉林省对外开放的内陆港口和长吉图区域重要的物流枢纽
	国际交流与合作中心	依托长春空港周边区域良好的区位优势，抓住中韩自贸区建设有利机遇，搭建文化交流、科技合作、金融创新、国际会展等开放平台，促进东北亚各国人文交流与经贸合作
“四基地”	高技术产业基地	依托长春高新技术产业开发区创新资源富集及高新技术产业集聚优势，重点发展光电子、生物医药、电子商务、文化创意、软件及服务外包等新兴产业，打造区域发展创新引擎
	先进制造产业基地	依托长东北创新产业园区先进制造业发展基础，实施“互联网＋”协同制造，促进新一代信息技术与制造业深度融合，重点发展汽车、轨道交通、通用航空、智能机器人等先进制造业，推动制造业向中高端发展
	临空经济产业基地	以龙嘉国际机场为中心，重点发展运输业、航空综合服务业及物流配送、商务餐饮等配套产业，不断扩大聚集与辐射带动作用，打造服务东北、辐射东北亚的临空产业经济区
	健康养老产业基地	依托长春空港周边区域优良的生态资源，建设运动员训练基地、休闲旅游度假基地、健康养老基地，大力发展旅游休闲、健康养老等现代服务业，打造健康养老产业集群

资料来源：《长春新区发展总体规划（2016～2030）》。

建设，加强轨道交通的基础设施建设，加强文化和多元魅力空间的融入，成为东北地区高新技术产业基地、长春市西南部生态宜居的综合型新城区、产城融合示范区。

长春北湖科技开发区重点打造东北亚国际陆港和物流枢纽，东北亚科技创新与交流中心，高端装备制造、新材料新能源、生物医药产业基地，生态旅游休闲区。

长春空港经济开发区覆盖面积363平方公里，既有吉林省最大的航空港，又拥有吉林省中部最优质的生态资源，重点建设东北亚国际航空港和物流枢纽、东北亚国际合作综合服务中心、国际绿色健康产业基地，成为独具特色的东北亚区域开放与合作的核心区、中国北方生态智慧城市示范区。在设计上，打造流动绿色生命网络+活力单元的三翼共生的空间结构。

长德经济开发区是以现代农业、先进装备制造业为支撑的产业集聚区：一是航空产业园，二是引入了亚太农业与食品检测中心及产业园，不仅有基地型的产业，更有检测检疫的平台，能够助推吉林省的主导产业走向世界。另外，长德经济开发区有着很好的生态资源，雾海河和春明湖在这个区，能够发展养老产业和旅游产业等。

十八　江西赣江新区

赣江新区坚持走“特色化发展、专业化服务”道路，努力把新区建设成为绿色金融示范区、金融生态集聚区、金融服务功能区、产融结合样板区。

绿色金融示范区：推进赣江新区绿色金融改革创新，探索绿色金融促进经济结构调整、助推生态经济发展的有效途径和方式，为全省生态文明先行示范区建设提供金融支撑，为全国绿色金融建设提供中部示范样本。

金融生态集聚区：积极打造金融全牌照的生态集聚区，吸引门类齐全、功能完善的各级各类银行、证券、保险、基金、期货等金融机构、新兴金融业态以及相关中介服务机构进驻，金融业集群发展的生态圈初步形成。

金融服务功能区：加快建立各类要素交易市场，打造金融呼叫中心、制卡中心、移动大数据中心、备份中心、研发中心等金融配套服务共享平台，建立金融人才培训基地。

产融结合样板区：立足新区优势产业，发挥投、贷、债、租、证、保等金融服务的协同作用，促进新区产业快速发展和创业创新，以产促融、以融助产，实现产业和金融的良性互动。

十九　河北雄安新区

雄安新区规划范围包括雄县、容城、安新三县行政辖区（含白洋淀水域），任丘市鄚州镇、苟各庄镇、七间房乡和高阳县龙化乡，规划面积1770平方公里。雄安新区选择特定区域作为起步区先行开发，在起步区划出一定范围建设启动区，条件成熟后再有序稳步推进中期发展区建设，并划定远期控制区为未来发展预留空间。

（一）“一主、五辅、多节点”

“一主”即起步区，选择容城、安新两县交界区域作为起步区，是新区的主城区，按组团式布局，先行启动建设。

“五辅”即雄县、容城、安新县城及寨里、昝岗五个外围组团，全面提质扩容雄县、容城两个县城，优化调整安新县城，建设寨里、昝岗两个组团，与起步区之间建设生态隔离带。

“多节点”即若干特色小城镇和美丽乡村，实行分类特色发展，划定特色小城镇开发边界，严禁大规模开发房地产。

（二）起步区空间格局：“北城、中苑、南淀”

“北城”：充分利用地势较高的北部区域，集中布局五个城市组团。

“中苑”：利用地势低洼的中部区域，恢复历史上的大溵古淀。

“南淀”：南部临淀区域，塑造传承文化特色、展现生态景观、保障防洪安全的白洋淀滨水岸线。

（三）发展高端高新产业

承接北京非首都功能疏解。明确承接重点，营造承接环境。

明确产业发展重点：新一代信息技术产业、现代生命科学和生物技术产业、新材料产业、高端现代服务业、绿色生态农业。对符合发展方向的传统产业实施现代化改造提升，推进产业向数字化、网络化、智能化、绿色化发展。

打造全球创新高地：搭建国际一流的科技创新平台、建设国际一流的科技教育基础设施、构建国际一流的创新服务体系。

完善产业空间布局：坚持产城融合、职住均衡和以水定产、以产兴城原则，采取集中与分散相结合的方式，推动形成起步区、外围组团和特色小城镇协同发展的产业格局。

第二章　产业规模与结构

城市产业结构是指城市经济中各类业的构成与各产业之间量的比例和质的联系的总和。产业是城市经济的基础，城市的经济功能总是建立在一定的产业结构之上的。产业结构演进是资源配置并追求经济总体水平提高的过程，产业结构随经济增长而变动，并且反过来作用于经济增长。产业结构越合理，城市的经济实力越强，对周边区域产生的集聚效应和扩散效应就越明显。本章通过对比各个新区及其所在省市近年来三次产业总值增长率和三次产业占比数据，分析各个新区及其所在省市产业结构的变化和现状，以期让读者了解各新区的产业结构现状及其经济发展的潜在空间。

一　上海浦东新区

2017 年，浦东新区在产业结构优化方面，取得重大突破。从表 2 - 1、图 2 - 1 可以看出，第一产业的增长率依然为负。第二产业产值大幅增加，增长率为 11. 82% 。第三产业产值虽然仍在不断增长，但相比 2016 年增长率有所下降。2017 年，浦东新区的经济增长以第三产业拉动为主，保持着“三、二、一”的产业格局。经过多年的经济发展，浦东新区的产业结构更为优化。

此外，2016 年浦东新区全区规模以上工业企业 1647 家。工业总产值占全市工业总产值的 28. 1% 。其中，中央工业产值 2078. 46 亿元，市属工业产值 2152. 47 亿元，非中央和市属工业产值 5052. 22 亿元。工业总产值中，外商及港澳台投资企业产值 6038. 65 亿元，占新区工业总产值的 65. 05% 。工业出口交货值 2836. 93 亿元，工业产品销售率 99. 8% 。电子信息产品制造

表 2－1　2013～2017 年浦东新区三次产业变化情况

单位：亿元，%

年份	第一产业		第二产业		第三产业	
	总量	增长率	总量	增长率	总量	增长率
2013	31.28	－8.80	2262.39	2.40	4155.01	14.40
2014	29.73	－4.50	2319.38	3.40	4760.63	12.70
2015	26.92	－14.80	2186.52	2.70	5684.91	12.50
2016	24.39	－9.40	2167.31	－0.88	6540.14	15.04
2017	21.70	－12.40	2423.56	11.82	7206.13	10.18

资料来源：浦东新区统计年鉴、上海市统计年鉴。

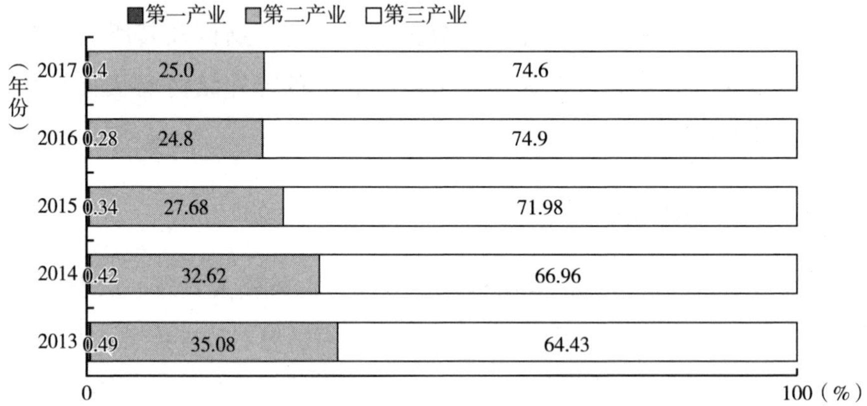

图 2－1　浦东新区 2013～2017 年三次产业占比

业、汽车制造业、成套设备制造业三大支柱产业工业产值分别为 2596.46 亿元、1730.04 亿元和 1168.31 亿元。生物医药制造业、航空航天制造业、新能源三大新兴产业工业产值分别为 418.58 亿元、11.91 亿元和 88.02 亿元。外商直接投资合同项目 2760 个，合同金额 350.65 亿美元。外商直接投资实际到位资金 70.36 亿美元。年末实有外资注册企业 2.26 万家。新增内资企业 4 万家，新增内资总注册资本 7723 亿元。全年外贸出口额 6192.40 亿元，比上年增长3.9%，占全市出口总额的51.2%。外贸进口总额1.14万亿元，比上年增长4.77%，占全市进口总额的68.9%。①

二 天津滨海新区

2017年，经初步核算，滨海新区地区生产总值可比增长6.0%。其中，第一产业下降0.3%，第二产业增长1.7%，第三产业增长11.5%。三次产业结构为0.1∶59.3∶40.6，经济结构得到进一步优化。滨海新区2012～2017年三次产业变化情况如表2－2所示。

表2－2 2012～2017年滨海新区三次产业变化情况

单位：亿元，%

年份	第一产业		第二产业		第三产业	
	总量	增长率	总量	增长率	总量	增长率
2012	9.36	2.90	4857.76	21.90	2338.05	16.10
2013	10.07	2.90	5403.03	17.80	2607.30	16.70
2014	10.10	3.20	5828.43	16.40	2920.77	13.50
2015	11.39	3.30	5796.34	13.70	3463.58	11.20
2016	11.81	2.30	5943.76	11.40	4046.74	10.10
2017	11.46	－0.30	6594.20	1.70	4512.12	11.50

资料来源：天津市滨海新区国民经济和社会发展报告。

从图2－2可以发现，滨海新区2012～2017年，第一产业的增长幅度波动不是很大，所占比重不是很大；第二产业与第三产业所占比重的代数和几乎达到了100%。以工业为主的第二产业增长率从2016年的11.40%急剧下降为2017年的1.70%，对新区经济的贡献总量从2016年的5943.76亿元增长至6954.20亿元，说明滨海新区下决心对第二产业进行产业转型。第二产业的经济贡献水平仍然很高。新区以现代服务业为主的第三产业增速减缓，但总量突破4500亿元的大关，这离不开第三产业现

① 《上海市国民经济和社会发展统计公报》。

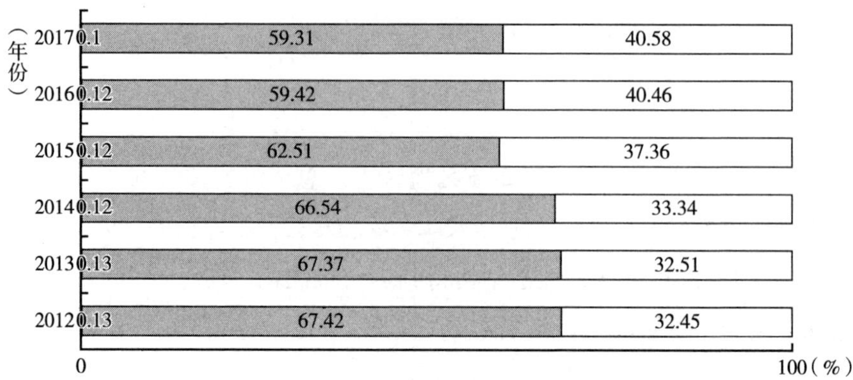

图 2－2　2012～2017 年滨海新区三次产业占比

代服务业的迅猛发展。

在本部分的分析中，通过研究新区所在省市的三次产业总量、增长率及占比状况，进一步说明国家级新区的发展力度及态势。2017 年，全市生产总值（GDP）18595.38 亿元，按可比价格计算，比上年增长 3.6%。其中，第一产业增加值 218.28 亿元，增长 2.0%；第二产业增加值 7590.36 亿元，增长 1.0%；第三产业增加值 10786.74 亿元，增长 6.0%（见表 2－3）。三次产业结构为 1.2∶40.8∶58.0。

表 2－3　2012～2017 年天津市三次产业变化情况

单位：亿元，%

年份	第一产业		第二产业		第三产业	
	增加总量	增长率	增加总量	增长率	增加总量	增长率
2012	171.54	3.0	6663.68	15.2	6049.96	12.4
2013	188.45	3.7	7276.68	12.7	6905.03	12.5
2014	201.51	2.8	7765.91	9.9	7755.03	10.2
2015	210.51	2.5	7723.6	9.2	8604.8	9.6
2016	220.22	3.0	8003.87	8.0	9661.30	10.0
2017	218.28	2.0	7590.36	1.0	10786.74	6.0

资料来源：天津市国民经济和社会发展公报。

从表 2－3 可以看出，天津市第一产业的增长率较为平缓，第二产业和第三产业的增长率较之前年度有明显的下降。具体来看，第二产业占比从 2016 年的 8.0% 下降到了 2017 年的 1.0%，第三产业占比从 2016 年的 10.0% 下降到了 2017 年的 6.0%。此外，通过对比滨海新区及天津市 2012～2016 年三次产业增长率，可以发现 2017 年滨海新区的第二产业及第三产业增长率高于天津市，其中，滨海新区第二、第三产业增长率分别达到了 1.70%、11.50%，高于天津市的第二、第三产业增长率，滨海新区经济带动作用明显。

从图 2－3 可以发现，天津市 2012～2017 年三次产业中，对经济的贡献能力从大到小分别是工业、服务业及农业。2012 年第二产业占比最大，达到了 51.70%，天津市的产业结构为“二、三、一”，到 2017 年，第三产业赶超第二产业居龙头地位，产业结构调整为“三、二、一”。通过第二、第三产业的联动互动作用，天津市的经济总量不断上升。对比滨海新区及天津市的相关指标，可以发现滨海新区产业结构为“二、三、一”，相较于天津市“三、二、一”的产业结构而言，仍需要通过政府的支持引导、合理利用政策、高度重视产业集群效应，通过合理规划以促进新区现代服务业的大规模发展，推动新区经济的发展。

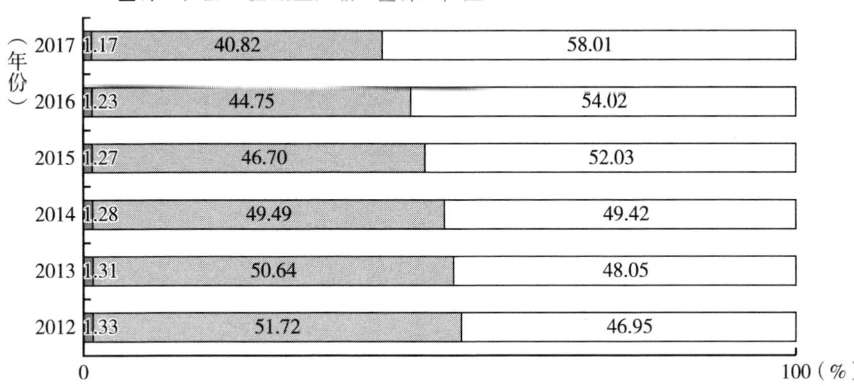

图 2－3　2012～2017 年天津市三次产业比较

三　重庆两江新区

2017 全年两江全局实现地区生产总值 2533 亿元，增长 10.2%，占全市比重达到 13%；规模以上工业总产值突破 5000 亿元大关，达到 5076 亿元；固定资产投资 2167 亿元，增长 12.4%。两江新区直管区核心作用进一步发挥，实现地区生产总值 1240 亿元，增长 11.6%，固定资产投资 1302 亿元，增长 17.2%，一般公共预算收入 147 亿元，增长 10.1%，实际利用外资 26.5 亿美元。

从发展特点来看，两江新区现代化经济体系建设有新进展，结构更优、质量更高。三产比重优化为 0.8∶48.5∶50.7（见图 2－4），工业、服务业双轮驱动格局进一步巩固。工业发展质效不断提升，汽车、电子等传统支柱行业产业链逐步健全，加快向高端化、智能化、绿色化转型升级，一批新的“十亿级”“百亿级”企业涌现。服务业发展持续向好，金融业增加值占 GDP 比重达到 14.7%，科技推广和应用、商务服务、互联网相关业态增长 30% 以上。战略性新兴产业快速壮大，制造业产值增速达到 27.4%，液晶显示屏、光电子器件、智能手机产量成倍增长，跨境电商、保税贸易等战新

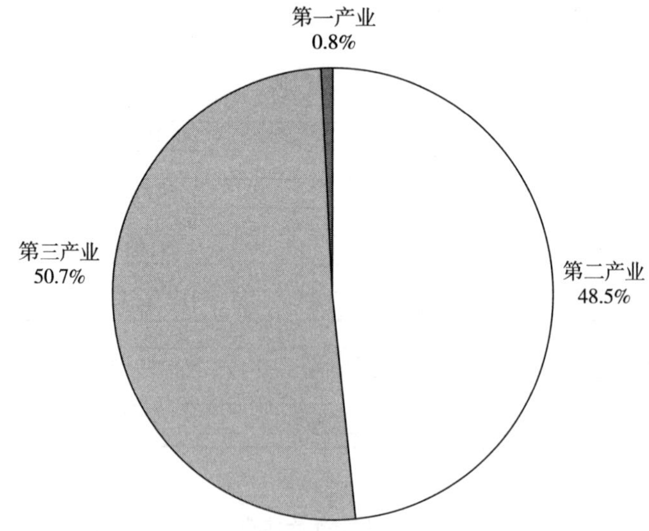

图 2－4　2017 年两江新区三次产业比重

服务业蓬勃发展，在全市率先实现跨境电商“7×24小时”通关，咖啡交易中心交易额突破百亿元，新型金融营业收入增长40.4%。以国家自主创新示范区和双创示范基地建设为抓手，创新驱动发展能力全面提升，R&D投入占GDP比重达到4%，聚集了国家级创新基地11个、国家级研发平台17家、院士工作站5个，新建孵化器及众创空间5万平方米，新增中建院等高端研发平台，新申报高新技术企业202家、高新技术产品434项，万人发明专利拥有量达到9件。

四 浙江舟山群岛新区

2017年全市地区生产总值（GDP）1219亿元，按可比价格计算，比上年增长8.8%。其中，第一产业增加值143亿元，第二产业增加值444亿元，第三产业增加值632亿元，分别增长5.1%、9.7%和8.7%。第一产业增加值占地区生产总值的比重为11.7%，第二产业增加值占比为36.5%，第三产业增加值占比为51.8%（见表2-4）。按常住人口计算，人均地区生产总值104811元，增长8.0%。

表2-4 浙江舟山群岛新区2012~2017三次产业情况

单位：亿元，%

指标	2012年		2013年		2014年		2015年		2016年		2017年	
	增加值	增长率	增加值	增长率	增加值	增长率	增加值	增长率	增加值	增长率	增加值	增长率
第一产业	83.05	5.5	95.73	7.6	100.82	5.9	112	4.9	130.00	7.9	143	5.1
第二产业	385.42	12.3	411.55	9.2	430.07	11.4	453	10.9	489.34	11.2	444	9.7
第三产业	383.48	9.1	423.57	7.9	490.77	10.0	529	8.5	609.17	12.1	632	8.7
产业结构	9.8∶45.2∶45.0		10.3∶44.2∶45.5		9.9∶42.1∶48.0		10.2∶41.4∶48.4		10.6∶39.8∶49.6		11.7∶36.5∶51.8	

资料来源：舟山统计年鉴。

纵观舟山群岛新区2012～2017年三次产业变化情况，可以发现产业格局呈“三、二、一”分布，并且第三产业所占比重呈逐年上涨趋势。第三产业相对于第二产业的优势越来越明显，2013年，第三产业占比首次超过第二产业。从上述数据分析可知，舟山群岛新区以海洋经济产业为主导的第三产业发展迅速，逐渐形成了第三产业带动地区经济发展的格局，海洋经济结构趋于优化，地区经济实力不断增强，并呈现出良好的经济发展势头。舟山一直围绕“海”字做文章，不断调整和优化产业结构，现已经形成了以临港工业、港口物流、海洋旅游、海洋医药、海洋渔业等为支柱的开放型经济体系。

五　甘肃兰州新区

2017年，甘肃兰州新区紧紧围绕“建设特色鲜明、产业聚集、服务配套、环境优良的现代化新区”目标，坚持工业强基，聚焦战略性新兴领域，围绕产业园区、优势行业和龙头企业，打造优势产业集群，夯实产业基础，优化产业结构，促进产业集群发展。新区2017年全年实现地区生产总值175亿元，增长15%。其中，第一产业增加值3.67亿元，增长2%；第二产业增加值127.41亿元，增长17%；第三产业增加值44.9亿元；增长31.4%（见表2－5）。工业增加值占GDP比重较上年提高3.38个百分点，新区经济从投资拉动向产业发展转变。

表2－5　2014～2017年兰州新区三次产业变化情况

单位：亿元，%

年份	第一产业		第二产业		第三产业	
	增加值	增长率	增加值	增长率	增加值	增长率
2014	3.81	3.34	74.99	34.16	17.56	36.68
2015	3.83	3.42	94.69	13.11	27.9	20.00
2016	3.62	1.00	113.86	26.10	34.18	25.00
2017	3.67	2.00	127.41	17.00	44.9	31.40

资料来源：兰州市统计局官网。

从表 2－5 可知，兰州新区第一产业增长率呈下降趋势。第二产业和第三产业增长率在 2015 年都较低，但随后则开始反弹，尤其是第三产业呈明显“U”形。由此可知，兰州新区的产业结构转型效果明显。

兰州新区招商引资力度不断加大，经济建设的快速发展和支柱产业的逐步提升，为非公有制经济的发展提供了空间、创造了条件，使得兰州新区非公经济呈现上规模、上档次的良好发展势头，有力地推进了整个新区经济实现质的飞跃。新区非公经济发展领域涉及种养加工、交通运输、餐饮服务、高新技术产业等各个方面，非公有制经济领域日益宽广。2018 年兰州新区第二季度非公企业新增 665 户，比第一季度增加 271 户，环比增长 69%。个体户新增 508 户，比第一季度新增 181 户，环比增长 55%。发展数量位居全省前列。规模以上工业非公企业累计 40 户，增加值累计 54900 万元。国税税收新增 15097 万元，地税税收新增 15628 万元。

六　广州南沙新区

2017 年，全区实现地区生产总值 1391.89 亿元，按可比价格计算，比上年（下同）增长 10.50%。其中，第一产业增加值为 52.49 亿元，增长 4.3%；第二产业增加值为 855.87 亿元，增长 8.4%；第三产业增加值为 483.53 亿元，增长 16.2%（见表 2－6、图 2－5）。三次产业增加值的比例为 3.77∶61.49∶34.74。

表 2－6　2012～2017 年南沙新区三次产业变化情况

单位：亿元，%

年份	第一产业		第二产业		第三产业	
	总量	增长率	总量	增长率	总量	增长率
2012	41.43	5.62	591.64	10.63	180.49	9.52
2013	45.95	2.90	674.74	14.10	187.34	8.30
2014	48.85	4.90	759.86	13.80	207.64	11.30
2015	51.60	4.80	804.02	11.00	277.45	23.60
2016	54.51	2.10	843.22	9.10	381.03	28.60
2017	52.49	4.30	855.87	8.40	483.53	16.20

资料来源：广州南沙新区国民经济和社会发展报告。

从表2－6、图2－5可以看出，2012～2017年南沙新区第一产业较第二、第三产业而言增长率较低，第二产业、第三产业发展迅猛，产业结构进一步优化。这符合南沙新区在产业结构上提高三产比率的战略规划，现代服务业成为南沙新区新的经济增长点。

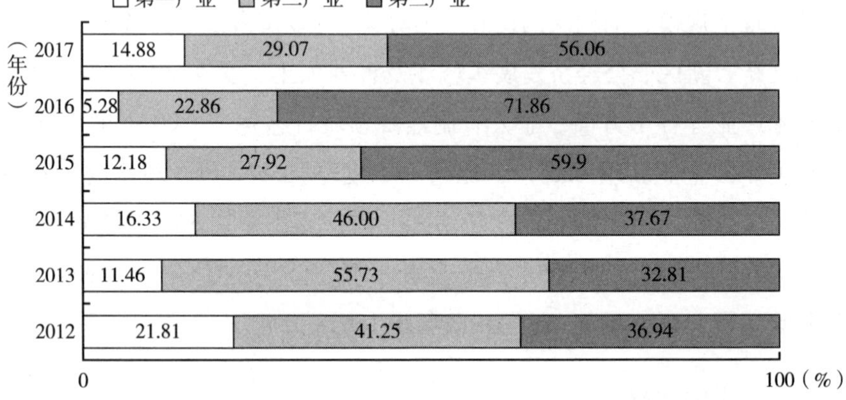

图2－5　2012～2017年南沙新区三次产业增长率变化

综上可知，南沙新区正在加快经济结构调整步伐。南沙新区的产业结构为“三、二、一”。新区在未来的发展中应借助自身现有优势，不断调整及优化产业结构，促进全区经济的稳定发展。

七　陕西西咸新区

西安市2013～2017年国民生产总值及三次产业情况如图2－6所示。2018年，西咸新区第一次全面考核的一、二、三产和GDP总量首次亮相全省，2018年第一季度，新区实现生产总值（GDP）同比增长13.3%，高于全省8.5%、全市8.1%的增长速度，居全省第一。第一季度一般公共预算收入13.65亿元，增速66.73%，税收占比83.66%，增速居全省第一。第一季度，新区生产总值同比增长13.3%。其中，第一产业增长7.7%，第二产业增长14.7%，第三产业增长13.0%。2018年上半年生产总值达到183.04亿元，增长14%，增速继续保持全省地市第一位次，顺利实现“双过半”。

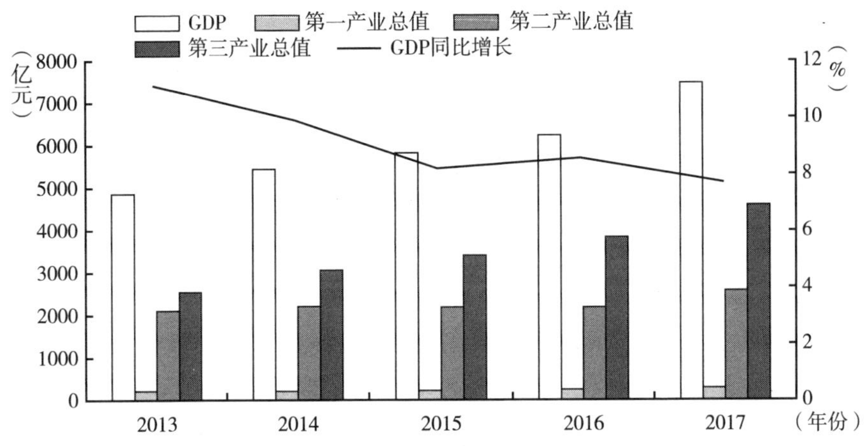

图 2－6　西安市 2013～2017 年国民生产总值及三次产业情况

2018 年第一季度，西咸新区经济质量持续提高，发展内涵不断充实。从财政收入看，地方一般公共预算收入完成 27.7 亿元，同比增长 57.5%，超过全省平均增速 42.77 个百分点。其中税收占比 83.5%，全省排名第一。从企业利润看，1～5 月，主营业务收入利润率增长 4%，比上年同期提高 2.7 个百分点；每百元主营业务收入成本 86.6 元，比上年同期下降 7.5 元。

八　贵州贵安新区

2018 年，贵安新区“快”的态势持续巩固。初步核算，直管区实现地区生产总值 138.3 亿元，同比增长 12.9%。工业总产值完成 263.7 亿元，同比增长 42.9%，其中规模以上企业工业总产值完成 251.5 亿元，同比增长 36.3%。财政总收入完成 40.4 亿元，同比增长 31.6%，其中，一般公共预算收入完成 20.2 亿元，同比增长 25.8%。年末金融机构存贷款余额分别达 211 亿元和 159.9 亿元，同比分别增长 3% 和 39.2%。

2017 年贵州省全省地区生产总值 12931.34 亿元，比 2016 年增长 10.2%。按产业分，第一产业增加值 2020.78 亿元，增长 6.7%；第二产业增加值 5439.63 亿元，增长 10.1%；第三产业增加值 6080.42 亿元，增长

11.5%。第一产业、第二产业、第三产业增加值占地区生产总值的比重分别为14.9%、40.1%、45.0%。贵州省2012～2017年三次产业情况具体如表2－7所示。

表2－7　贵州省2012～2017年三次产业情况

单位：亿元，%

年份	地区生产总值	第一产业		第二产业		第三产业		产业结构
		总量	增长率	总量	增长率	总量	增长率	
2012	6852.20	891.91	8.5	2677.54	16.8	3282.75	12.1	13.0∶39.1∶47.9
2013	8086.86	998.47	5.8	3276.24	14.1	3812.15	12.6	12.3∶40.5∶47.2
2014	9266.39	1280.45	6.6	3857.44	12.3	4128.50	10.4	13.8∶41.6∶44.6
2015	10502.56	1640.62	6.5	4146.94	11.4	4715.00	11.1	15.6∶39.5∶44.9
2016	11734.43	1846.54	6.0	4636.74	11.1	5251.15	11.5	15.8∶39.5∶44.7
2017	13540.83	2020.78	6.7	5439.63	10.1	6080.42	11.5	14.9∶40.1∶45.0

资料来源：贵州省统计局官网。

贵安新区经济要实现由高速增长向高质量增长转变，进一步开创后发赶超的大好局面，牢记嘱托、感恩奋进，全面落实“三化”要求，坚守发展和生态两条底线，坚决打好三大攻坚战，扎实推进三大战略行动，把“建城市、聚人气、广招商、招大商”作为工作重点，聚焦“一城一带”建设，突出实体经济和高科技产业发展，加快打造全省发展战略支撑和重要增长极。

九　青岛西海岸新区

2017年，青岛西海岸新区连续四年综合考核全市第一，主要经济指标保持两位数增长。2017年地区生产总值历史性跨上3000亿元台阶，达到3213亿元，总量在19个国家级新区中稳居前三强，超过省内7个地市，对全市经济增长贡献率达到45%；一般公共预算收入244亿元，总量超过省内9个地市，税收占比达到80%。先后荣获全国科技进步先进区、全国爱国拥军模范单位等国家级荣誉称号70多项。

从2013～2017年青岛市三次产业增长率变化可知，青岛市三次产业增长率总趋势呈下降状况，其中第二产业下降幅度最大，从2013年的10.2%降到2017年的6.8%（见表2－8）。

表2－8　2013～2017年青岛市三次产业发展情况

单位：亿元，%

项目		2013年	2014年	2015年	2016年	2017年
第一产业	总量	352.4	362.6	363.98	371.01	380.97
	增长率	2.1	3.9	3.2	2.9	3.2
第二产业	总量	3641.4	3882.4	4026.46	4160.67	4546.21
	增长率	10.2	8.4	7.1	6.7	6.8
第三产业	总量	4012.8	4447.1	4909.63	5479.61	6110.10
	增长率	10.5	7.9	9.4	9.2	8.4

资料来源：青岛市统计年鉴。

2017年西海岸新区生产总值3212.71亿元，按可比价格计算，增长11%。其中，第一产业增加值67.45亿元，增长3.6%；第二产业增加值1474.33亿元，增长9.3%；第三产业增加值1670.93亿元，增长12.9%。三次产业比例为2.1∶45.9∶52.0。西海岸新区全年实现海洋生产总值1019亿元，增长17.6%（现价），占GDP比重为31.7%，比上年提升1.54个百分点。全区现代服务业实现增加值762.6亿元，增长9.4%，占GDP比重为23.7%。

从工业类型来看，轻工业累计完成产值1880亿元，同比增长18.1%；重工业完成产值3297亿元，同比增长11.9%。从企业体制来看，集体经济和股份制经济发展较好，分别完成产值570亿元、3411亿元，分别同比增长20.7%、16.4%；国有经济发展平稳，完成产值64.4亿元，同比增长8%。在全区工业经济中，536家民营企业总体发展良好，增长态势明显，累计完成工业总产值1890亿元，同比增长17.1%，对新区工业净增产值的贡献比重达43.2%。

统计分析还发现，镇街工业产值对新区规模以上工业贡献较大。2017

年 1～12 月，各镇街、功能区完成工业产值 3663 亿元，同比增长 14.5%，增速高于规模工业 0.4 个百分点，总量占规模工业的 70.7%；拉动规模工业产值增速 10.2 个百分点，对规模工业的贡献率高达 72.8%。

对比 2013～2017 年西海岸新区产业结构（见图 2－7）和青岛市产业结构（见图 2－8），2013～2017 年西海岸新区和青岛市第二产业占比均呈下降趋势，第三产业所占比重则均呈上升的趋势，青岛市的产业格局为“三、二、一”，经济增长转为以第三产业拉动为主。西海岸新区从 2013 年到 2017 年产业格局一直保持“二、三、一”，经济增长以第二产业拉动为主，但是到了 2016 年，第三产业比重首次超过 50%，超过了第二产业，三次产业占比优化为2.2∶45.4∶52.4，实现了“三、二、一”的产业格局。在 2017 年，三次产业比例为 3.4∶41.2∶55.4。但西海岸新区与其所在市青岛市相比，产业结构有待优化，未来仍有很大的提升空间。

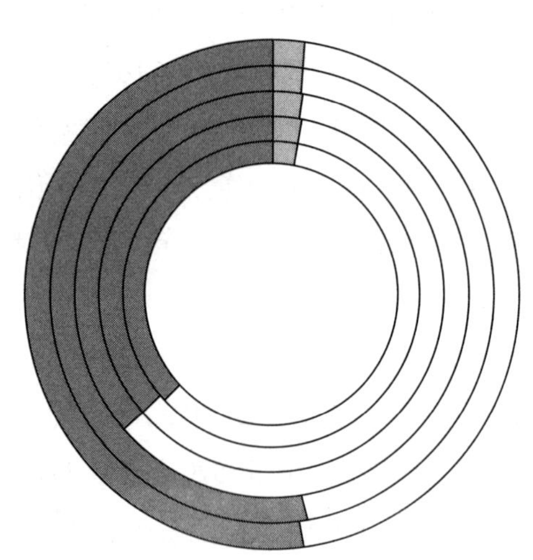

图 2－7　2013～2017 年青岛西海岸新区产业结构

资料来源：西海岸新区国民经济和社会发展报告、青岛市统计年鉴。

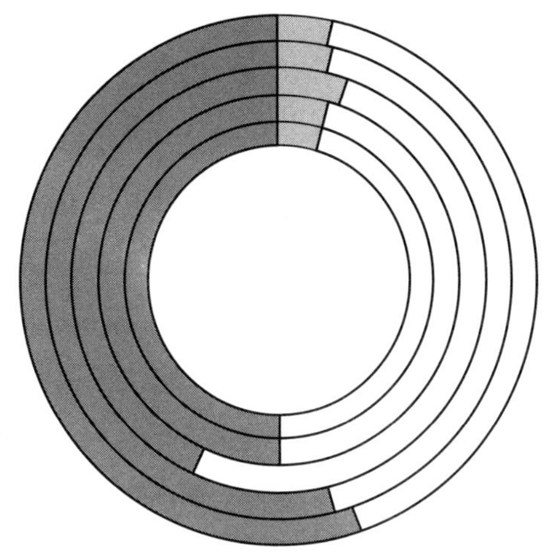

图 2-8　2013～2017 年青岛市产业结构

资料来源：青岛市统计年鉴。

十　大连金普新区

大连金普新区是中国第十个国家级新区，包括大连市金州区全部行政区域和大连市普兰店区部分地区。金普新区地理位置优越，战略地位突出，经济基础雄厚。① 金普新区坚持把做优存量、扩大增量、提升质量作为经济发展主攻方向，不断优化产业结构，促进各类产业蓬勃发展。新区是大连市新兴产业核心集聚区，集群化发展态势明显，初步形成了高端装备制造业集群、电子信息产业集群和港行物流产业集群，具备了在相关领域参与国际竞争的能力。建设金普新区有利于进一步引领辽宁与沿海经济带加速发展，并带动东北地区振兴发展。

2017 年，大连金普新区抢抓机遇，埋头苦干，推动经济社会良好发展，全年实现地区生产总值 2342.9 亿元，增长 7.5%；规模以上工业总产值

① 新浪财经，http：//finance. sina. com. cn/china/dfjj/20140702/161619587272. shtml。

2790.1 亿元，增长 10%；固定资产投资 465.1 亿元，增长 21.9%；社会消费品零售总额 702.3 亿元，增长 9.3%；财政一般公共预算收入 152.5 亿元；实际利用外资 20.2 亿美元，增长 51.6%；外贸出口总额 1005.6 亿元，增长 13.9%。

2018 年全区实现地区生产总值增长 8%；一般公共预算收入 152.92 亿元，增长 6.1%；固定资产投资 508 亿元，增长 15%；实际利用外资 22.2 亿美元，增长 9.6%；规模以上工业增加值增长 15%；进出口总额 3105.3 亿元，增长 10.3%；社会消费品零售总额增长 8%；城镇居民人均可支配收入增长 8%；万元生产总值能耗下降 3.2%。

十一　成都天府新区

成都天府新区按照“全面加速、提升发展”的新要求，突出抓好重点区域开发、重点产业培育、招商引资和改革创新，努力实现天府新区“十三五”良好开局和提速提质提效发展。成都天府新区 2018 年上半年实现 GDP 174.90 亿元，在全市排名第十五位；较 2017 年同期增长了 23.8 亿元，名义增长速度为 15.75%，增速高居全省第一。

2018 年上半年成都市实现地区生产总值 6870.68 亿元，按可比价格计算，比上年同期增长 8.2%，增速高于全国 1.4 个百分点，与全省持平，连续 6 个季度保持在 8% 左右。其中，第一产业实现增加值 180.23 亿元，增长 3.4%，拉动全市经济增长 0.1 个百分点；第二产业实现增加值 2862.82 亿元，增长 7.0%，拉动全市经济增长 3.0 个百分点；第三产业实现增加值 3827.63 亿元，增长 9.5%，拉动全市经济增长 5.1 个百分点。三次产业比为 2.6∶41.7∶55.7。固定资产投资同口径同比增长 10.1%，社会消费品零售总额增长 11.1%，城镇、农村居民人均可支配收入分别增长 8.4%、9.0%，居民消费价格同比上涨 1.0%。

比较成都市相关数据，2016 年起天府新区成都直管区地区生产总值增长率和规模以上工业增加值增长率均远超成都市，固定资产投资率也高于成都市，可以看出天府新区成都直管区的经济发展速度要高于成都市，发展潜力较大（见表 2－9）。

表 2－9　成都天府新区成都直管区与成都市经济数据比较

单位：亿元，%

地区	2017 年地区生产总值		2016 年规模以上工业增加值增长率	2016 年固定资产投资	
	总量	增长率		总量	增长率
天府新区成都直管区	371.9	13.4	15.0	473.1	16.7
成都市	13889.39	8.1	7.4	8360.5	14.3

资料来源：成都市统计公众信息网。

十二　湖南湘江新区

自 2015 年正式授牌以来，湖南湘江新区通过不断强化产业链招商，构建全要素综合型创新平台，发挥政府产业基金引领作用，产业发展呈现集群链式迈向中高端态势。2017 年，新区 GDP 首次突破 2000 亿元大关，增速连续三年保持在 11% 以上，年均增长率达到 11.2%；实现规模以上工业增加值 1173.14 亿元，较 2015 年增加 318 亿元，三年年均增长 11.7%。主要经济指标增速持续领跑全省全市。现阶段，新区移动互联网、增材制造、北斗导航、现代金融以及创新创意等新兴百亿级优势产业集群涌现。

截至 2017 年底，湘江新区共有各类创新创业服务平台近 500 个，其中各类众创服务平台 60 多个，总使用面积超过 180 万平方米，包含 16 个国家级众创空间、13 个国家级科技企业孵化器、2 个国家级创业基地；各类创新研发和服务平台 400 多个，包含 120 多个国家级技术创新平台。

从表 2－10 可以看出，2016～2017 年，第一产业增长率一直是负数；2015～2017 年，第二产业增长率基本稳定在 11%，第三产业占比逐年上升，但是增速逐渐放缓。湘江新区现已形成了“三、二、一”的产业格局，新区对产业结构调整优化成效明显，经济发展势头良好。

表 2－10　2015～2017 年湘江新区三次产业变化情况

单位：亿元，%

年份	第一产业		第二产业		第三产业	
	总量	增长率	总量	增长率	总量	增长率
2015	46.50	2.9	1084.12	11.3	471.91	13.2
2016	30.80	－2.3	776.86	11.4	433.57	12.8
2017	63.70	－3.0	1470.58	11.0	647.57	12.4

资料来源：湖南湘江新区官网、长沙市统计局。

十三　南京江北新区

南京江北新区 2015 年 6 月 27 日由国务院批复设立，成为全国第十三个、江苏省首个国家级新区。根据国务院批复，新区战略定位是“三区一平台”，即逐步建设成为自主创新先导区、新型城镇化示范区、长三角地区现代产业集聚区、长江经济带对外开放合作重要平台。2017 年，江北新区实现地区生产总值 2218 亿元，同比增长 9.1%；一般公共预算收入 217 亿元，同比增长 9.3%；固定资产投资 1632.9 亿元，同比增长 4.9%。其中，直管区地区生产总值 1201 亿元，同比增长 11%；一般公共预算收入 127.2 亿元，同比增长 12.6%；全社会固定资产投资 767.9 亿元，同比增长 17.7%；规模以上工业总产值 2593.9 亿元，同比增长 17%；社会消费品零售总额 351.6 亿元，同比增长 13%，主要经济指标增幅均明显高于全省、全市平均水平，呈现出蓬勃发展的良好势头。

2018 年，江北新区牢牢锁定“三区一平台”战略定位，聚力聚焦“两城一中心”主导产业，深入对标雄安新区和浦东新区，加快推进“六个新区”建设，较好地完成了年初市人代会确定的各项目标任务。直管区全年地区生产总值可比价增长 13.1%，增速高于全市 5.1 个百分点，主要经济指标增幅位居全市各板块前列。

2018 年，江北新区集聚全球创新资源，全面启动具有全球影响力的创新名城先导区建设，先后在美国旧金山硅谷等全球创新最活跃的地区设立海外创新中心和引才工作站，剑桥大学科创中心、加州大学伯克利研究中心等一批高端创新平台陆续落户，全年新增新型研发机构备案数 22 家。新区同步通过制定发布“人才十策”“金融十条”等扶持政策，修订完善“创新创业十条”相关细则，为创新创业人才提供制度保证。新区还设立自主创新服务中心，实现各类科技创新服务“一站式”办理，为创新创业人士提供便捷式服务。

正是先进理念和环境氛围的双重保障，江北新区创新创业成果加快显现。2018 年全年新增高新技术企业 238 家，有效发明专利拥有量 5480 件，PCT 专利申请量 150 件，制定国家标准 10 项，高新技术产业投资增长 18%，科技服务业务收入增长 60%。

2018 年，江北新区共实施重大产业项目 155 个，累计完成投资 461 亿元，微创医学、强新科技等 50 多个重大产业项目建成投产。新区聚焦芯片之城、基因之城和新金融中心“两城一中心”主导产业，围绕补链强链，组织赴京沪、港台及欧美等多地高频举办产业招商推介会 60 余场次，签约“两城一中心”关联项目 162 个，总投资超过 1900 亿元。具体围绕“两城一中心”建设，新区新增集成电路设计企业 50 余家，集聚大健康产业链企业达 800 余家，集聚各类新金融机构超过 100 家，华泰、盈科等 80 余只基金落户。伴随着新型产业的落地，传统产业也在不断转型升级，全年规模以上工业企业研发投入强度达 2.58%，规模以上工业新产品销售收入占主营收入的比重达 34.35%，智能制造、新材料产业营收同比分别增长 25%、29.7%。

十四　福建福州新区

2017 年，福建福州新区实现地区生产总值 1648.17 亿元，同比增长 10.1%；固定资产投资 1359.69 亿元，同比增长 18.4%；规模以上工业增加值约 819.55 亿元，同比增长 10.3%；一般公共预算收入 225.94 亿元，同比增长 9.9%。

由于资料搜集渠道有限，接下来将对福州新区所在市福州市进行介绍。2018 年全年实现地区生产总值 7856.81 亿元，比上年增长 8.6%。其中，第一产业增加值 494.66 亿元，增长 4.3%；第二产业增加值 3204.90 亿元，增长 8.4%；第三产业增加值 4157.26 亿元，增长 9.2%。第一产业增加值占地区生产总值的比重为 6.3%，第二产业增加值占比为 40.8%，第三产业增加值占比为 52.9%。人均地区生产总值 102037 元，比上年增长 7.4%。

2018 年全年工业增加值 2416.16 亿元，比上年增长 8.8%。规模以上工业增加值增长 9.0%。在规模以上工业中，分经济类型看，国有企业增长 16.6%，集体企业下降 12.5%，股份制企业增长 11.3%，外商及港澳台商投资企业增长 4.9%。分轻、重看，轻工业增长 7.3%，重工业增长 10.9%。分门类看，采矿业下降 34.0%，制造业增长 8.5%，电力、热力、燃气及水生产和供应业增长 16.5%。工业产品销售率 97.1%，较上年提升 0.4 个百分点。

2018 年，全市规模以上工业的 35 个行业大类中有 16 个增加值增速在两位数。其中，废弃资源综合利用业增长 404.1%，燃气生产和供应业比上年增长 35.3%，计算机、通信和其他电子设备制造业增长 25.6%，烟草制品业增长 23.8%，水的生产和供应业增长 17.6%，仪器仪表制造业增长 17.6%。规模以上工业中十大主导行业增加值比上年增长 9.5%。其中，计算机、通信和其他电子设备制造业实现增加值比上年增长 25.6%，纺织业实现增加值比上年增长 7.9%。六大高耗能行业增加值比上年增长 12.6%，占规模以上工业增加值的比重为 24.5%。工业战略性新兴产业增长 10.4%，占规模以上工业增加值的比重为 23.9%。装备制造业增长 10.0%，占规模以上工业增加值的比重为 24.1%。

从图 2-9 可以看出，福州市三产态势良好。六年来，福州经济综合实力显著增强，产业结构持续优化，三次产业结构由 2012 年的 8.73∶45.25∶46.02调整为 2018 年的 6.30∶40.80∶52.90，2016 年第三产业占比首次过半，达到了 50.13%，呈现三产发展快于二产的良好态势。总部经济集聚福州海西现代金融中心区，很好地诠释了第三产业的快速发展。

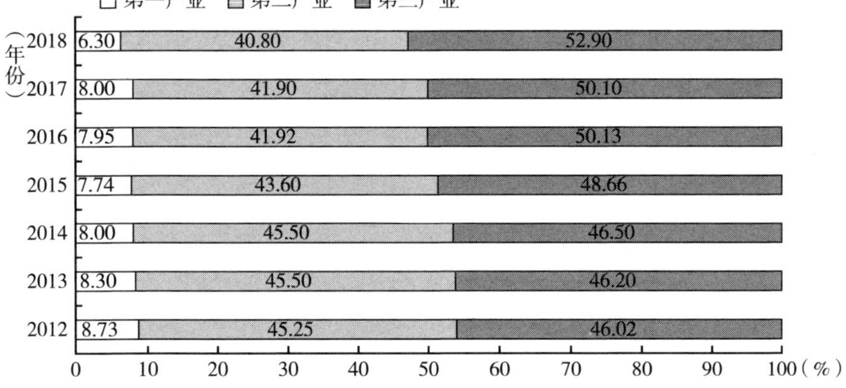

图 2-9 2012~2018 年福州市三次产业占比情况

十五 云南滇中新区

2017 年，云南滇中新区完成地区生产总值 574.43 亿元，同比增长 12.8%；固定资产投资（不含农户）731.10 亿元，工业固定资产投资完成 115.63 亿元；规模以上工业增加值累计同比增长 26.2%；社会消费品零售总额156.06 亿元，同比增长 15.5%；一般公共预算收入完成56.9 亿元，同比增长 16.5%。

由于资料搜集渠道有限，本部分主要以新区所在市昆明作为切入点进行相关的讨论分析。2017 年全年地区生产总值（GDP）4857.64 亿元，按可比价格计算，比上年增长 9.7%。其中，第一产业增加值 210.13 亿元，增长 6.0%；第二产业增加值 1865.97 亿元，增长 9.0%；第三产业增加值 2781.54 亿元，增长 10.5%。三次产业结构由上年的 4.6∶38.7∶56.7 调整为 4.3∶38.4∶57.3（见图 2-10），三次产业对 GDP 增长的贡献率分别为 2.8%、36.9% 和 60.3%。全市常住人口人均生产总值 71906 元，增长 8.9%，按年平均汇率折算为 10650 美元。

经济活力持续增强。2017 年全年非公有制经济实现增加值 2270.73 亿元，比上年增长 9.9%，占 GDP 比重为 46.7%，比上年提高 0.1 个百分点。全年全市新登记各类型市场主体 14.90 万户，比上年增长 40.1%。其中，

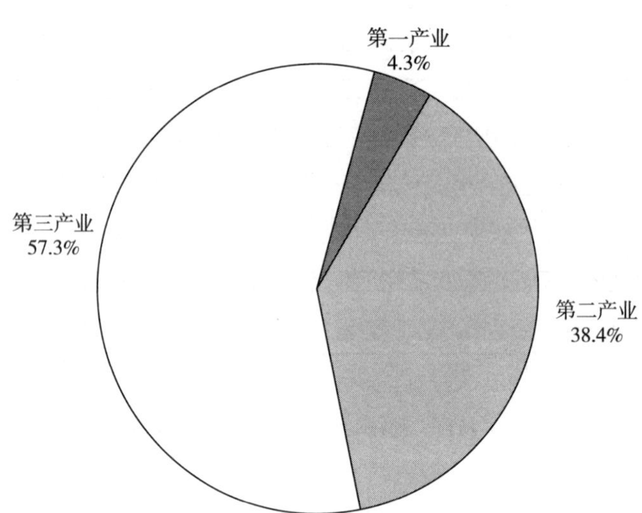

图 2－10　2017 年昆明市三次产业占比情况

新登记企业 4. 64 万户，增长 0. 2%；新登记个体工商户 10. 20 万户，增长 72. 3%。

工业生产平稳运行。全年全部工业增加值 1159. 20 亿元，比上年增长 10. 1%。规模以上工业增加值增长 10. 4%。在规模以上工业中，分经济类型看，国有及国有控股企业增长 7. 8%，股份制企业增长 5. 9%，外商及港澳台商投资企业增长 7. 1%，集体企业下降 27. 3%，股份合作企业增长 13. 3%。分门类看，采矿业下降 5. 7%，制造业增长 9. 5%，电力、热力、燃气及水生产和供应业增长 22. 3%。

2017 年全年规模以上工业 38 个行业大类中有 24 个行业实现增长。重点行业中，烟草制品业增长 0. 8%，石油加工、炼焦和核燃料加工业增长 38. 6 倍，化学原料及化学制品制造业增长 6. 9%，冶金工业增长 3. 7%，装备制造业下降 9. 9%，医药制造业增长 10. 7%，电力、热力生产和供应业增长 24. 2%。高技术制造业增加值比上年增长 13. 7%，占规模以上工业增加值的比重比上年提高 0. 2 个百分点。

十六　黑龙江哈尔滨新区

2017 年，哈尔滨新区实现地区生产总值 764.3 亿元，增长 7.6%；规模以上工业增加值增长 6.3%；完成固定资产投资 743.6 亿元，增长 12.2%；实现社会消费品零售总额 214.9 亿元，增长 12.1%；实际利用外资 21.2 亿美元，增长 11%；完成公共财政预算收入 117.6 亿元，增长 26.7%。①

2018 年初以来，哈尔滨新区坚持新发展理念，以提高发展质量和效益为中心，以实现"三区一极"为目标，着力推进供给侧结构性改革，加快体制机制创新，积极推动产业结构优化升级。第一季度，哈尔滨新区实现地区生产总值 161.5 亿元，同比增长 8.5%，增速分别高于上年同期、2017 年全年 0.1 个、0.9 个百分点，高于全市、全省和全国 2.1 个、2.9 个和 1.7 个百分点。规模以上工业增加值增长 15.6%，增速分别高于上年同期、2017 年全年 7.5 个、9.3 个百分点，高于全市、全省和全国 7.1 个、11.5 个和 8.8 个百分点。实现一般公共预算收入 15.1 亿元，增长 46.7%，增速分别高于上年同期、2017 年全年 37.4 个、20 个百分点，高于全市、全省和全国 41.1 个、41.5 个和 33.1 个百分点。

哈尔滨新区为"二、三、一"产业结构，二产占比近 2/3，近两年受传统工业发展制约，二产增速基本在 5% ~6%。2018 年第一季度第二产业增加值增长 13.8%，拉动新区经济增长 7.9 个百分点，工业经济整体向好势头明显。第一产业中食品工业产值、增加值分别增长 19.2%、28.3%，其中烟草制品业、农副食品加工业对第二产业的贡献率分别为 48.5%、7.4%。医药工业产值、增加值分别增长 23.4%、21.1%，对第二产业的贡献率为 13%。装备制造业中通用设备、电气机械和器材制造业增加值分别增长 46.8%、5.5%，对第二产业的贡献率为 10.3%。第二产业增势明显加快，对新区经济增长的贡献加大。

---

① 《国家级新区建设发展系列报道之十六：奋力开启新时代哈尔滨新区现代化建设新征程》，中华人民共和国国家发展和改革委员会网站，2018 年 11 月 20 日。

2018 年初以来，哈尔滨新区强力推进招商引资引智工作，建立重点招商引资目标企业库，全年谋划储备项目 200 个，计划重点推进开复工亿元以上项目 150 个。截至 2018 年 3 月末，哈尔滨新区吸引外资 2.9 亿美元，同比增长 1.5 倍，占全市的 46.8%；吸引国内资金 48.5 亿元，同比增长 21.2 倍，占全市的 25.6%。其中松北片区协议引资额达到 35 亿元，实际利用内资、外资分别增长 168.9% 和 100%；平房片区阿里巴巴创新中心项目签约落地，华为云和军民融合产业园等项目启动建设；呼兰片区计划落地项目 15 个，总投资 80 亿元。

十七　吉林长春新区

2018 年长春新区实现 GDP 增速 8.1%，固定资产投资和一般公共预算收入增幅均超过 20%。2018 年，长春新区突出“项目立区”不动摇，加快培育新兴产业，不断扩大有效投资，壮大实体经济规模，主要经济指标保持较快增长。全区地区生产总值完成 966 亿元，同比增长 8.1%，分别高于省、市 3.6 个和 0.9 个百分点；规模以上工业产值完成 789.3 亿元，同比增长 13.4%；固定资产投资完成 351.9 亿元，同比增长 25.2%；一般公共预算收入实现 16.65 亿元，同比增长 24.2%，税收收入占财政收入的 85%，财税构成质量明显提高。①

2018 年，长春新区各类市场主体呈爆发式增长，月均增加 600 户以上，同比增长 28%，累计达到 39035 户；全年出让土地 427 公顷，其中产业用地出让 204.5 公顷，占全市的 46.4%，出让面积及数量稳居全市第一。

未来三年，长春新区将重点实施产业集群培育、科技创新倍增、“双资”拉动、发展环境提升、民生福祉改善“五大行动计划”。加快培育汽车及零部件、光机电、数字经济与大数据、新能源新材料、生物医药与医疗装备、航空航天、智能装备制造、精优食品、康养文旅、现代物流十大特色产业集聚区，力争三年内建成 5 个百亿级产业集群、1 ~2 个千亿级产业集群，初步构建起以开放创新为特征的现代产业体系。

① 新华网，http：//www.jl.xinhuanet.com/2019 -02/16/c_ 1124122853.htm。

具体工作中，长春新区将强化“大项目”支撑，在壮大实体经济上实现新突破，坚持项目为王，以“三抓”促“三早”，着力打造效率高、成本低、服务好、企业和群众满意的一流营商环境。围绕三大主导产业的“建链、补链、强链”，与专业机构开展合作，高标准谋划包装120个科技含量高、投资规模大、发展前景好的实体经济项目。精准谋划一批创新引领型、产城融合型、民生改善型大项目，争取更多国家级平台落位，确保新区发展当前有活力、未来有潜力。

十八　江西赣江新区

2017年，江西赣江新区全年实现地区生产总值667.29亿元，同比增长9.5%；规模以上工业主营业务收入2159.49亿元，同比增长21.4%；固定资产投资1161.36亿元，同比增长17.4%；财政总收入108.07亿元，同比增长18.2%；一般公共预算收入51.8亿元，同口径增长12.9%。在全国19个国家级新区中，赣江新区各项主要经济指标增速均位居前列，处于“第一方阵”。

赣江新区地处京港高铁中间地带，465平方公里的土地涵盖了经开、临空、永修、共青四组团，赣江、鄱阳湖连接起江西水运的大动脉，综合交通枢纽构建起航空、高铁、城际、城市轨道的立体交通网络，“一区三口岸”（南昌综合保税区、昌北国际机场、龙头岗码头、昌北铁路物流基地）多式联运中心畅通了国际物流通道。[①]

赣江新区全力推进产业高端化、高新化。一方面，支持现代轻纺、有机硅等传统优势产业加大技术改造和技术创新投入。欧菲光科技公司、洛客智能制造工业设计众创平台分别获得工信部智能制造标准化与新模式应用、制造业与互联网融合试点示范专项资金支持，江西电信信息产业公司等10家企业入围省级等专项资金支持项目。另一方面，做大做强战略性新兴产业，推进航天科工军民融合示范基地、格特拉克变速箱研发中心、海立大型压缩机（二期）等项目建设，形成了欧菲光、智慧海派等一批年产值过百亿元

① 国家级新区建设，http：//gjxq.chinadevelopment.com.cn/zxbd/2019/1467833.shtml。

的企业，打响了“酷派”“黑鲨”等制造品牌。同时，依托新技术、新业态、新模式，大力发展工业设计、文化创意、大数据和物联网等新兴产业，洛客创意产业园、猪八戒网江西总部等一批项目成功落户。

赣江新区还依托绿色金融改革创新试验区建设，吸引多业态的金融要素落户新区，已聚集银行、保险公司、互联网金融公司、交易中心等百余家金融机构和经营性、功能性机构。制定绿色金融标准体系，建立赣江新区绿色项目数据库，入库项目 106 个，总投资 1100 多亿元；7 家银行获批绿色银行，成为全国首批绿色支行网点；共青私募基金数量突破 3300 家，管理基金规模超过 1 万亿元。

同时，赣江新区还开展海绵城市、绿色建筑、清洁能源基金等金融创新；与腾讯金融、中国人保等开展金融科技实验室、绿色保险创新实验室等创新合作；与国科控股、江西银行、省财投集团、江铃集团等共同发起设立技术成果转化基金、产业引导基金、城市发展基金、新能源汽车基金；与国家开发银行、金砖国家新开发银行深度合作，与社会资本共同设立资产管理公司，进一步拓宽融资渠道、提升融资能力。

十九　河北雄安新区

2017 年 4 月 1 日，中共中央、国务院决定设立河北雄安新区。雄安新区，涉及河北省雄县、容城、安新三县及周边部分区域，地处北京、天津、保定腹地，区位优势明显、交通便捷通畅、生态环境优良、资源环境承载能力较强。2018 年 12 月，国务院正式批复《河北雄安新区总体规划（2018～2035 年）》。雄安新区三县开发程度低，发展空间充裕。从 2000 年公布数据时起，安新县的 GDP 总量高于容城县和雄县，占当年保定市 GDP 的 4%。但从 2007 年开始雄县的 GDP 首次超越安新县，之后雄县 GDP 保持高速增长。然而从 2014 年开始安新县的 GDP 开始大幅减少，到 2015 年安新县和容城县的 GDP 水平相当，都在 57 亿元左右。截至 2015 年，三县的国内生产总值占整个保定市的比重为 6%。雄县 GDP 从 2007 年赶超安新县后一路高速增长，而安新县 GDP 从 2014 年开始大幅回落 18%（见图 2－12）。

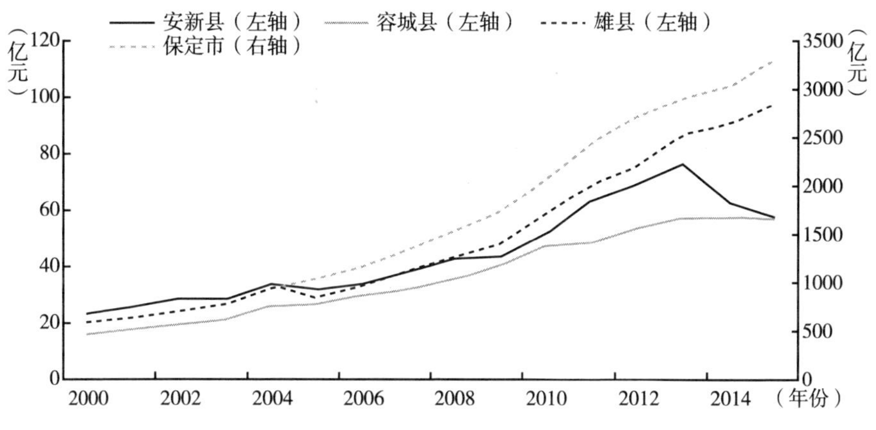

图2－11　2000～2014年雄安新区三县及保定市GDP走势

目前三县的产业结构层次总体偏低，都是以第二产业为主，还在努力从“二、三、一”到“三、二、一”的转变中。其中，第三产业占比较高的是安新县，达到33%，安新县和容城县的产业结构占比很相似，同时雄县的GDP主要是靠第二产业拉动的。三县的产业结构都是以第二产业为主（见图2－12）。

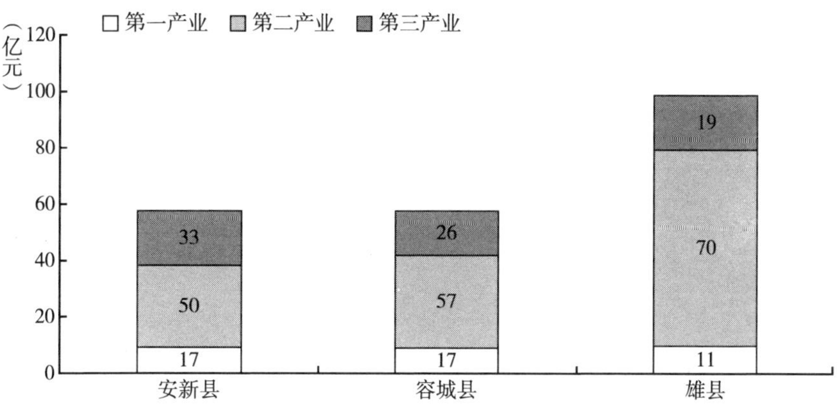

图2－12　2015年雄安新区三县三次产业比例

雄安新区三县的支柱产业都已成形，产业结构互补。安新县因为拥有白洋淀85%的水域面积，因此是华北地区重要的水产品基地。容城县形成了以服装业为主、四大支柱产业竞相发展的良好局面，剩下三大产业分别是机械制造、汽车零部件产业，箱包、毛绒玩具产业，食品加工产业。2006 年，容城被中国纺织工业协会和中国服装协会评定为“中国男装名城”和全国纺织产业集群试点。雄县民营经济 20 世纪 80 年代就进入了省 30 强行列，民营经济组织达到 13000 多家，形成了塑料包装、压延制革、乳胶制品、电器电缆四大支柱产业（见图 2－13）。

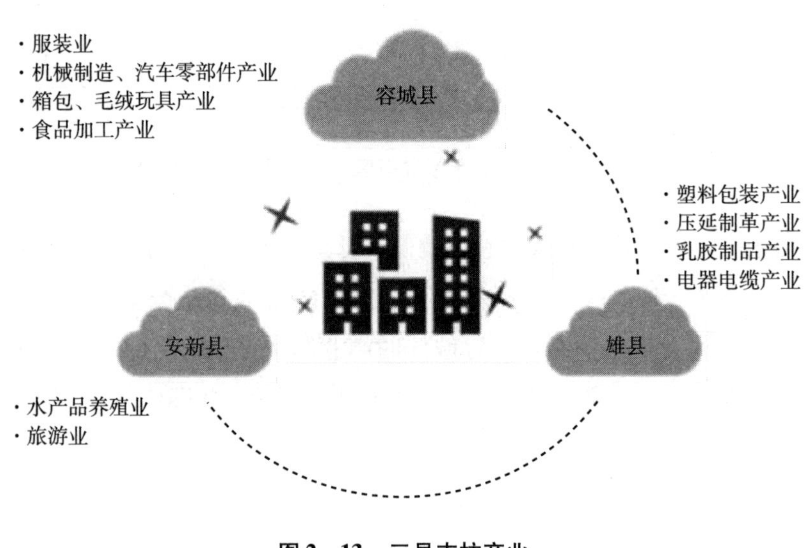

图 2－13　三县支柱产业

资料来源：中国产业信息。

2016 年，雄县生产总值完成 101. 14 亿元，安新县生产总值完成 40. 01 亿元，容城县生产总值完成 59. 4 亿元。

第三章　产业竞争力

产业竞争力，亦称产业国际竞争力，指某国或地区的特定产业相对于他国或地区同一产业在生产效率、满足市场需求、持续获利等方面所体现的竞争能力。[①] 竞争力实质上是一个比较的概念，因此，产业竞争力内涵涉及两个基本方面：一是比较的内容，二是比较的范围。具体来说，产业竞争力比较的内容就是产业竞争优势，而产业竞争优势最终体现为产品、企业及产业的市场实现能力。因此，产业竞争力的实质是产业的比较生产力。所谓比较生产力，是指企业或产业能够以比其他竞争对手更有效的方式持续生产出消费者愿意接受的产品，并由此获得满意的经济收益的综合能力。在产业发展篇的前两章，分析了各个新区的产业布局、产业规模与结构，在一定程度上分析了各新区的产业竞争力，本章从另一个角度出发，从主导产业角度来分析国家级新区的产业竞争力。

主导产业是指能够依靠科技进步或创新获得新的生产函数，能够通过快于其他产品的“不合比例增长”的作用有效地带动其他相关产业快速发展的产业或产业群。在产业结构中，处于主要的支配地位，比重较大，综合效益较高，与其他产业关联度高，对国民经济的驱动作用较大，具有较大增长潜力的产业。对于国家级新区来说，主导产业对新区经济增长起到了支撑作用，是辐射带动区域经济发展的有力抓手，是实现国家战略任务的关键。因此，本章从主导产业的角度分析新区产业竞争力具有一定的现实意义。

---

① https：//baike. so. com/doc/4979980 - 5203028. html.

一　国家级新区主导产业

（一）上海浦东新区

浦东新区经过多年的发展，产业结构不断优化，产业体系不断完善，构建了以现代服务业为主体、以战略新型产业为引领、以先进制造业为支撑的现代产业体系，[①] 形成了以软件和信息服务业、金融业、商贸业为代表的三大主导产业，上海浦东新区制造业与服务业"双轮驱动"，2017 年第二产业与第三产业分别增长 10.5% 与 8.3%。

浦东新区第一产业是金融业，2018 年金融业完成增加值 2937 亿元，占浦东地区生产总值的比重超过 28%，为上海全市贡献了超过 50% 的增加值。浦东新区集聚了上海全市的金融基础设施和要素市场的 80%，拥有 60% 的上海持牌类金融机构，全球十大资管机构有 9 家在陆家嘴落户。同时，浦东也集聚了全上海市 1/4 的高新技术企业，有 233 家外资研发机构，张江科学城活力四射，并已经成为科创中心建设的品牌标志。同时张江也有金融和科技融合的企业。

2018 年 1～10 月，新区累计实现社会消费品零售总额 1905.63 亿元，同比增长 5.3%，其中 10 月实现社会消费品零售总额 215.46 亿元，同比增长 6.1%；1～10 月累计实现商品销售总额 32941.8 亿元，同比增长 9.2%，其中 10 月实现商品销售总额 3432.76 亿元，同比增长 8.9%。

浦东新区作为上海市软件和信息服务产业"一中四方"空间格局中的一方，其产业定位为移动互联网、行业应用软件、金融信息服务。从软件和信息技术服务企业数量分布来看，浦东新区企业数量最多，有 27 家，占上海市软件和信息服务业数量的 38%。

值得一提的是，2018 年，浦东生物医药产业规模达到 672 亿元，同比增长 12.7%。其中制造业规模以上工业产值达到 548 亿元，占全市的

① 国家发展和改革委员会：《国家级新区发展报告（2015）》，中国计划出版社，第 48 页。

46.6%，同比增长16.2%，成为新区产业发展的一个亮点。全上海市获批4个新药证书全部来自新区，其中一类新药2个。同时药品上市许可持有人制度、医疗器械注册人制度试点取得突破，直观复星、药明奥测等重大项目落地。

（二）天津滨海新区

天津滨海新区自设立以来，以“现代工业化”为发展目标，连续多年第二产业和第三产业的产值比率均高于第一产业。2017年，新区工业经济运行平稳，规模以上工业总产值9000亿元，增长8%。十一大优势产业产值占规模以上产值的比重达88%，石油化工、新材料、生物医药、冶金产业分别增长26.3%、19.7%、15.6%、13.1%。营利性服务业营业收入增长30%。新增沪深交易所上市及新三板挂牌企业19家，金融业增加值增长8.8%。交通运输业稳步增长，天津港集装箱吞吐量1506.9万标箱，增长3.8%。①

2018年1~10月滨海新区规模以上工业总产值3.49亿元，规模以上工业增加值1.06亿元；固定资产投资完成13.15亿元，其中工业投资完成3.4亿元，增长114.9%，工业技改投资完成447万元，下降86.9%；地方一般公共预算收入6794万元，增长1.12%，税收总收入12947万元，增长1.38%。

天河超算、曙光信息、南大通用入选国家大数据产业试点示范项目，集成电路圆片、服务机器人产量增长1倍以上，科大讯飞、深之蓝等一批智能科技企业茁壮成长，自主可控基础软硬件产业链初步成形。空客累计交付A320飞机404架、A330飞机14架，彩虹无人机实现量产，银河麒麟操作系统助力北斗导航卫星发射升空，航空航天装备产业链日趋完整。以力神电池、巴莫科技、中能锂业为代表的动力电池产业规模不断壮大，风电机组产量增长2倍以上，新能源产业步入快车道。

开发区、高新区入围国家生物医药产业园区综合竞争力50强，新药研

① 《国家级新区发展报告（2018）》，中国计划出版社，2018。

发、合成生物、干细胞技术优势显现，康希诺疫苗投入量产，生物医药形成完整产业链条。汽车整车产能达到130万辆，发动机、变速器等配套生产能力大幅提升，汽车全产业链已经打通。电子信息、石油化工、粮油轻工等主导产业规模优势进一步巩固。

实体经济能力显著增强，新增各类金融机构600余家。空港保险产业园形成磁石效应，聚集太平洋保险、国寿财险等40余家企业。营利性服务业增势强劲，收入增长23.7%，货车帮、链家总部等项目落户，16家企业进入全市20强。文创产业快速发展，华北地区最大、最专业的电竞馆开业运营。旅游业加快发展，接待游客2350万人次，综合收入168亿元，增长12%。

（三）重庆两江新区

重庆两江新区形成了“一心四带”的产业布局，重点发展先进制造业、高端服务业、高科技产业等。经过多年发展，培养形成了汽车制造业、电子信息业和装备制造业等主导产业。

2018年以来，两江新区汽车产业向绿色智能方向转型趋势明显，依托区内8家整车企业、200余家核心零部件企业，以及中汽院、车检院和在建的新能源汽车研究中心，积极打造新能源和智能网联汽车产业集群。已形成以长安福特、长安、力帆、金康、车和家等新能源乘用车企业为代表的整车研发生产体系。2018年新区新能源汽车产量1.2万辆，新能源汽车产量增长20%。

2018年高技术制造业产值的增长达16.3%，占工业总产值的比重达42%。两江新区已形成以集成电路、显示面板、智能终端三大产业集群为主的电子信息产业。围绕纬创、旭硕、仁宝打造6000万台笔电制造基地，围绕京东方、莱宝、康宁等企业打造500亿元的显示光电产业集群，围绕奥特斯、四联集团、超硅等企业打造500亿元的高端电子材料集群。

两江新区加快培育发展生物医药产业。目前，新区已经入驻生物医药和器械类企业近百家，形成以药友制药、北大医药、华邦制药为代表的高端制剂，以海扶医疗、金山科技、“永仁心”人工心脏为代表的高端医疗器械和耗材，以中国干细胞集团、博腾制药、迪纳利为代表的高端医药产业服务三大健康产业集群，并积极打造了中关村医学工程转化中心、台湾纬创和互贵科技为代表的公共服务平台。

按照规划，“十三五”期间两江新区将构建“311”产业体系。①

发展三大优势支柱产业：至2021年，汽车产业实现产值5000亿元；电子信息产业围绕芯、屏、器、核四大领域，培育和发展集成电路、显示面板、智能终端以及核心配套零部件四大产业集群，实现产值3000亿元；装备制造业重点发展通用航空、轨道交通、通机、智能装备、节能环保等产业集群，实现产值1500亿元。

培育壮大十大战略性新兴产业：至2021年，新能源及智能汽车达到50万台以上产能，实现产值1000亿元；电子核心部件重点发展显示面板、集成电路，实现产值800亿元；云计算及物联网、可穿戴设备及智能终端、通用航空、生物医药及医疗器械实现300亿元产值；机器人及智能装备、能源装备、节能环保、新材料实现200亿元产值。

发展十大战略性新兴服务业：重点发展新兴金融、国际物流、大数据及信息服务、软件设计及服务外包、跨境电子商务及结算、保税商品展示及保税贸易、总部贸易和转口贸易、专业服务、健康医疗、文创旅游等十大战略性新兴服务业。至2021年，力争金融业增加值超过500亿元，占GDP比重达到13%，服务贸易进出口额占全市的50%左右。

（四）浙江舟山群岛新区

舟山群岛新区以海洋经济为核心，重点发展海洋工程装备与船舶行业、海洋旅游产业、海洋资源综合开发利用产业、海洋生物产业、现代海洋渔业等产业。目前，业已形成的主导产业是船舶修造业、石油化工业和水产加工业。2017年地区生产总值（GDP）1219亿元，按可比价格计算，比2016年增长8.8%。其中，第一产业增加值143亿元，第二产业增加值444亿元，

① 《重庆两江新区“十三五”构建“311”产业体系》，http://www.liangjiang.gov.cn/Content/2016-04/08/content_265578.htm，2016年4月8日。

第三产业增加值632亿元，分别增长5.1%、9.7%和8.7%。第一产业增加值占地区生产总值的比重为11.7%，第二产业增加值占比为36.5%，第三产业增加值占比为51.8%。

2018年，舟山全市实现渔业产量179.14万吨，比上年增长7.1%。国内捕捞产量下降，全年产量97.28万吨，同比下降6.1%；远洋渔业生产形势较好，全年产量49.13万吨，同比增长28.5%。海水养殖工厂化，全年海水养殖面积4401公顷、产量31.79万吨，同比分别增长0.5%和31.2%。

2017年全年全舟山市水路货运量23245万吨，比2016年增长11.0%，水路货运周转量2972.7亿吨公里，增长11.0%；水路客运量2806万人，增长8.4%，水路客运周转量4.9亿人公里，增长8.7%。2017年末全市有海上运输船舶1528艘，运力608.4万载重吨，比2016年末增长9.7%。其中，万吨级以上船舶150艘，比上年末增加13艘，运力343.1万载重吨，占全市总运力的56.4%。2017年末全市有舟山户籍运输船海员4.0万人，比2016年末增长1.8%。

2017年全年，舟山市规模以上工业增加值比2016年增长11.0%。全市规模以上工业企业资产总计1653.2亿元，实现利税总额27.5亿元，其中，利润总额6.9亿元。在规模以上工业中，高新技术产业总产值增长15.8%，产值占规模以上工业的32.1%；装备制造业总产值增长12.6%，产值占规模以上工业的45.4%；战略性新兴产业总产值增长20.7%，产值占规模以上工业的37.7%。规模以上工业新产品产值率18.6%，比上年提高了2.3个百分点。

2017年盐田生产面积765.9公顷。2017年生产原盐3.2万吨，比2016年下降8.1%；销售原盐3.3万吨，比上年下降15.5%。

（五）甘肃兰州新区

根据兰州新区规划，兰州新区十大主导产业包括高新技术产业、石油化工、装备制造、新材料、生物医药、现代农林业、现代物流仓储等。[①]

---

① 《兰州新区总体规划（2011~2030）》，兰州新区管委会，2014年8月。

兰州新区加快推动产业集聚，2017 年全年引进产业项目 97 个，总投资 457.96 亿元，累计建成项目 107 个，实现规模以上工业总产值 294.3 亿元。

2018 年，兰州新区实现工业总产值 268 亿元，比预计的 244 亿元增加 24 亿元，实现生产总值 205 亿元，固定产值投资 310 亿元，引进世界最薄的 6 微米铜箔、高档铝合金新材料等 5 个项目；引进益海嘉里、中亚粮油进口加工、四川高金等 9 个农产品加工项目。同时，16 个先进装备制造产业项目落地，总投资 88.9 亿元；佛慈制药、申联生物等 18 个生物医药项目基本建成；知豆汽车、兰驼全面投产，珠海银隆、亚太新能源汽车加快建设。

目前，已落地兰石、兰泵、亚太立体停车、甘肃建投等先进装备制造产业项目 108 个，计划总投资 673.79 亿元，建成投产项目 54 个，在建项目 34 个，完成投资 240 亿元，实现产值 163 亿元。

（六）广州南沙新区

广州南沙新区立足承接港澳产业转移，力图形成以生产性服务业为主导产业的现代产业体系。经过多年的发展，形成了现代服务业与先进制造业并重的产业框架，汽车、船舶、重大装备等先进制造业和航运物流、科技创新、服务外包、创新金融、融资租赁、跨境电商等现代服务业快速发展，汽车产业、船舶制造业、电器制造业和化工制造业已经成为新区的主导产业。

2018 年南沙区重点建设项目 257 个，完成投资 921 亿元，超过计划目标 18.3 亿元，完成率 102.3%。其中中铁建华南总部建成，恒大新能源汽车、海尔智能制造中心、广州南沙国际物流中心等 21 个产业项目开工建设。

2018 年，南沙新区汽车制造业首次突破千亿元，实现工业产值 1031 亿元，同比增长 27.87%，成为全区首个产值超千亿元的先进制造业产业集群。2017 全年生产汽车 43.92 万辆，增长 3.8%；生产发动机 38.09 万台，增长 2.3%。

2017 年装备制造业实现产值 1158.88 亿元，增长 4.5%，占全区规模以上工业产值的比重为 50.3%，其中汽车制造业实现产值 806.95 亿元，占全区规模以上工业产值的 35.2%；铁路、船舶、航空航天和其他运输设备制造业完成产值 103.36 亿元，较上年下降 23.9%。

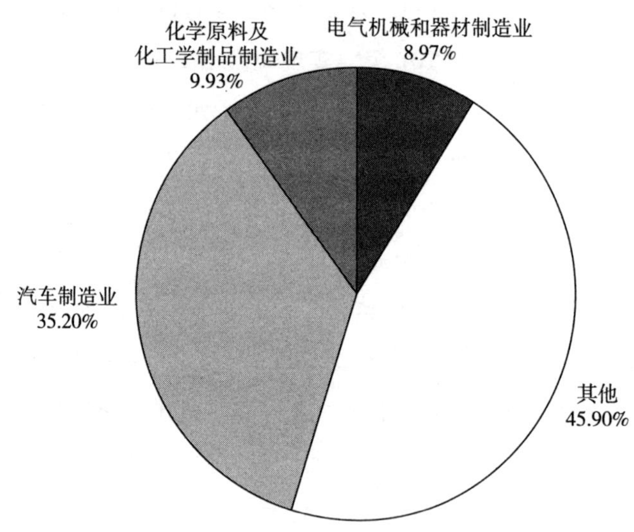

图 3－1　2017 年南沙区规模以上工业产值分行业比重

资料来源：南沙新区官网。

（七）陕西西咸新区

陕西西咸新区自成立以来，按照“资源整合、错位布局、集群发展”的思路，依托西安、咸阳产业资源，注重自主创新，构建创新性产业体系。重点发展高端装备制造业、新一代信息技术、生物医药、节能环保等产业。目前，西咸新区已经初步确立了航空物流、信息服务、高端装备制造业等主导产业。

2018 年全市规模以上装备制造业产值 3378.5 亿元，是 2014 年的 1.4 倍，占全市规模以上工业总产值的 58.9%，呈现逐年上升趋势；已形成以汽车、航空航天、电力装备、轨道交通装备、专用通用装备、节能环保装备等为主的装备制造业体系，涌现出陕汽、西电、比亚迪、西飞等产值超过百亿元企业，成为支撑西安经济社会发展的重要引擎。①

西咸新区已引进南方航空、奥凯航空等 6 家航空货运公司，普洛斯等 8

① 《西安市装备制造业产业发展规划（2019～2021 年）》。

家世界500强物流企业和中外运等7家中国SA级物流企业，阿里巴巴、京东、大龙网等电子商务巨头，FedEx、UPS、DHL、日本近铁、嘉里大通、德国辛克等40余家国内外大型货代公司，构建物流地产及仓储、货物代理、快件转运与分拨、货物运输和转运、跨境电子商务等产业链，航空物流产业链基本形成。

以大数据为主导，基于互联网、“互联网+”、“机器人+”、现代通信等，发展以大数据、云计算、物联网、人工智能、虚拟现实等新一代信息技术产业。移动、电信、联通和广电四大运营商数据中心已齐聚于此，微软、惠普、中兴、聚思鸿（Concentrix)、蓝盾、软通动力、视源科技等项目已先后引进。

研发产业以科研、科技成果转化为主导，强力推进中国西部科技创新港、西工大翱翔小镇、国家统筹科技资源改革示范基地、“硬科技”小镇等重大科创平台建设。宝能科技园、华大基因、佰美基因、迪安诊断、国联质检、秦岭生物医药、瑞海集团、米特智能、六环传动等企业已经落户。

文化旅游业以历史文化旅游、文化创意为主导。沣东华侨城文化旅游综合体、恒大童世界文化旅游综合体、丝路风情城等文化旅游项目加速推进。同时新区依托秦汉新丝路国家级数字文化产业基地，推动文化资源向数字产业转化，发展数字文博、数字新媒体、动漫游戏、数字出版等数字产业。依托中译语通，“一带一路”语言服务及大数据平台正在建设中。

（八）贵州贵安新区

贵州贵安新区明确主导产业为生态文化旅游、高端商务服务、高端装备制造、电子信息、商贸物流、科技教育服务、现代都市农业。2015年新区出台《贵州贵安新区重大产业发展行动计划（2015～2017)》，进一步确认电子信息、高端装备制造、大健康医药、文化创意等产业为新区新阶段发展重点。

2018年贵安新区大数据产业规模达376.1亿元，同比增长10%，大数据服务业营业收入完成32.4亿元，同比增长188.3%。一批标志性项目加快建设，iCloud服务正式由“云上贵州”提供，苹果公司iCloud数据中心场平回填工程正式开工，华为、腾讯数据中心加快推进，国家电子政务云数据中心南方节点在新区挂牌，新区被中国数据中心产业联盟评为“最适合投资数据中心的城市和地区”。2018 年 1～10 月，贵安新区电子信息制造业规模以上工业总产值完成 186. 94 亿元，同比增长 51%；软件和信息服务业营业收入完成 23. 38 亿元，同比增长 238. 86%，提前完成省级下达的 17 亿元目标任务；电信业务总量完成 1. 84 亿元，同比增长 84%；电子商务交易额完成 98. 88 亿元。在智能终端产业方面，落户贵安新区的富士康、浪潮、佳贵达等龙头企业持续加快扩能扩产，1～10 月生产手机 2889. 3 万部，同比增长 48. 2%；生产服务器 6. 78 万台，同比增长 408%。新区数据中心服务器承载能力已达 23. 1 万台以上。贵安新区数字经济产业集群效应初显，累计引进相关企业 140 家，其中，白山云入选全球顶级 CDN 服务商，覆盖国内 300 多个城市，服务于微软、腾讯、搜狐等近 300 家知名互联网企业和中国 70% 的互联网用户，1～10 月营业收入完成 7. 95 亿元。

2017 年为推动高端装备制造产业快速发展，贵安新区不断加大招商引资力度，引进西部国际智能产业城斯特林发电机产业基地等重点项目。目前，贵安新区共拥有省级以上企业技术中心 12 个、国家高新技术企业 25 家，建立了一支以航空航天为主导的高端装备制造业专业人才队伍，基本形成较为完善的产业体系。2018 年生产手机 3131. 8 万部，生产浪潮服务器 8. 5 万台。中航发飞机涡轮叶片项目落地建设。

2018 年，新区持续推进 100 个旅游景区建设，继续加快云漫湖国际休闲旅游度假区建设，确保完成投资目标，接待游客 607. 6 万人次，同比增长 25. 4%；旅游综合收入实现 32. 8 亿元，同比增长 26. 4%。

（九）青岛西海岸新区

2014 年 12 月，青岛西海岸新区出台产业发展规划，围绕海洋经济发展主题，重点发展海水淡化、海洋新能源、海洋新材料三大产业。青岛西海岸新区确定了全新的产业发展思路。优化“旧引擎”——全力改造提升航运物流、船舶海工、家电电子等六大支柱产业，构建“新引擎”——大力发展海洋生物、通用航空等十大新兴产业，倾力培育影视文化、军民融合等六大特色产业。这一被称为“616”的全新的产业体系架构，为新区产业结构优化升级勾画了明晰的“路线图”。

2018 年，新区共签约待建、在建、新竣工海洋经济重点项目 140 个，总投资约 2600 亿元。其中，签约待建 46 个，总投资约 630 亿元；开工在建 64 个，总投资约 1280 亿元；新竣工项目 30 个，总投资约 690 亿元。疏港铁路等 36 个项目列入青岛市蓝色经济区建设重点项目库，总投资 1045 亿元，占全市的 41.5%，列全青岛市首位。[①]

2018 年全年完成水产品总产量 35.02 万吨，水产品总产值 80.18 亿元。西海岸新区滨海旅游业共接待国内外游客 2530 万人次，实现旅游业总收入 267.8 亿元，同比分别增长 14.3% 和 22.3%。

西海岸新区是我国北方最大的家电生产基地。现有海尔、海信、澳柯玛、瑞智精密机电等规模以上企业 50 余家。

西海岸新区是我国四大海洋工程基地与重要的船舶修造基地之一，目前聚集了北船重工、武船重工、中船重工、中海油海洋工程、中石油海洋工程等船舶制造和海洋工程企业，以及各类配套企业 100 余家。

（十）大连金普新区

大连金普新区的主导产业包括装备制造、生物医药、电子信息、新能源汽车、石化和精细化工产业等。

大连共有各类生物企业 300 余家，医药工业企业 140 余家，其中 90% 分布在金普新区内。目前，新区拥有规模以上生物医药企业 50 余家，其中年产值过亿元的企业近 10 家，基本形成以辉瑞制药、欧姆龙、汉信、珍奥集团等一批大企业为龙头的生物医药产业集群，成为辽宁三大生物产业集聚区之一。[②]

目前金普新区有华晨专用车、奇瑞整车、东风日产、黄海汽车、一汽客车等五大整车项目；汽车零部件产业已落户企业 120 余家。汽车及零部件生产企业涵盖了汽车整车、发动机及配件、汽车轴承、制动器、减震

① 青岛蓝色经济网，http://www.zgqdlsjj.com/2019/0301/278403.shtml。

② 大连市人民政府，http://www.dl.gov.cn/gov/detail/detail.vm?diid=201B01000161003263416101718。

器、转向系统等48类千余个品种，主要企业有大众一汽发动机、大众汽车自动变速器、道依茨一汽柴油机、博格华纳、汉拿空调、蒂森克虏伯、阿尔派电子等。

金普新区电子信息产业以外向型经济为主，产业规模占全市的六成、全省的1/3以上。目前已形成半导体晶圆、LED芯片及外延片、电子元器件、工业电子、办公设备与家电、通信与电子设备、工业控制软件等核心产品门类。现有电子信息产品制造企业471家，其中规模以上企业达111家，产值超过亿元的企业45家，超过10亿元的有8家。产品主要为集成电路、激光打印机、电子元器件、线路板、芯片、外延片等。

（十一）成都天府新区

《成都天府新区总体规划》明确了新区重点发展战略性新兴产业、现代制造业和高端服务业，大力发展电子信息、新能源、新材料、生物医药、汽车研发制造、航天航空装备、工程器械制造、节能环保、农副产品深加工、独立科技研发十大产业。目前，新区已基本形成电子信息、汽车制造、新能源新材料等主导产业。①

依托天府软件园，先后引进IBM、NEC、GE、新电、华为、阿里巴巴、腾讯、WIPRO、DHL等250余家国内外知名企业，涵盖电子信息产品研发、高端零部件制造、物联网等领域。2015年，新区电子信息产业产值接近2000亿元。

聚集了大众、沃尔沃、丰田、吉利等汽车及工程机械产业巨头，覆盖汽车研发设计、关键零部件制造、展览销售和新能源汽车等主要产业链环节。

新区较早布局以新能源和新材料为代表的战略性新兴产业。目前已引进通威太阳能、天威新能源、四川阿波罗太阳能、汉能控股集团、韩国SK、美国JM、中材集团等新能源、新材料企业和项目，初步形成产业集聚。

（十二）湖南湘江新区

2016年5月，湖南湘江新区出台《湖南湘江新区发展规划（2016～

① 李雷雷：《国家级新区主导产业选择研究》，四川省社会科学院硕士论文，2017。

2025 年)》，要求着力构建以制造业为主体、现代信息服务业为支撑、现代农业为基础的现代产业体系，重点发展新材料、先进装备和智能制造、新能源与节能环保、新一代信息技术、生物医药和食品轻纺家电等产业集群。目前，新区已形成专业装备制造和有色金属加工等主导产业。

2018 年，新区专业装备制造产业园紧紧围绕新能源汽车新材料、大数据 + 智能装备三大重点产业方向精准发力，全年实现总产值 48.36 亿元。

2017 年，湘江新区 12 个产值过百亿元行业，涵盖专用设备制造业、有色金属冶炼和压延加工业、电气机械和器材制造业、非金属矿物制品业、通用设备制造业、化学原料和化学制品制造业、金属制品业、农副食品加工业、食品制造业、计算机、通信和其他电子设备制造业、医药制造业、印刷和记录媒介复制业等，合计实现产值 4259.90 亿元，占新区规模以上工业总产值的比重为 85.0%，比 2015 年增加 1355.65 亿元，占比提升 2.6 个百分点。

2018 年以来，产业项目建设成为湘江新区经济发展的强大引擎。“产业项目建设年”项目启航周、集中开工月活动成效明显，累计完成投资 293.33 亿元，占年度计划的 31%。与此同时，招商引资增强新动能，仅一季度，新区就签约项目 111 个，总投资 511.18 亿元。下一阶段，湘江新区将继续突出抓产业发展，着力壮大实体经济，聚焦重点产业链招大育强，积极推进“产业项目建设年”。

（十三）南京江北新区

《南京江北新区产业发展规划（2015～2030 年)》提出，新区将建设“4 +2”现代产业体系，其中，“4”是指智能制造、生命健康、新材料、高端交通装备四大先进制造业，“2”是指现代物流、科技服务两大生产性服务。目前，新区初步形成了以轨道交通、新材料、生物医药等为主导的产业体系，各产业均已形成百亿级规模。

依托南京化工园，建成投产各类企业 150 余家，巴斯夫、BP、亨斯迈、空气化工等 20 多家世界 500 强与化工 50 强企业在园区落户，形成以新材料、生命科学与高端专业化学品为主要特色的产业发展体系。

依托高新区生物医药谷，共聚集生物医药企业276家，涵盖生物制药、化学制药、医疗器械、中医药、研发外包服务等多个门类，代表企业分别有绿叶思科、药石药物、微创医学、海昌中药等。

（十四）福建福州新区

《福建福州新区产业发展规划》指出，重点推进电子信息、机械装备、石油化工等主导产业提升发展，纺织化纤、冶金建材等传统产业转型发展，物联网、互联网、大数据产业、生物与新医药、新材料、新能源、节能环保等新兴产业与海洋产业规模发展，提升五大千亿级产业集群发展水平。福州新区的支柱产业为电子信息产业、机械装备产业、石油化工产业。

2018年，福州新区加快建设中国东南大数据产业园。建成福州国家级互联网骨干直联点、“海峡光缆一号”等一批大数据产业基础设施，组建市电子信息集团，京东物流园等7个数字经济项目落地新城，总投资约160亿元。2018年，产业园新注册企业83家，注册总资本115.15亿元，园区累计销售总额117.78亿元，税收总额7.35亿元。物联网产业蓬勃发展。辖区内已通过认定的物联网企业达104家，完成注册企业203家，拥有2个国家级实验室、2个国家级企业技术中心、省级各类技术研发机构34家；福州物联网开放实验室参与制定各类行业标准19项，获得国家专利5个，引进高层次人才12名，与49个合作伙伴签署战略合作协议；华为物联网云计算创新中心签约落地，华为专家团队已入驻开展前期工作。

纺织化纤、轻工食品、机械制造、冶金建材、电子信息等五大千亿级产业集群已培育形成多条较为完整的产业链。2018年，新区组织实施272项市级工业重点项目，总投资2606亿元。祥鑫军民融合特种铝合金材料、阿石创大型靶材等53个工业重点项目开工建设。实施32项智能化改造、84项省级重点技改、177项市级重点技改。

（十五）云南滇中新区

2017年，云南滇中新区提出聚焦七大产业，努力打造云南省转型发展新引擎。重点聚焦现代服务、石油炼化、汽车及现代装备制造、临空产业、新材料、生物医药、电子信息等七大产业，共同构建特色鲜明、具有较强国际竞争力和影响力的现代产业体系。2018 年，新区产业培育初见成效。2017 年全年，新区共签订正式投资协议 74 个，招商引资全年到位内资 391.5 亿元，累计引进世界 500 强企业 6 家、中国 500 强企业 9 家。①

“三整车一中心”全面加快建设，昆明新能源汽车研发中心（北汽新能源）顺利实现首车下线，东风云汽、江铃新能源汽车总装生产线即将建成投产，中汽中心高原试验室项目一期主体设施完工。中关村电子城、京东方 OLED 微显示屏、兴圣丰智能手机等一批电子信息产业项目，国药中生、中国中药、波顿香精香料等一批生物医药项目，新加坡丰树、宝能临空物流中心等一批现代物流项目全面快速推进。

（十六）黑龙江哈尔滨新区

《黑龙江哈尔滨新区规划（2017～2020 年）》指出，哈尔滨新区要着力发展高端装备、绿色食品、新一代信息技术等千亿级产业集群，培育发展生物医药、新材料、节能环保产业，加快发展金融商务等现代服务业，提升产业国际竞争力。经过近些年的发展，哈尔滨新区已经形成了高端装备制造、绿色食品及新一代信息技术三大主导产业。

新区江北一体发展区内国家认定的高新技术企业由 2017 年的 158 户增长到 2018 年的 219 户，平均每 6 天产生 1 户国家级高新技术企业。2018 年，高新技术产业增加值增长 32.2%，占全市的比重为 27.1%，占新区地区生产总值的比重为 8.9%，成为推动新区动能转换的主导力量。

2019 年推进的 37 个重点项目中，新开工项目 15 个，计划总投资 65.5 亿元，年度计划投资 18.3 亿元；续建项目 22 个，计划总投资 77 亿元，年度计划投资 13.9 亿元。其中，新开工项目数量及年度计划投资分别占总数的 40.5%、56.7%，分别高于上年 5.5 个、14.5 个百分点。哈尔滨东安汽车发动机制造有限公司不断扩能增效，随着产业项目“开工之春”号角吹响，计划投资 4.9 亿元启动的 6AT 自动变速器扩能项目已经开工；落户冰城的汽车领军企业长安福特汽车有限公司的 PDC 自建库续建项目已开工，

① 云南时讯，https://www.sohu.com/a/192739596_542379。

计划投资 1.2 亿元。

建设中俄农业与食品工业科技园，大力发展面向国际国内高端消费群体的有机营养食品，推进地方特色鲜活产品、高档乳品饮品及粮油精深加工、肉制品精深加工品牌化、规模化发展，打造国内知名的绿色食品产业基地。

（十七）吉林长春新区

《吉林长春新区发展总体规划》指出，长春新区构建“两轴、三中心、四基地”产业格局，紧紧依托吉林省内优势资源，重点发展先进制造业、现代农业和现代服务业三大主导产业，以中国智能装备制造中心和东北亚区域绿色消费中心建设为核心，加快构建开放创新型产业体系和若干个千亿级产业集群。重点规划设计“十大产业园区”，即高端装备制造产业园、航天信息产业园、大数据产业园、新能源汽车产业园、生物医药产业园、亚太农业和食品安全产业园、临空产业园、东北亚绿色健康产业园、国际教育与信息产业园和通用航空产业园，形成区域联动、差异发展、各具特色的发展格局。①

长春高新区生物医药产业发展势头较快。截至 2017 年底，全区生物医药实现产值百亿元，同比增长 28.4%；全区生物医药企业达 200 余户，其中，规模以上企业 18 户，上市（挂牌）企业 6 户，国家高新技术企业 25 户，长春市科技型“小巨人”企业 21 户。培育了金赛、修正、百克、迪瑞、海悦等一批行业领军企业，多个企业在细分领域居于国内龙头或者前三名位置，成为全省生物医药技术创新的核心区、产业化的龙头基地，对全市乃至全吉林省生物医药产业发展发挥了重要的支撑、辐射和带动作用。

2018 年，长春新区紧紧围绕智能装备产业园汇聚的行业细分龙头企业，带动周边光电子孵化器、北湖科技园等孵化技术平台企业融合发展。璀璨产业园促进与中科院、光机所和苏州医工所在精密仪器领域的高端产业项目落地。长春新区通过提供精细化、“接地气”的服务，助力园区经济向好发展，已投产企业快速发展。

① 宋岩瑞：《长春新区产业发展与空间布局优化研究》，东北师范大学硕士论文，2018。

（十八）江西赣江新区

《江西赣江新区总体方案》指出，新区拥有国家级南昌经济技术开发区和多个省级产业园区，形成了高端装备制造、汽车及零部件、生物医药、电子信息、新材料和现代物流等在国内外具有较强竞争力的优势产业集群，是中部地区重要的先进制造业和战略性新兴产业集聚区。光电信息、生物医药、智能装备制造、新能源与新材料、有机硅、现代轻纺是赣江新区六大主导产业。2018 年，新区六大主导产业实现高质量发展，财政总收入突破百亿元，达到 124 亿元，增长 14. 8%；地方财政一般预算收入完成 57. 1 亿元，增长 10. 2%。

2017 年，赣江新区汽车产业集群实现工业总产值 160. 45 亿元，同比增长 70. 08%；实现主营业务收入 162. 04 亿元，同比增长 67. 5%。2018 年 1 ~9 月，赣江新区汽车产业集群实现工业总产值 125. 29 亿元，同比增长 24. 3%；实现主营业务收入 126. 82 亿元，同比增长 38. 4%。

2017 年，新区光电信息产业实现营收约 450 亿元，同比增长 17. 2%。2018 年上半年，新区光电信息产业共有规模以上企业 43 家，实现主营业务收入 223. 43 亿元，同比增长 31. 2%，增速相较上年提升 14 个百分点，发展活力强劲、后劲十足。

（十九）河北雄安新区

雄安将优先关注新一代信息技术产业、现代生命科学和生物技术产业、新材料产业等，从高端芯片设计和关键软件开发做起，打造新兴产业基地，支撑雄安成为数字城市、智能新区、绿色低碳新区和创新驱动发展新区。①

服装纺织品主要集中分布在容城县，是该县的主要产业。

纸塑包装业主要分布在雄县，是雄县产值最大的产业。目前，纸塑包装企业达 6000 家，其中规模以上企业 41 家，从业人员 8 万人，拥有各类包装印刷设备 1 万余台（套），产品涵盖食品、医药、电子等领域，国内市场份额为 8%，国际市场份额为 4%，常年为伊利、三星、海尔等下游企业供应

① 《河北雄安新区规划纲要》。

品牌包装，而且雄县已经成为我国北方最大的塑料包装印刷基地。

电器电缆是雄县第二大产业。最初以家庭作坊为主，因地理区位在京津冀中间位置，有一定的交通和成本优势。

乳胶制品主要分布在雄县龙湾乡和昝岗镇，生产气球、家用乳胶手套等产品，其中气球类产品在国内和国际市场所占份额分别达到80%和60%。

有色金属回收再生是安新县工业部门中产值最大的产业。2016年全县有色金属回收企业有298家，其中规模以上企业33家；全年全行业完成销售收入278亿元，从业人数1.2万人，占国内市场的份额为9%。

二　新区主导产业分析

（一）各新区主导产业出现同质化现象

国家级新区具有相同的政策红利、相似的体制机制、相近的发展目标，因而在主导产业选择和确立的过程中必然存在一定程度的趋同性。例如，江西赣江新区、黑龙江哈尔滨新区、贵州贵安新区和陕西西咸新区先后将高端装备制造业列为主导产业；天津滨海新区、重庆两江新区、贵州贵安新区和河北雄安新区均将生物医药产业作为主导产业（见表3-1）。但是，在市场经济规律作用下的产业趋同，既有利于新区之间的产业竞争，又有利于进一步细化产业内部分工、延伸产业链，促进产业集聚。[①]

表3-1　国家级新区主导产业

新区	主导产业
上海浦东新区	金融业、商贸业、软件信息服务产业
天津滨海新区	高科技产业、金融服务业、生物医药产业
重庆两江新区	高技术制作产业、汽车制造产业、生物医药产业
浙江舟山群岛新区	渔业、航运业、海洋生物业
甘肃兰州新区	战略性新兴产业、高新技术产业、石油化工业、装备制造业
广州南沙新区	汽车产业、船舶制造业、电器制造业、化工制造业

① 张宁、卢向虎：《国家级新区主导产业比较分析——兼论陕西西咸新区主导产业发展对策》，《城市》2016年第9期。

续表

新区	主导产业
陕西西咸新区	航空物流业、信息服务业、高端装备制造业
贵州贵安新区	电子信息业、高端装备制造业、大健康医药、文化创意业
青岛西海岸新区	海水淡化业、海洋新能源业、海洋新材料业
大连金普新区	装备制造业、生物医药业、新能源汽车业、石化、精细化工产业
成都天府新区	电子信息、汽车制造、新能源新材料
湖南湘江新区	专业装备制造、有色金属加工
南京江北新区	轨道交通、新材料、生物医药
福建福州新区	电子信息产业、机械装备产业、石油化工产业
云南滇中新区	现代服务、石油炼化、汽车业、现代装备制造
黑龙江哈尔滨新区	高端装备制造、绿色食品业、新一代信息技术
吉林长春新区	生物医药产业、智能装备制造业
江西赣江新区	高端装备制造、汽车及零部件、生物医药、电子信息
河北雄安新区	纺织服装业、信息技术产业、乳胶制品业、生物技术产业

（二）主导产业的形成主要基于新区自身的比较优势

主导产业形成的原因多样，但主要是基于自身的比较优势，例如，雄安新区的纺织服装业、纸塑包装业、电器电缆业、乳胶制品业、有色金属回收再生业是其传统优势产业。雄安新区发展主导产业，必然要建立在传统产业的基础上。浙江舟山群岛新区和青岛西海岸新区都基于自然资源禀赋选择水产品加工业作为主导产业；上海浦东新区基于背靠大上海全国金融中心的区位优势选择金融业作为主导产业；重庆两江新区基于装备制造业方面的传统优势将汽车产业作为主导产业。这些主导产业都能代表新区在某一产业领域的竞争优势，对于新区发展具有显著的带动作用。

（三）主导产业的选择紧跟国家产业发展方向

《“十二五”国家战略性新兴产业发展规划》确定了七类必须重点发展的战略性新兴产业，为国家级新区主导产业的选择指明了方向。比如，上海浦东新区、天津滨海新区、重庆两江新区、成都天府新区和贵州贵安新区等均将电子信息产业及信息服务业作为本区的主导产业之一，符合《“十二五”国家战略性新兴产业发展规划》鼓励发展新一代信息技术产业的要求；

成都天府新区发展新能源新材料产业，也与《“十二五”国家战略性新兴产业发展规划》鼓励发展新能源新材料产业的要求一致。

本章从主导产业入手分析了国家级新区的产业竞争力。国家级新区的主导产业都基于自身比较优势、符合国家的产业发展方向，虽然有一些同质化的现象，但是仍符合国家对各新区产业发展的要求。各新区根据自身禀赋和优势发展主导产业，所形成的产业集聚效应、产业互动效应在一定程度上提升了产业竞争力。

新区“一带一路”篇

党的第十九次全国代表大会指出要坚持以“一带一路”建设为重点，完善对外开放“两条腿”走路，即坚持“引进来”和“走出去”并重。随着“一带一路”倡议以及“国家级新区”战略的深入实施，国家级新区的重要性不言而喻。“一带一路”和国家级新区建设，有着相同的目的，那就是带动中国经济的开放，优化经济区域布局。“一带一路”和国家级新区的融合，有利于国际各要素的交流，实现文化和经济的融合，创造合作共赢的格局。本篇研究了“一带一路”倡议和国家级新区建设的内涵及关联机制，国家级新区是“一带一路”建设中的核心节点，“一带一路”倡议是国家级新区发挥增长极作用的有力支撑。“一带一路”建设和国家级新区建设的协同发展路径包括通过增强政策融合、实现二者建设的政策协同，加强基础设施建设、创造二者建设协同发展的基础条件，加强区域协作、促进区域协同发展，以及加强产业融合、促进二者建设的产业协同。

第一章 “一带一路”倡议与国家级新区的内涵联系、关联机制

一 “一带一路”倡议①

“一带一路”（The Belt and Road，B&R）是“丝绸之路经济带”和“21世纪海上丝绸之路”的简称，是指2013年9月和10月由中国国家主席习近平分别提出建设“新丝绸之路经济带”和“21世纪海上丝绸之路”的合作倡议。“一带一路”旨在借用古代丝绸之路的历史符号，高举和平发展的旗帜，积极发展与沿线国家的经济合作伙伴关系，共同打造政治互信、经济融合、文化包容的利益共同体、命运共同体和责任共同体。

丝绸之路经济带②是在古丝绸之路概念基础上形成的一个新的经济发展区域，包括西北五省区陕西、甘肃、青海、宁夏、新疆，西南四省区市重庆、四川、云南、广西。2013年，该倡议由中国国家主席习近平在哈萨克斯坦纳扎尔巴耶夫大学演讲时提出。丝绸之路经济带地域辽阔，有丰富的自然资源、矿产资源、能源资源、土地资源和宝贵的旅游资源，被称为21世纪的战略能源和资源基地。但该区域交通不够便利，自然环境较差，经济发展水平与两端的经济圈存在巨大落差，整个区域存在“两边高、中间低”的现象。

21世纪海上丝绸之路③是2013年10月习近平总书记访问东盟时提出的战略构想。海上丝绸之路自秦汉时期开通以来，一直是沟通东、西方经济文化交流的重要桥梁，而东南亚地区自古就是海上丝绸之路的重要枢纽和组成

---

① 百度百科。

② 百度百科。

③ 百度百科。

部分。中国着眼于与东盟建立战略伙伴十周年这一新的历史起点，为进一步深化中国与东盟的合作，提出“21 世纪海上丝绸之路”的战略构想。

二　“一带一路”倡议与国家级新区建设的内涵联系

随着“一带一路”倡议及京津冀一体化、长江经济带等战略的相继提出，我国已经形成了新时期提升效率兼顾公平的区域协同发展战略。从整体发展战略来看，“一带一路”倡议不仅是新时期我国区域发展的新战略，也是实现我国区域均衡发展的新举措。国家级新区作为“一带一路”倡议的核心节点，一方面通过极化效应推动经济带均衡发展，另一方面通过扩散效应实现我国五大区域的有效衔接。

国家级新区①是指新区的成立乃至开发建设上升为国家战略，总体发展目标、发展定位等由国务院统一进行规划和审批，相关特殊优惠政策和权限由国务院直接批复，在辖区内实行更加开放和优惠的特殊政策，鼓励国家级新区进行各项制度改革与创新的探索工作。中国的经济发展，有赖于经济要素潜力的释放，国家级新区战略是很重要的一环。国家级新区除了优惠政策以外，更重要的是提振某个区域民众的奋斗精神和经济活力，天津滨海新区和上海浦东新区都带动了经济的发展，形成了区域经济配套和产业集群，对基于产业要素和知识的溢出效应发挥了很大作用。但是也可以看到，目前中国经济重心太过于集中，很多地区经济活力相对低下，企业家精神欠缺，政府观念相对落后。而随着中国交通体系的升级，高铁和空运可以加快产业要素的转移流动，国家也需要让相对集中的经济布局变得分散。举例来说，北上广等大城市的“大城市病”日益明显，通过国家级新区战略让一部分企业和产业重新布局，能够深入地挖掘中国经济发展的潜力。国家级新区战略是国家战略，就意味着要服从国家的经济大战略，实现更好的分工布局，且必须面向国际化。

而“一带一路”建设，可以让中国的新经济布局有更好的国际对接空

① 百度百科。

间。通过国家级新区的建立，更好地与国际接轨，建立与“一带一路”建设交汇的新支点，使得中国的经济布局不仅能够在国内更加合理，而且可以通过国际渠道实现更好的分工和产能释放。以重庆为例，亚欧铁路和航运让重庆可以更好地对接国际的产业分工布局，带动经济发展，而且对周边的经济形成了拉动效应，等于让国际化的成果辐射到中国相对落后的腹部地区。

国家级新区与“一带一路”在空间覆盖区域上有很大的重合，具有同样的理论基础，即“点—轴”空间结构理论。区别是国家级新区在全国版图上以“点”的形态为特征，而“一带一路”在全球版图上以“线”的形态为特征，这条线不仅将中国与世界联系起来，而且将国内沿线区域串联起来，国家级新区则是这条“线”上特殊的“点”，“点—线”结合更为符合区域经济发展客观规律。

国家级新区与“一带一路”互为依托、互为支撑。“一带一路”倡议的提出，给国家级新区的发展提供了广阔的发展空间，因为将国家级新区融入“一带一路”建设中，既可以低成本高效率获得全国乃至全球优质发展要素，又为新区内产品拓展市场提供了极大的空间。同样，国家级新区的发展对“一带一路”建设起到重要支撑作用，因为国家级新区是当地发展基础和条件比较好的区域，而且国家级新区的发展已经有了一定的基础，已经初步形成了新型的公司体制、发展机制、开放体系、技术结构和人才队伍，如果将这些因素通过一定的方式纳入“一带一路”建设中，会形成强有力的促进作用。因此，国家级新区与“一带一路”之间存在相互依托、相互补充、相互支撑、相互促进的关系。

三 “一带一路”倡议和国家级新区建设的关联机制①

丝绸之路经济带建设的国内重心就是以促进我国西部地区开发开放为目标，并通过与长江经济带等区域之间的互联互通实现全国协同发展，国家级

① 郭爱君、陶银海：《丝绸之路经济带与国家新区建设协同发展研究》，《西北师大学报》（社会科学版）2016 年第 6 期。

新区作为区域战略中的核心节点，在丝绸之路经济带建设中的作用不容忽视，两者之间的协同发展是经济带崛起从而缩小我国东、中、西发展差距的关键，也是发挥国家级新区增长极作用的关键。

（一）国家级新区是“一带一路”倡议建设的核心节点

国家级新区是我国区域经济发展的核心增长极，也是“一带一路”倡议建设的核心节点与增长极，相比“一带一路”沿线上的其他节点城市，国家级新区建设对生产要素、商品流通和技术创新的辐射带动作用和扩散作用更强，并且借助“一带一路”倡议对外开放的战略平台，新区的极化效应和扩散效应将得到进一步强化。国家级新区应当作为“一带一路”建设中的核心节点和战略支点。

1. 理论基础

亚当·斯密提出的绝对优势论认为各国都应利用具有绝对优势的资源进行专业化生产并彼此交换，这有利于增加彼此的物质财富和社会福利。大卫·李嘉图则认为，一个国家应集中生产那些利益较大或不利较小的商品，并进行贸易，从而提高地区间的生产效率，增强区域的整体利益。赫克歇尔与奥林的要素禀赋理论指出在各国的分工协作中，每个国家用相对丰裕的生产要素进行生产用来出口，并通过进口相对稀缺的生产要素生产的商品从而获得竞争优势。

迈克尔·波特认为，一国竞争优势的构建主要取决于生产要素、需求条件、产业因素、企业竞争，以及机遇和政府作用。一国在某一产业的国际竞争力取决于该国能否创造一个良好的商业环境，使该国企业获得竞争力。他将竞争环境提至竞争力研究的核心地位。

可持续发展理论是指既要满足当代人需要，又不危害后代人满足其需要能力的发展，包括生态、经济和社会的可持续发展，它们之间相互关联而不可分割。

2. 现实依据

目前，处在丝绸之路经济带上的国家级新区主要有重庆两江新区、甘肃兰州新区、陕西西咸新区、贵州贵安新区和成都天府新区，而处于21

世纪海上丝绸之路的新区主要包括福建福州新区、浙江舟山群岛新区等，超过了新区总数的1/3，这些新区的设立都是以所在区域经济发展水平较高的省会城市为依附，处在区域发达城市或城市群的包围中，具有良好的经济区位和发展潜力，像贵州贵安新区和陕西西咸新区不仅将成为丝绸之路经济带向西开放通向中亚、西亚、中东乃至欧洲的战略出发点和战略平台，而且将是我国西部产业转型升级和东部产业转移的支撑点与大平台，有利于进一步扩展西部地区经济发展的空间载体，成为西部地区经济跨越式发展的增长极。

其他不在丝绸之路经济带与21世纪海上丝绸之路上的国家级新区的核心节点作用也不容忽视，一方面发挥着战略平台的作用，另一方面是我国区域之间实现协同合作的连接纽带，通过大连金普新区、天津滨海新区和青岛西海岸新区将东北蒙东经济区、京津冀和丝绸之路经济带有效衔接起来，通过成都天府新区、重庆两江新区、贵州贵安新区、云南滇中新区与南京江北新区、浙江舟山群岛新区、福建福州新区和广州南沙新区将实现丝绸之路经济带、长江经济带与21世纪海上丝绸之路的有效对接，这样一来，国家级新区就将我国新时期的五大区域有效连接了起来，这不仅有利于区域之间的协同合作，也为我国东、中、西之间的产业转型升级与产业承接提供了战略平台。

（二）“一带一路”倡议是国家级新区发挥增长极作用的有力支撑

国家级新区发挥增长极的辐射带动作用除了需要满足增长极形成的基本条件外，还需要在增长极之间建立有效的衔接纽带，作为新时期涉及区域最广的“一带一路”倡议不仅为国家级新区之间的协同合作提供了纽带支撑，而且为国家级新区的产业发展和产品输出提供了广阔的市场。

根据2015年3月国家发展和改革委员会、外交部和商务部联合下发的关于《推动共建丝绸之路经济带和21世纪海上丝绸之路的愿景与行动》中丝绸之路经济带建设的中长期目标与战略规划，丝绸之路经济带从中国出发，首先是经中亚、俄罗斯到达欧洲；其次是经中亚、西亚至波斯湾、地中海至欧洲；再次是经东南亚、南亚到达印度洋与海上丝绸之路汇合最终到达欧洲。21 世纪海上丝绸之路重点方向：一是从中国沿海港口过南海到印度洋，延伸至欧洲；二是从中国沿海港口过南海到南太平洋。根据“一带一路”走向，陆上依托国际大通道，以沿线中心城市为支撑，以重点经贸产业园区为合作平台，共同打造新亚欧大陆桥、中蒙俄、中国—中亚—西亚、中国—中南半岛等国际经济合作走廊；海上以重点港口为节点，共同建设通畅安全高效的运输大通道。

可以看出，“一带一路”倡议是我国新时期开放开发的重要倡议，借助“一带一路”，我国国家级新区不仅可以实现东出西进，而且通过“一带一路”实现国家级新区增长极之间的合作共赢，共享国际、国内两个市场，促进区域协同均衡发展。

第二章　新区“一带一路”建设

国家级新区是指新区的成立乃至开发建设上升为国家战略，总体发展目标、发展定位等由国务院统一进行规划和审批，相关特殊优惠政策和权限由国务院直接批复，在辖区内实行更加开放和优惠的特殊政策，并鼓励新区进行各项制度改革与创新的探索工作。中国的经济发展，有赖于经济要素潜力的释放，新区战略是很重要的一环（见表2－1）。而“一带一路”倡议的实施，可以让中国的新经济布局有更好的国际对接空间，通过国家级新区的建立，更好地与国际接轨，建立与“一带一路”建设交汇的新支点，使得中国的经济布局不仅能够在国内更加合理，而且可以通过国际渠道实现更好的分工和产能释放。

“一带一路”和国家级新区建设有着相同的目的，那就是带动中国经济的开放，优化经济的区域布局。“一带一路”带来的国际市场可以让处于“一带一路”沿线上的国家级新区有更大的发展空间，更好地对接国际资源，从而带动周边地区的发展，提升基础设施建设水平。“一带一路”和国家级新区的融合，也有利于国际层面各要素的交流，实现文化和经济的融合，创造合作共赢的格局。

表2－1　19个国家级新区战略定位

新区名称	定位
上海浦东新区	科学发展的先行区、“四个中心”（国际经济中心、国际金融中心、国际贸易中心、国际航运中心）的核心区、综合改革的试验区、开放和谐的生态区
天津滨海新区	我国北方对外开放的门户、高水平的现代制造业和研发转化基地、北方国际航运中心和国际物流中心
重庆两江新区	统筹城乡综合配套改革试验区的先行区、内陆重要的先进制造业和现代服务业基地、长江上游地区的金融中心和创新中心、内陆地区对外开放的重要门户、科学发展的示范窗口

续表

新区名称	定位
浙江舟山群岛新区	我国大宗商品储运中转加工贸易中心、东部地区重要的海上开放门户、海洋海岛综合保护开发示范区、重要的现代海洋产业基地、陆海统筹发展先行区
甘肃兰州新区	西北地区重要的经济增长极、国家重要的产业基地、向西开放的重要战略平台和承接产业转移示范区
广州南沙新区	粤港澳优质生活圈、新型城市典范、以生产性服务业为主导的现代产业新高地、具有世界先进水平的综合服务枢纽和社会管理服务创新试验区
陕西西咸新区	我国向西开放的重要枢纽、西部大开发的新引擎、中国特色新型城镇化的范例、丝绸之路经济带重要支点
贵州贵安新区	西部地区重要的经济增长极、内陆开放型经济新高地、生态文明示范区
青岛西海岸新区	海洋科技自主创新领航区、深远海开发战略保障基地、军民融合创新示范区、海洋经济国际合作先导区、陆海统筹发展试验区
大连金普新区	我国面向东北亚区域开放合作的战略高地、引领东北地区全面振兴的重要增长极、老工业基地转变发展方式的先导区、体制机制创新与自主创新的示范区、新型城镇化和城乡统筹的先行区
成都天府新区	西部地区重要的科技创新中心，以先进制造业为主、高端服务业集聚、宜业宜商宜居的现代化新城区，内陆开放型经济战略高地和全国统筹城乡发展试验区
湖南湘江新区	高端制造研发转化基地和创新创业产业集聚区、产城融合城乡一体化的新型城镇化示范区、全国“两型社会”建设引领区、长江经济带内陆开放高地
南京江北新区	自主创新先导区、新型城镇化示范区、长三角地区现代产业集聚区、长江经济带对外开放合作重要平台
福建福州新区	两岸交流合作重要承载区、扩大对外开放重要门户、东南沿海重要现代产业基地、改革创新示范区和生态文明示范区
云南滇中新区	我国面向南亚东南亚辐射中心的重要支点、云南桥头堡建设重要经济增长极、西部地区新型城镇化综合试验区和改革创新先行区
黑龙江哈尔滨新区	中俄全面合作重要承载区、东北地区新的经济增长极、老工业基地转型发展示范区和特色国际文化旅游集聚区
吉林长春新区	创新经济发展示范区、新一轮东北振兴的重要引擎、图们江区域合作开发的重要平台、体制机制改革先行区
江西赣江新区	中部地区崛起和推动长江经济带发展的重要支点
河北雄安新区	承接北京非首都功能、探索人口密集地区优化开发模式、调整优化京津冀空间结构、培育推动高质量发展、建设现代化经济体系的新引擎

资料来源：各新区官网。

一　上海浦东新区[①]

《2018年政府工作报告》中，已对浦东新区在"一带一路"中的地位作用进行了界定，浦东新区是建设服务国家"一带一路"、推动市场主体走出去的桥头堡。推进"一带一路"产权交易中心与技术转移平台建设，完善投融资服务体系，加强与沿线国家产业科技合作，推动标准计量、认证认可、检验检测的双多边互认。建设全球高端商品消费中心，加快国别（地区）商品中心建设，打造365天"永不落幕"的进口商品博览会。服务长江经济带发展，积极参与长三角一体化建设。

具体而言，2017年9月，中国质量认证中心等4家中外企业、机构签署服务中国（上海）自由贸易试验区建设"一带一路"桥头堡检测认证机构质量合作协议。此外，"一带一路"技术贸易措施企业服务中心也揭牌成立，成为推进"一带一路"建设、打造国际互联互通监管合作新模式、全面提升质量发展的助推器。合作协议主要立足"一带一路"相关地区（中东地区及泰国）的贸易特点和合作需求，着重在检测、认证领域的技术交流、技术服务、技术研发成果转化等多方面加强合作。据统计，浦东新区共有检测认证机构184家，业务覆盖质量、健康、安全、环境等各个领域。

2018年，浦东新区相关部门于《上海自贸区增强"一带一路"金融服务功能的研究报告》中指出，上海自贸区应在提升融资能力、降低投资风险、提升服务能力等方面，持续增强"一带一路"金融服务功能。目前"一带一路"沿线已有近60个市场开展银联卡业务，累计发行超过2500万张银联卡，覆盖超过400万家商户和40万台ATM，比倡议提出前分别增长了超过14倍、2倍、1倍，部分地区已实现或即将实现银联卡受理无障碍。此外，为拓宽"一带一路"建设直接融资渠道，动员境内、国际、沿线国家当地资金和境内外企业共同参与"一带一路"建设，上交所2017年10月正式发布了《上海证券交易所服务"一带一路"建设愿景和行动计划

① 上海浦东官网：《2018年政府工作报告》。

（2018～2020年）》。根据该行动计划，未来，上交所仍将继续通过战略合作协议、合资入股等方式加强与“一带一路”沿线重点国家交易所的合作，探索建立与沿线交易所的多边合作机制，扩大沿线交易所在国际市场的影响力。同时，上交所还将进一步完善“一带一路”投融资机制及相关实施细则，继续支持境内和“一带一路”沿线国家相关机构及优质企业等通过上交所债券市场投融资，积极推动资本市场更好地服务“一带一路”建设。

二　天津滨海新区[①]

天津滨海新区被赋予了最为开放的政策优势，其对外开放的深度、广度和力度，也与国家重大发展战略布局密切相关。近年来，滨海新区抢抓国家“一带一路”倡议布局，巧用自身区位、政策、产业等优势，搭建“一带一路”快速通道，努力打造“一带一路”的新支点，在辽阔的“丝路”上充分挖掘发展新潜力。

2018年伊始，一列由天津发往俄罗斯的货运班列，满载着由中远海运集团所属中远海运集运承揽的集装箱货物从天津港缓缓驶出，标志着中远海运首列中俄国际班列正式启程。这条国际班列开通，将为企业货物发往“一带一路”沿线国家节省大量的时间和成本。

以往东南沿海货物经过大约45天的海运到达俄罗斯圣彼得堡再转至莫斯科，这列班列开通后运输时间缩短到了14天。更重要的是，按照目前每个集装箱2万元左右的运价、每个集装箱平均载货25吨粗略计算，1公斤货物的运价不到1元钱，成本的降低大大提升了京津冀地区产品的竞争力。

这条新开通的中俄国际班列，将从天津港经由二连浩特出境，在蒙古国扎门乌德、俄罗斯那乌什基站进行换装后直达莫斯科，全程7600公里。未来将以双向对开的方式，保证单向每周一班的运营频率。

---

① 《天津滨海新区打造“一带一路”新支点》，新浪天津，2018年1月13日。

三　重庆两江新区①

重庆两江新区处于丝绸之路经济带、中国—中南半岛经济走廊（连接21世纪海上丝绸之路）与长江经济带“Y”字形大通道的物流空间交汇点，具有承东启西、连接南北的独特区位优势。随着“一带一路”倡议的深入实施，两江新区承载国家战略的价值和地位必将进一步凸显。

在开放通道方面，作为“一带一路”建设的重要支撑通道，“渝新欧”国际铁路联运大通道连续数年在多方面取得突破。“渝新欧”货运班列开通，让重庆正在成为长江上游地区综合交通枢纽和国际贸易大通道的起点城市。“渝新欧”也已逐渐从仅服务重庆产业结构，调整上升为服务西南、长三角、珠三角地区的中欧贸易大通道。坐落在两江新区的中国内河最大港果园港，投资100亿元建设16个码头泊位，形成每年200万标箱、100万辆商品车滚装、600万吨件杂散货的吞吐集散能力。果园港进港铁路专用线已全面开通，实现了“渝新欧”国际铁路与长江黄金水道无缝连接，推动重庆加快融入“一带一路”；果园港大宗生产资料交易中心首批仓库建成，结束无水陆港区仓储历史；并开通了上海—重庆—南充、上海—重庆—广安的往返集装箱班轮运输，连通了四川东南部地区的物资出海通道，对增强果园港物流辐射力具有重要意义。位于两江新区的重庆江北国际机场已成为重庆对外开放的窗口和桥头堡。重庆江北国际机场已经构建了覆盖国内大中城市，通达欧洲、美洲、澳洲及亚洲主要口岸城市的航空网络。新建成的3800米第三跑道可起降目前世界上大的飞机空客380，保障能力比现在提升2倍以上。

在开发平台方面，两江新区已成为“一带一路”与长江经济带交汇的国家开发开放新区、内陆开放门户、内陆国际物流枢纽，是跨国资本、港澳台资、内资在中国西进的桥头堡和重要投资目的地。作为重庆自贸试验区核心区、中新项目核心区、国家自主创新示范区核心区，三大战略使命和效应

① 新浪财经：《重庆：未来中国经济的新看点》，2018年。

在两江新区的叠加，为两江新区在国家战略层面建设内陆门户，发挥改革开放、创新发展的领头羊和排头兵作用奠定了坚实基础。在金融平台方面，两江新区规划了江北嘴金融城，依托中心（重庆）战略互联互通示范项目运营中心，布局金融结算中心、金融要素市场、总部机构。2016 年，两江新区金融业实现增加值 265.14 亿元，增长 19.8%，占 GDP 的 11.7%，成为仅次于工业和商贸业的新区第三大产业。在物流平台方面，两江新区正在形成空、铁、公、水、物流，集疏运、多式联运于一体的立体物流网络。长江流域内河规划建设最大的水、铁、公联运港果园港已实现开港运营，从渝新欧铁路起点团结村到果园港的铁路专用线已建成，渝新欧与长江最大港口的无缝对接已经实现。在保税平台方面，中国唯一的“水港 + 空港”双功能保税港区，已成为内陆地区重要的外贸口岸，保税贸易、跨境电子商务、保税展示交易等业态在两江新区正方兴未艾。在信息平台方面，两江国际云计算服务中心已成为西部地区重要的云计算基地，目前，太平洋电脑、中国联通、中国移动、中国电信、腾讯数据中心等已经落户。在会展平台方面，西部最大的会展中心重庆国博中心，助力重庆成为长江上游会展之都。2016 年两江新区重庆国博中心实现展会收入约 1.9 亿元，举办展览 25 个，各类活动 39 场，会议及宴会 205 场。

两江新区处于“一带一路”和长江经济带的战略节点，有利于争取更多重大基础设施布局或交汇，大幅改善国际物流条件，成为东西开放的重要枢纽。与此同时，随着“一带一路”倡议的深入推进，我国与沿线国家的经贸合作日益升温。两江新区产业与沿线国家有较强互补关系，必将赢得更多发展机会。

四　浙江舟山群岛新区[①]

舟山背靠长三角广阔经济腹地，是我国经济最发达、石油资源需求量最大的地区，也是长江连通外海的唯一通道。舟山还具有罕见的深水岸线资

① 《“一带一路”舟山篇——海上舟山》，中国产经新闻报，2017 年 6 月 1 日。

源，能满足十亿吨级大港建设需要，完全满足建设我国最大的石油储备中转加工交易基地的条件。此外，舟山在油品储存、中转、加工、交易和保税燃料油供应等领域也具有较好的产业基础。

舟山保税燃料油加注规模位居全国沿海港口前二，可辐射整个南北海运网络。区域内有集装箱吞吐量世界第一的洋山港和货物吞吐量世界第一的宁波—舟山港。此外，舟山群岛新区已建成亚洲最大的铁矿砂中转基地、全国最大的商用石油中转基地、全国最大的化工品和粮油中转基地、国家石油战略储备基地、华东地区最大的煤炭中转基地。

在"一带一路"背景下，舟山群岛新区无疑肩负打我国"海洋强国战略"头阵重任。面对21世纪"一带一路"对外开放新平台历史机遇，舟山群岛新区应在思想上充分认识到被赋予的历史使命，积极参与"海上丝绸之路"建设，全面加强与上海自贸试验区的对接互动，发挥与台湾等的发展联动优势。

五　甘肃兰州新区①

"一带一路"倡议给沿线国家和地区带来了福音，也给兰州新区带来了参与国际合作的机会，更带来了国际国内两个市场深度合作的机会。围绕甘肃省"三大国际陆港"和"三大国际空港"建设，兰州新区建成了综合保税区、中川国际航空港、中川北站铁路口岸，初步搭建了综合保税区、航空口岸、铁路口岸的三大对外开放平台格局。目前，兰州新区综合保税区跨境电商监管中心和进口肉类指定查验场已正式投入运营；兰州中川国际航空港进口冰鲜水产品、进口水果进境指定口岸已建成并通过验收；兰州铁路口岸建成通过验收，申报通过验收的特殊口岸及相关功能查验场在2018年发挥重要作用，并将相继开展对口贸易。同时，我们正依托铁路口岸申报进境粮食指定口岸和药品口岸等，丰富口岸功能，支持新区产业发展。

① 《兰州新区：六载春秋，精心打造"一带一路"内陆开放新高地》，每日甘肃网，2018年8月4日。

不仅如此，一带一路”倡议增强了兰州新区发展的协调性，提升了兰州新区的国际合作交流水平，短短时间内，兰州新区实现了54个自然村向国际新城的破茧化蝶。兰州新区始终坚持“走出去”和“引进来”相结合，着力建设服务于国际间的经贸文化合作交流中心。深化国际产能合作，以贸易促合作。兰州新区与哈萨克斯坦、乌兹别克斯坦等近40个国家和地区开展经贸往来，新区内多家企业产品远销美国、欧洲等国家和地区，进一步扩大对外经贸合作规模，规划建设中亚粮油储运园和进口氧化铝分拨中心等一批国际产能合作项目。

同时，兰州新区加强与“一带一路”沿线国家和城市间多层次、多领域的文化交流，以文化促交流，先后成功举办丝绸之路经济带（兰州新区）发展高层论坛、中韩产业论坛、丝绸之路（敦煌）国际文博会新区文化产业论坛等国际性活动，先后在韩国、德国举行专场招商推介会，兰州新区对外知名度和影响力快速提升，进一步提升了对外开放格局。目前，兰州新区已成为甘肃开放层次最高、西北地区口岸开放功能体系最全的地区，国家级新区对外开放引领示范作用显著增强。

六　广州南沙新区①

位于广州最南端、珠江出海口和珠三角地理几何中心的南沙，连通港澳，服务内地，区位和港口禀赋突出。国务院在对《广州南沙新区发展规划》的批复中要求南沙新区在全面推动珠三角转型升级、促进港澳地区长期繁荣稳定、构建我国开放型经济新格局中发挥更大作用，建成粤港澳②全

① 钟嘉毅：《粤港澳大湾区建设背景下广州深化战略定位的思考——以南沙为例》，《时代金融》2018年第6期。

② “粤港澳大湾区”在2018年两会上被正式写入政府工作报告，上升为国家战略。粤港澳大湾区指的是“9+2”，由广州、佛山、肇庆、深圳、东莞、惠州、珠海、中山、江门9市和香港、澳门2个特别行政区形成的城市群，定位是世界级城市群。从区位上看，以广州、香港和澳门为点画一个三角形，恰好覆盖大湾区9个城市和香港、澳门2个特别行政区，三角中心恰好落在广州南沙新区。南沙不仅是湾区的几何中心，也是珠江入海口，是连接粤东、粤西的重要枢纽，轨道交通便捷，经南沙到湾区其他8市和港澳，可实现一小时内通达。

面合作示范区。随着2015年3月《推动共建丝绸之路经济带和21世纪海上丝绸之路的愿景与行动》的发布，粤港澳合作也成为“一带一路”建设的重要内容。

目前南沙新区集国家战略新区、国家级经济技术开发区、广州城市副中心、保税港区、高新技术产业开发区和广东省实施CEPA先行先试综合示范区功能于一体，依托国家自由贸易区战略，是我国21世纪海上丝绸之路的重要枢纽。南沙区位条件得天独厚，产业基础坚实，发展潜力巨大，区域辐射范围广阔，紧密联系港澳，依托国内国际两个大局，战略地位十分重要。

从国内环境看，南沙新区作为双区叠加享受国家财政、金融等方面支持政策，享受广东省赋予南沙省级行政管理职权，鼓励南沙新区勇于探索、勇于创新，将海洋财富作为推动新区经济增长的新动力。由此看出，南沙新区在国家、广东省的地位举足轻重。从国际环境看，全球制造业的生产中心逐渐向欠发达地区转移，各类战略性新兴产业迅速发展，信息技术化也在全面推进。南沙新区现有的制造业产业基础为承接生产性服务业提供了机会。综合南沙新区的国内和国际环境来看，南沙新区的发展需要结合国家“一带一路”倡议，并且要在“21世纪海上丝绸之路”中精准定位，通过与国家发展战略相结合，加强与香港、澳门之间的合作，增强与中东、东南亚之间的经贸合作强度，使得南沙能够在国家战略中占据重要位置，将南沙新区建设成为“一带一路”倡议中的核心区域。

七 贵州贵安新区①

贵州贵安新区是2014年1月6日国务院批复设立的第八个国家级新区，区位优势明显，地势相对平坦，人文生态环境良好，发展潜力巨大，国家对贵安新区的定位是西部地区重要的经济增长极、内陆开放型经济新高地和生态文明示范区。长江经济带战略及“一带一路”倡议的实施，给贵安新区

① 关于西咸、贵安、西海岸、金普新区发展趋势的报告。

带来了空前的发展机遇，主要表现如下。

一是随着长江经济带战略及“一带一路”倡议的实施，贵安新区发展的外部经济条件将进一步改善，助推贵安新区与长江经济带其他区域的合作与联动，实现融合式发展，改变经济发展处于边缘化的状态，对贵安新区的经济社会发展具有重大的促进作用。

二是“把贵州建成长江上游地区重要的陆路交通枢纽”是贵州省全面深度融入长江经济带的发展目标，随着长江经济带战略及“一带一路”倡议的实施，整个贵州的对外交通基础设施必将进一步完善，切实破除和降低了贵安新区对外经济合作的壁垒和成本，助推贵安新区与长江经济带各省（自治区、直辖市）及“一带一路”各国（地区）之间开展战略合作、区域互动、共同发展。

三是随着长江经济带战略及“一带一路”倡议的实施，贵州省将成为连接东南沿海、东盟、东南亚、南亚之间海上丝绸之路以及陆上丝绸之路经济带的重要节点，这使得作为黔中经济核心区的贵安新区的区位优势更加突出。

贵州发展开放型经济必须紧紧围绕“一带一路”进行精心谋划和妥善安排。否则，贵州可能会错过中国新一轮开放型经济发展的重大机遇以及随之产生的政策红利、创新红利等。“一带一路”倡议构想的创新性提出肩负着我国探索国际开放新格局、建设新型区域合作经济的历史重任，贵州绝不能错过这一重大时代机遇。

八　陕西西咸新区①

2011 年，首个以“创新城市发展方式”为主题的国家级新区陕西西咸新区雏形初显。推进西咸一体化、建设大西安是党中央、国务院的重大决策，并给予了长期、持续、有力的推动。近年来，国务院先后颁布《关中—天水经济区规划》《全国主体功能区规划》，以及批复陕西西咸新区建

① 新华网：《陕西：推动“一带一路”建设西咸新区大有作为》。

设国家级新区，明确提出西咸新区建设大西安、带动大关中、辐射大西北的使命。6 年来，西咸新区为加速西咸一体化、建设现代化大西安交出了一份满意的答卷。

“一带一路”倡议的提出和推进让陕西这个内陆省份站在了向东、向西开放的最前沿。全方位对外开放的新时代已经开启，《陕西西咸新区总体方案》中，西咸新区被赋予了“丝绸之路经济带的重要节点”和“中国向西开放的重要枢纽”的战略定位。2017 年 4 月，国家发改委印发《2017 年国家级新区体制机制创新工作要点》，要求陕西西咸新区深化城市发展方式创新和特色化产业发展路径探索，进一步发挥国家创新城市发展方式试验区的综合功能和在“一带一路”建设中的重要作用。

“一带一路”建设要实现“五通”，交通互联互通是先导。位于西咸新区空港新城的西安咸阳国际机场是西北地区最大的空中交通枢纽，2 小时航空圈可覆盖全国 85% 以上的经济资源，是“空中丝绸之路”的重要枢纽。作为中国民航局支持设立的首个以发展空港城市为定位的“国家航空城实验区”，空港新城牢牢把握“一带一路”建设和临空经济的发展机遇，超前推进与丝绸之路沿线国家合作，依托西安咸阳国际机场，大力发展航空物流、飞机维修、总部经济、文化创意和临空农业，积极谋划产业链布局，正在打造一座现代化的空港城市。

产业合作一直是“一带一路”建设共赢发展的重要组成部分。《陕西省“一带一路”建设 2017 年行动计划》提出，要加快国际合作产业园建设。位于西咸新区的中俄丝路创新园、空港新城丝路国际产业园、泾河新城美国科技产业园等成为重点建设和推动的园区。其中，中俄丝路创新园是两国政府战略层面的合作项目之一，于 2014 年在中俄两国领导人的见证下签订。该园的最大特色在于开创了“一园两地”的丝路合作新范式，即在中俄两国各建一个园区，两个园区通过“请进来、走出去”，促进双方企业到对方国家投资发展，推动中俄企业资源共享，实现互利互惠。目前，中兴、中国兵器工业集团公司、中国航空工业集团公司等 20 多家中国企业已入驻园区，苏霍伊商用飞机公司、En + 集团等俄方企业也表达了入驻意愿。

西咸新区作为陕西省最重要的新开发区域以及大西安新轴线、新中心、新形象的核心承载区，有实力成为丝绸之路经济带的重要支点，以及陕西省对接“一带一路”和向西开放的重要枢纽。西咸新区应继续聚焦创新城市发展方式、建设现代化大西安新中心，培育现代产业体系，探索文化发展新路径，把新区打造成为大西安战略性新兴产业和现代服务业的聚集区、带动大西安向西开放的新高地、引领大西安乃至全国创新城市发展方式的生态田园新城和文化产业创新发展示范区。

九　青岛西海岸新区①

青岛西海岸新区主动加强与“一带一路”沿线国家的经贸交流、扩大经贸规模，将率先抢抓机遇作为经济新常态背景下的区域发展新途径，外贸进出口实现了逆市增长，对外贸易往来日益密切。

积极引导本土企业“走出去”。为科学引导企业合理统筹国内国际两个市场、两种资源，扩大企业境外投资规模，青岛西海岸新区专门成立了“海外投资企业联谊会”，定期就投资国别的政策法规、营商环境等信息进行交流，设立了境外投资企业微信公众号，每周发布 2～3 条境外政治动态、法律法规、投资政策、市场开拓、风险预警等方面的信息，为企业提供公益性服务；同时积极健全与“一带一路”沿线国家和地区贸易投资促进机构、行业协会、进出口商会的合作机制，加强对“一带一路”国家和地区政治经济形势、民族宗教矛盾、社会治安状况等信息的收集、评估，强化企业境外贸易和投资安全指导，帮助企业做好境外投资风险防范工作。

与沿线国家贸易实现较快增长。青岛西海岸新区巩固、强化、扩大“一带一路”沿线国家间的贸易往来和经贸规模，与沿线国家贸易实现了较快增长。从总量上看，2017 年 1～5 月，西海岸新区完成对“一带一

① 青岛新闻网：《西海岸建设“一带一路”重要桥头堡》。

路”沿线国家货物进出口总额 27.4 亿美元，占全区进出口总额的 52.2%；从增速上看，与“一带一路”国家出口同比增长 16.2%，略高于全区平均增速。对“一带一路”国家进出口的商品结构与贸易方式实现了进一步优化，其中，2017 年 1 ~5 月完成高新技术产品进出口 3.7 亿美元，同比增长 12.9%，占全区高新技术进出口的比重为 32.7%；机电产品完成进出口 17.1 亿美元，同比增长 20.2%，占全区机电产品进出口的比重为 54.3%。从贸易方式来看，加工贸易完成进出口 13.2 亿美元，同比增长 12.6%，占全区加工贸易进出口的 56.9%。外贸综合服务企业也异军突起。

经贸交流带动区域互动形成良性循环。在经贸交流的基础上，青岛西海岸新区大力推动与“一带一路”沿线国家和地区实行区域互动，并从单纯经贸往来拓展到投资、贸易、科技、外事、教育等多方面的友好联络关系，同时，外事交流的合作互动又促进了经贸规模的扩大，形成了良性循环。2016 年 7 月，东亚海洋合作平台黄岛论坛在新区举办期间，青岛港与海上丝路沿线的马来西亚巴生港、阿联酋迪拜港、韩国釜山港、巴基斯坦卡西姆港等 11 个港口成立了东亚港口联盟，发布了《东亚港口联盟黄岛共识》和《东亚港口联盟章程》，推进了海上互联互通，为实现海上丝绸之路沿线国家与地区的共同繁荣做出了持续努力和贡献。近年来，柬埔寨副首相、新加坡荣誉国务资政、老挝领导干部研修团、泰国南部边境五府府尹代表团、白俄罗斯青少年代表团等“一带一路”沿线国家各领域友好团组也纷纷应邀到访新区。

十　大连金普新区[①]

大连金普新区是全国第十个国家级新区。作为东北对外开放的重要口岸，大连港承担着积极参与“一带一路”建设的重要责任。大连金普新区作为对东北亚开放的高地，则成为重中之重，是东北“一带一路”的重要

① 《大连：金普新区成“东北一带一路”枢纽》，大辽网，2015 年 6 月 1 日。

枢纽。

大连金普新区北靠广袤的东北腹地，面朝广阔的黄、渤两海，在“一带一路”倡议布局中具备得天独厚的区位条件。目前大连金普新区正在全面贯通海陆空三大通道。

海路方面，加强建设以大连保税区、保税港区、保税物流园区为核心的航运中心、物流中心平台，融入海上丝绸之路经济带。大连港水深20多米，长年不淤不冻，较之其他港口有天然优势。除此之外，大连港还是唯一的所有码头后方都建设了铁路的港口，到港货物下船即可直接装送铁路，这是其他港口所不具备的。

空路方面，金普新区将开设新机场，辐射东北亚，预计年客流量将达到3000万～5000万人次。

陆路方面，将加强欧亚大陆桥建设，依托现有铁路网络，完善对俄铁路通道，突出铁路在“三大通道”工程中的骨干作用。辽满欧开启了通往欧洲的快速通道，较之前海运能节省一半时间。

另外，在城市建设方面，大连将启动建设跨海大桥。该桥海上距离长达17公里，贯穿大连湾接主城与金普新区，建成后从主城到开发区开车仅20分钟。跨海大桥的建成疾速拉近了新城与主城之间的距离，强化了新城与主城间的连接，这对金普新区的意义是不可估量的。

目前金普新区正在积极“构建新体制、搭建新平台、引进新项目、营造新环境”，以此全面融入“一带一路”倡议，向国际化、市场化、生态化、法治化的国家级新区迈进。为了使投资贸易更加便利，预计将组建新区集中审批、快捷高效的行政审批机构，缩短“三证一章”审批时间。除此之外，金普新区还将申办自由贸易园区，新区规划建设的跨境电商综合实验区暨中韩贸易合作区已经正式挂牌、全面启动，现已引起了腾讯、阿里巴巴等一大批知名中外电商企业的高度关注，一批项目正在深入洽谈中。

十一　成都天府新区[1]

成都天府新区是“一带一路”建设和长江经济带发展的重要节点，一定要规划好、建设好，特别是要突出公园城市特点，把生态价值考虑进去。

成都天府新区自2014年正式获批以来积极响应习近平总书记提出的“一带一路”倡议，始终把“一带一路”作为开展对外交流最主要的方向，致力于推动新区各项工作。为此，天府新区在自贸试验区建设、国际经贸往来、社会人文交流、国际营商环境改善以及法规政策等方面，进行了大量的探索和创新。

在持续提升国际化水平方面，新区全面贯彻五大发展理念和“一尊重五统筹”城市工作总体要求，坚持生态优先、绿色发展，高质量打造生态环境，累计建成各级道路420公里，规划16条315公里“九纵五横一环”地铁线网。高标准建设基础设施。规划118个“15分钟生活圈”，引进多所国际化医院学校。高水平开展公服配套建设。建成投运新经济产业园、天府海关等重大功能性项目和各类创新载体196万平方米，加快推进独角兽岛、天府国际会议中心、超高层项目等重大项目，实施“天府英才计划”、引进培育院士等高层次人才219名、顶尖人才团队4支，引进各类专业性人才10万余名。新区始终坚持全球优秀企业招引，累计引进澳大利亚科利耳人工耳蜗等一大批全球知名企业，累计引进国际化重大产业项目192个，总投资达4684亿元。

同时，天府新区与法兰克福、布拉格等中国工商银行多个驻外分行签署“一带一路”金融战略合作协议，与中国工商银行成都天府支行签署了自贸试验区金融创新发展框架合作协议，助推新区企业对外投资、跨境并购，参与“一带一路”项目建设。

天府新区加强对外交流双向互动，泰国、奥地利、塞内加尔等国家领导人纷纷来天府新区考察，新区对外开放度和新区国际知名度显著提

① 《天府新区立足“重要节点”，积极融入“一带一路”》，搜狐网，2019年2月15日。

高。特别是成功举办第十七届中国西部国际博览会，展览面积约 26 万平方米，90 多个国家（地区）派代表团参展参会，设置 17 个国家馆，为历届之最。

十二　湖南湘江新区[①]

贸易畅通，交通先行，区位优势尤其重要，在“一带一路”倡议之下，湖南湘江新区迎来了发展的新契机。湖南省地处中部，承东启西，京广高铁与丝绸之路节点城市相连，沪昆高铁与东盟相通，水路可直达东部沿海港口，与珠三角、北部湾也有便捷通道，是名副其实的“十字路口”。

从产业基础上看，湖南省在轨道交通、工程机械、基础建设、能源开发等领域形成了一大批具备较强“走出去”能力的优质企业，这些企业在基础设施、经贸合作、产业投资以及能源资源合作方面积累了较为丰富的经验，在沿线国家有广阔的市场。2017 年以来，湖南省外贸发展强劲，增速在中部省份靠前，主要出口国家和地区包括东盟、俄罗斯等。

位于长沙市湘江西岸的湘江新区是中国中部地区首个国家级新区，前身是成立于 2008 年 6 月的长沙大河西先导区，包括岳麓区、望城区和宁乡县部分区域，核心区域 490 平方公里。这片地域，拥有长沙高新技术产业开发区、宁乡经济技术开发区和望城经济技术开发区 3 个国家级园区。

自 2015 年以来，湖南湘江新区经济保持了高速增长，规模以上工业增加值、固定资产投资、一般公共预算收入增速均达两位数以上，领跑长沙乃至湖南全省。2017 年，湖南湘江新区实现地区生产总值 2208.85 亿元，增速连续三年保持 11% 以上。

目前，湘江新区在创新发展、军民融合、开放崛起、绿色发展、干事创业等各项工作上都已经取得显著成绩，成为中国中部增长速度最快、发展活力最强、开发潜力最大的区域之一。

① 《长沙“陆家嘴”蝶变 中部金融新高地呼之欲出》，红网，2017 年 11 月 7 日。

十三 南京江北新区[①]

目前，江北新区已经初步形成了“智能制造、生命健康、新材料、高端交通装备”等优势产业的聚集。新材料产业占42.3%，生物医药产业占40.7%，智能制造装备产业占29.7%，在全市具有明显优势。同时也很好地带动了软件和信息服务、轨道交通工程承包服务、汽车及零部件研发服务等发展，卫星应用、轨道交通等高端装备制造业以及航运物流、研发设计、文化创意等现代服务业近三年产值年均增幅超过20%。培育形成了上汽、扬子、扬巴、南钢等百亿级企业，以及南车、南瑞、先声、焦点等国内外知名的行业龙头企业，是长三角地区重要的制造业基地。

江北新区拥有高新区、化工园、海峡两岸科工园3个国家级园区，浦口经济开发区、六合经济开发区2个省级经济开发区。近几年，江北新区的紫金科技创业特别社区发展迅速，有各类科技创新平台、大学科技园和工程中心50多个，强力聚集国内外知名的高科技企业及研发机构数百家。

依托于江北新区在经济、交通、人才、政策等方面的优势，泰山街道积极响应“一带一路”政策，紧锣密鼓筹建服务贸易产业园，集合优势产业带动产业链上下游服务贸易业“走出去”。作为“江北新城建设的排头兵”，泰山街道无论是在交通、人文历史还是在经济实力、人才供给方面都有领先的优势。在“一带一路”政策利好的指引下，泰山街道服务贸易产业园俨然已经赢得先机，对于加快江北新区产业结构调整、促进经济持续健康发展也将起到重要作用。

十四 福建福州新区[②]

从历史底蕴来看，古代福州历来是我国对外贸易的枢纽之一，拥有深厚的历史积累。融入“一带一路”建设，福州新区拥有着特殊的优势。

---

① 《响应“一带一路”政策，江北新区筹建服务贸易产业园》，中国贸易金融网，2017年5月17日。

② 《杨岳：融入“一带一路”战略福州区位开放优势明显》，人民网，2014年7月2日。

福州新区区位优势明显，是长珠两大三角洲的连接地带，是大陆距离台湾最近的省会城市。此外，福州新区是目前全国新区中唯一涵盖自由贸易区、21 世纪海上丝绸之路核心区、两岸经济合作示范区的新区，多项先行先试政策的叠加，也成为福州新区发展的核心优势之一。海陆空齐头并进，贯通南北，辐射中西部地区的立体交通网络正在加速形成。

福州新区开放优势明显，拥有海外乡亲300 多万名，与200 多个国家和地区建立了经贸关系。改革开放以来，累计实际利用外资200 多亿美元。福州海洋优势明显，海域总面积达到1. 1 万平方公里，海岸线总长 1310 公里，开海兴榕，经略海洋，历来是福州城市发展的鲜明特征。

福州正紧紧抓住中央支持海峡西岸经济区建设，支持福建建设生态文明先行示范区等重大历史机遇，全面推进福州新区开放开发，加速打造宜居宜业环境，建立实力福州、活力福州、魅力福州，为融入“一带一路”建设、服务国家发展大局提供支撑。坚持基础先行，进一步向陆延伸、向海拓展，打造人流、物流、资金流、信息流交换枢纽和综合通道，建设海路、丝路双向衔接的重要枢纽城市。福州新区积极搭建平台，以海峡两岸经贸交易会、东盟海产品交易所、丝绸之路国际电影节为载体，集聚海路要素资源，深化海陆对接合作，秉持共赢原则，加强与“一带一路”沿线城市的互访互动、互学互鉴、互利互助。

十五　云南滇中新区①

昆明市与滇中新区市区融合、联动发展，是共同的责任，也是共同的事业；是历史的使命，也是责任的担当。

两年多来，昆明市和滇中新区主动做好融合发展这篇大文章，坚持“一盘棋”谋划、“一家人”融合、“一股劲”推动，真正做到了思想同心、目标同向、行动同步、发展同轨，市区融合发展叠加效应初显。

云南滇中新区正在朝着“一年打基础、三年见成效、五年大跨越”的

① 《昆明市区与滇中新区融合发展带来的叠加效应初步显现》，昆明信息港，2017 年 3 月 17 日。

目标奋力前行，昆明正朝着加快建设区域性国际中心城市阔步前进。两年多来，围绕战略定位，滇中新区顶层设计日趋完善，总体规划、各类专项规划等共40余项规划已基本完成编制，初步构建形成了“全域覆盖、市区一体、区域协同、多规合一”的新区规划体系，科学勾画了新区未来发展蓝图。

建设好云南滇中新区，对于推进“一带一路”、长江经济带等建设和区域发展总体战略，为西部地区新型城镇化建设提供试验示范，培育壮大区域经济增长极具有重要意义。

十六　黑龙江哈尔滨新区①

2015年12月16日，《国务院关于同意设立哈尔滨新区的批复》发布，同意设立哈尔滨新区，为哈尔滨市构建对外开放合作新格局带来了发展契机。这是党的十八届五中全会后国家批复的第一个国家级新区，也是我国唯一的以对俄合作为主题的国家级新区和最北部的国家级新区。批复设立哈尔滨新区是国家一系列振兴东北政策中的重要举措，也是推进东北地区深化对外开放的重要支撑和平台，更是国家“一带一路”“中蒙俄经济走廊”黑龙江陆海丝绸之路经济带战略实施的重要支点。

作为被国务院确定的全国唯一的以对俄合作为主题的国家级新区，哈尔滨新区在中俄经贸合作、实施区域开放战略中扮演着重要角色。哈尔滨新区在经贸、投资、科技、文化、旅游、金融、会展等多个领域对俄合作优势突出，为哈尔滨市乃至黑龙江省搭建了对俄合作新平台。同时哈尔滨新区将促进对俄大项目对接、搭建高水平的对俄合作平台、尝试多元化的对俄合作模式，不仅能够进一步提升哈尔滨市对俄合作中心城市作用，引领和提高对俄开放合作水平和层次，而且能够为黑龙江省申建中俄自由贸易区提供助力。在“向北”的开放中，哈尔滨新区可以紧密联系俄罗斯，积极开拓东北亚，集中优势产业、技术、人才资源打造一个新的对外交往和展示的平台。以哈

① 《国务院关于同意设立哈尔滨新区的批复》。

尔滨新区为依托从推进中俄园区合作做起，逐步向建设跨境经济带发展，再向支撑东北亚多边合作迈进，由点到线、由线到面，逐渐扩大影响力，向自由贸易区的高级形式发展。

哈尔滨新区要在用好国家政策、增强开放动力、激发创新活力、推动产业项目合作、搭建国际合作大平台等多个方面积极实施推进措施，先行先试，以提升重要承载区的综合功能。

十七　吉林长春新区①

建立多规合一的空间规划体系，是国家推进深化体制改革的重要举措。作为2016年2月3日由国务院批复设立的第17个国家级新区，长春新区深入思考“多规合一”理念，破解了在现实管理中战略愿景和建设实施意图分离的现实问题。

长春新区在国家战略中的责任与使命。实施“长吉图”融入“一带一路”建设，成为中国面向世界开放的新节点。当前，全球经济格局深度调整，“一带一路”倡议引领构建中国对外开放新格局，开启新型国际关系模式新时代。长春新区将实施“长吉图战略”融入“一带一路”建设，一方面加快实施连通东北亚六国的陆海联运的长吉图国际通道建设，实现“设施联通”。另一方面加快构建融入全球价值链的开放创新型产业体系，创新主导产业的国际合作新模式，使东北地区的主导产业深度参与国际分工与合作，融入世界经济新格局。未来新区还将以自贸试验区形式探索国际经济规则的设计，建成东北地区面向世界开放的新节点。其中，长春新区实施“一带一路”的通道建设重点是指中蒙俄国际通道以及东出日本海的陆海联运新节点，该节点既解决了我国东北和欧亚大陆桥连通的问题，也为我国增加了一个环日本海的出海口，战略意义重大。

“一带一路”倡议中将长春确定为“中蒙俄经济走廊”的节点城市，因

---

① 王昊昱：《创新构建实践国家战略的多规合一空间规划体系——以〈长春新区发展总体规划（2016～2030）〉为例》，《城市建筑》2017年第16期。

此，新区规划重点打造“两港两枢纽”和战略性通道体系。通过强化航空港、内陆港建设，促进区域人文交流、产业合作和经贸联系，同时，积极构建中欧陆路运输通道和两条海上运输通道，融入“一带一路”，实现与欧洲、北美地区的合作。长春新区建设作为与“一带一路”倡议、“长吉图开发开放先导区”战略的有效衔接，将成为新一轮东北振兴的重要引擎、图们江区域合作开发的重要平台和体制机制改革的先行区。这为地方产业结构转型升级和区域经济发展带来了新机遇。

十八　江西赣江新区①

支持赣江新区打造口岸功能平台，构建航空、水运、公路、铁路四位一体的内陆双向开放新高地，构建开放型经济新体制综合试点的申报工作，促进企业同步共享全球低成本资源和口岸服务平台。

支持赣江新区融入长江经济带发展，依托长江黄金水道与九江港“港区联动”发展，创建长江经济带重要的承接产业转移示范区。加强与沿海沿边检验检疫机构之间的交流合作，与长珠闽等沿海发达地区和沿边口岸加强沟通联系，助力进出口商品实现“进口直通、出口直放”。

支持赣江新区申报建设进口粮谷后续监管指定口岸，实现全省进口粮食的集约化管理，加快货物流通速度，降低企业商务成本，积极帮扶龙头岗综合码头申报国家临时对外开放口岸。

同时，支持赣江新区申报国际自贸区建设试点，抢抓新区先行先试政策“窗口期”，争取建设中部检验检疫改革创新示范区，进一步探索构建“放管服”新模式，推动行政审批项目、行政管理权限的下放。

十九　河北雄安新区②

党中央、国务院决定设立河北雄安新区是一项重大的历史性战略选择，

① 《江西出台举措服务赣江新区发展》，新浪江西，2017 年 3 月 22 日。

② 《中共中央、国务院决定河北雄安新区设立》，《人民日报》2017 年 4 月 1 日。

是疏解北京非首都功能、推进京津冀协同发展的历史性工程，是千年大计、国家大事。雄安新区在一张白纸上起步，可以规划出最美丽的蓝图。划入雄安新区规划建设范围内的原河北保定市下辖的雄县、容城和安新三县及周边部分区域人口密度低、开发程度低，发展空间充裕，具备高起点、高标准开发建设的基本条件。

雄安新区融入“一带一路”建设具有政策、区位条件和一定的产业基础。在政策上，国家同意雄安新区“一些改革事项可以在新区先行先试，取得成效后再逐步推广”，这就为雄安新区融入“一带一路”倡议提供了弹性的政策空间。

在区位上，环渤海地区既是古代“海上丝绸之路”的重要起点之一，也是现在“海上丝绸之路”的重要起始点之一。渤海新区黄骅港与荷兰鹿特丹之间更是形成了世界上最短的亚欧大陆桥，渤海新区黄骅港因此被誉为“亚欧大陆桥新通道桥头堡”。

在产业上，河北的钢铁、水泥等产业都具有在“一带一路”沿线国家发展的机会，2015 年初河北省出台了《关于主动融入国家“一带一路”倡议促进我省开放发展的意见》支持企业“走出去”。雄安新区内原有传统产业更是具有在“一带一路”国家发展的条件，容城、安新、雄县三个县具有比较优势的服装、皮革等产业可以通过抱团加快向“一带一路”沿线国家进行布局发展，在雄安新区新的产业规划中，可以有针对性地支持传统产业“走出去”。

“一带一路”是目前我国对外开放的全局性倡议，河北雄安新区在规划建设中必须抓住历史机遇，主动融入“一带一路”建设。雄安新区要积极融入“一带一路”建设，加快政府职能转变，积极探索管理模式创新，形成与国际投资贸易通行规则相衔接的制度创新体系，培育区域开放合作竞争新优势，打造扩大开放新高地和对外合作新平台，为提升京津冀开放型经济水平做出更大贡献。

第三章　协同路径*

“一带一路”是新时期我国顺应经济全球化和区域经济一体化趋势，统筹国际、国内两个大局，协调推动沿海内陆开放，致力于深化与沿线各国多领域合作交流、促进互利共赢发展而提出的一项全局性倡议。“一带一路”建设有助于全方位优化我国发展环境，从维护和平发展、管理开放型经济、保持经济平稳发展、共同应对气候变化、推动全球治理变革等五个方面提升我国发展的战略能力。新区作为由国务院批准设立、承担国家重大发展和改革开放战略任务的综合功能区，是全面参与全球经济合作和竞争、提升国家竞争力的重要支点，承担着国家沿海和内陆、“走出去”和“引进来”相结合的双向开放的战略任务。新区在扩大区域开放合作方面扮演着重要角色，是全方位扩大对外开放的重要窗口。近年来新区发展态势良好，日益成为引领区域发展的新兴增长极、高端产业集聚的重要平台、新型城镇化发展的支撑载体，在扩大对外开放、深化改革创新方面发挥了“试验田”和“排头兵”的作用。推进“一带一路”建设，将使新区站在更高的开放平台上深度融入全球经济、参与国际分工、优化资源配置，为其更好地发挥功能、履行使命提供了战略机遇。

一　增强政策融合，协同政策建设，有效汇聚合力

国家级新区建设初期主要依靠政策优势，吸引外部资金、技术等经济要素向新区聚集，从而形成增长极，并对经济腹地和新区产生极化效应。在“一带一路”倡议背景下，新区尤其是处在丝绸之路经济带上的国家级新区

* 郭爱君、陶银海：《丝绸之路经济带与国家新区建设协同发展研究》，《西北师大学报》（社会科学版）2016 年第 6 期。

迎来了又一轮政策红利，利用 5 ~ 10 年的时间，形成新区特有的市场优势，将政策优惠的极化效应转化为市场驱动的极化效应。“一带一路”统揽新时期我国开放发展大局，着力提升开放型经济水平、开创对外开放新局面。对新区而言，“一带一路”建设为新区发展带来了更加宽松的制度环境、更加宽广的发展空间、更为有力的要素支撑，使新区能够在经济全球化、区域一体化的国际化大舞台上谋求自身发展。这是重大机遇，要想把握这一战略契机，新区必须紧紧围绕“一带一路”倡议，坚持“开放、创新、协同”的理念，在二者建设的政策协同的条件下共谋发展，在全球化背景下提升深度参与国际经济合作竞争的能力。

二　加强基础设施建设，全面提升基础设施互联互通水平

区域经济系统内部与外部之间广泛的经济联系和内部各经济要素之间关联的无障碍性是实现区域经济系统协调发展的基本条件，而良好的基础设施建设就是保证“一带一路”倡议与国家级新区协同发展的基础条件。“一带一路”建设将有助于新区完善基础设施和公共服务设施，全面提升新区内各类基础设施互联互通水平，构建全方位、多层次、复合型的互联互通网络。基础设施互联互通是“一带一路”建设的优先领域，而国内基础设施的互联互通是基本前提。目前，我国正依托国际大通道积极打造国际经济合作走廊，共建通畅安全高效的现代化交通运输网络。新区综合区位优势明显，多位于“一带一路”的核心节点，有望在“一带一路”互联互通的框架下加快推进重大项目建设，全面提升交通、通信、电网、管道等基础设施水平，进一步增强区域连接性、交通便利性和综合承载力，为要素集聚和产业发展创造良好条件。

三　拓宽产业合作，共同打造优势特色产业集群

“一带一路”建设将给新区带来更深度的合作方式。“一带一路”建设以贸易畅通为导向，着力提升合作水平，拓宽合作领域，搭建区域合作平台，新区有望在商贸流通、产业投资、服务外包、跨境电子商务、合作研发

等领域与沿线国家开展全方位务实合作，实现高水平“引进来”和大规模“走出去”相结合，打造高水平、国际化的开放型经济高地。因此“一带一路”建设对我国企业参与国际经济合作与竞争提出了更高要求，也提供了重大机遇，有助于新区转型升级，构建现代高端产业体系。一方面，基础设施互联互通和国际产能合作的推进，将极大地拓展相关产业发展空间，为企业提升技术、质量和服务水平，增强核心竞争力提供有力支撑。另一方面，将加快国内产业转移和布局调整，内陆沿边地区有望更多地承接沿海地区产业，成为“一带一路”合作的重要支点。新区有望把握这一产业调整机遇，加快产业转型升级步伐，结合自身发展定位和区位优势，围绕“一带一路”规划布局，打造优势特色产业集群，提高综合竞争力；也可在国际合作的大平台上积极吸引集聚高端要素和创新资源，推动战略性新兴产业、高新技术产业、现代服务业快速发展，提升产业层次，加快构建具有国际竞争力的现代产业体系。

四　深化区域合作，促进区域协同发展

“一带一路”建设强调开展更大范围、更高水平、更深层次的区域合作，共同打造开放、包容、均衡、普惠的区域经济合作架构。它有助于新区深化区域合作，探索构建协同发展新机制。“一带一路”建设需要各地区发挥比较优势，协调互动，形成合力，协同推进，这就对深化区域协作、实现更大空间范围内的资源优化配置提出了更高要求。如何打破区域壁垒，协调行政区与功能区的利益关系，探索构建区域协同发展新机制等，是新区肩负的重要改革试验任务。“一带一路”建设强调统一规划、统筹推进，既坚持国际国内协调，又注重发挥地方能动性。这不仅对新区发展提出了更高要求，也为它们积极融入国家重大战略，提升区域竞争力和辐射带动力，更好地在区域合作、协同发展的大格局下谋求更加广阔的空间提供了有利条件。新区在对接“一带一路”建设促进自身发展时，应着力推动协同发展，有效汇聚“一带一路”发展合力。

新区要更好地融入、服务“一带一路”建设，最主要的就是区域协同。

新区应在“四大板块”“三个支撑带”的战略格局下，积极谋划区域协同发展的大局，当好试验田、先遣队，不仅自身要更好更快发展，也要带动相关地区共同发展。一方面各省份应在“一带一路”框架下，明确省域内各地市、各功能区的定位，实现产业、项目、资金、人才和创新要素的优化配置，避免无序竞争，既要凸显新区的引领作用，也要强调各主体的协调分工。另一方面新区也应主动作为，积极与相关地区建立政策协调沟通机制，按照协同发展的理念，统筹推进基础设施、重大产业、公共服务、生态环保等建设，探索以飞地经济、合作园区、横向税收共享等模式建立跨区域利益协调机制，实现新区与周边地区协同发展，更大程度地汇聚形成“一带一路”建设的整体合力。

对策建议篇

截至 2018 年底，国家已经成立了 19 个国家级新区，着力提升经济发展质量，将新区打造成为全方位扩大对外开放的重要窗口、创新体制机制的重要平台、辐射带动区域发展的重要增长极、产城融合发展的重要示范区，进一步提升新区在全国改革开放和现代化建设大局中的战略地位。

现阶段，各国家级新区的产业发展已初见成效，充分显示了初期规划设计的合理性，考虑到目前国际国内形势发生的重大变化，如何认识、适应、引领新常态将成为未来经济的发展逻辑，也是各新区实现可持续发展的关键。本篇结合了各新区发展现状、产业理论、产业发展水平和“一带一路”与新区的互动机制，为全国 19 个国家级新区的发展提出对策建议。

第一章　上海浦东新区

一　着力优化营商环境

一是加快“放管服”改革，营造国际一流营商环境。一方面，不断创新监管方式，加速政府流程再造。[①] 以审批制度改革、优化流程、减少环节作为政府行政体制改革导向，完善事中事后监管，给市场让位，为企业松绑，激发市场活力和社会创造力，助力新产业、新业态、新模式的发展。另一方面，进一步放宽市场准入门槛，要提升企业获得感。提高开办企业便利度，进一步简化流程。更加尊重国际营商惯例，进一步加强知识产权保护，保护各类企业的合法权益。二是打造优质融资体系，践行普惠金融。一方面，政府应进一步加大扶持力度，进一步降低企业运营成本，切实落实财政政策对市场主体尤其是小微企业的支持措施。建立政府引导资金，打造天使投资、风险投资、创业投资集聚区，完善创业融资体系，降低小微企业融资难度。另一方面，鼓励金融机构针对企业尤其是小微开发标准化、模块化的创新金融服务产品。针对小微企业快捷申请、随用随取的需求特征，简化小微贷放款流程，依托数据平台对业务流程中的标准化环节进行集中批量处理，同时推广电子渠道以加快对小微企业需求的反应。

二　积极推动高水平改革开放

建设最高标准、最好水平自由贸易园区是党中央、国务院赋予上海自贸试验区的重要使命，增设上海自贸试验区的新片区是党中央、国务院进一步扩大改革开放的重要部署。浦东要紧紧抓住自贸试验区扩区的有利机遇，坚

① 胡云华：《2019 年浦东经济形势分析与预测》，浦东新区官网，2019 年 2 月 2 日。

决贯彻习近平总书记在首届中国国家进口博览会上的主旨演讲和考察上海时的重要讲话精神，全力打造新时代改革开放新高地，推动中国改革开放向纵深发展。率先对标国际高标准自由贸易园区及国际通行规则，结合我国腹地型经济特点和区域实际，采取分步实施、各有侧重的方式统筹推进自贸区改革的深化推进。一是着眼于树立开放新标杆，在洋山保税港区、浦东机场综合保税区等海关特殊监管区域率先试点国际最高标准的贸易监管制度安排，并适时扩大至外高桥保税物流园区等上海海关特殊监管区域。二是着眼于创新发展新模式，继续简化优化一线贸易监管措施，重点提高二线通关效率，成为统筹国际国内两个市场、两种资源的重要枢纽。三是在形成成熟经验的基础上，根据不同区域的业务需求，及时在自贸区新片区和全市、长三角地区、全国区域推广新的制度框架，基本形成中国特色的自由贸易试验区网络，从而推动中国改革开放向纵深发展。

三　重点聚焦健全创新生态系统

一是加快高端创新要素和创新资源的集聚，在国家科学中心建设进程中进一步注重集中度和显示度的提升，通过国家实验室的打造来加快推动基础研究和基础应用研究，加速让张江科学城成为创新资源的策源地。二是成立开放共享的共性技术平台。建立产业共性技术研发中心，鼓励组织跨领域的产业创新联盟，加强产业共性技术研发和成果推广运用。借助共享经济理念，在共性技术领域内，加强存量盘活、统筹管理，梳理和挖掘现有科研设施与仪器的潜力，鼓励向社会开放共享，促进利用效率的最大化。三是整合相关数据，全面提升制造业“转化＋落地”效率。如技术成果、技术交易数据、新技术新产品、科技企业孵化器、工程中心和重点实验室等方面的数据，使这些数据与创新主体（企业、科研机构等）“联起来”，让创新主体“用起来”，全面提升制造业“转化＋落地”效率。四是结合新区产业实际情况，筛选一批标杆企业，围绕其建立潜在独角兽培育体系，打造“基金＋基地＋标杆企业＋全面企业服务”发展生态圈。可由具备相关专业能力的国企先期融资进入成为股东，再通过投资、孵化、金融扶持、产业并购、注入资源，以及帮助其开拓市场等多种企业服务方式加以扶持，助力其发展成为独角兽企业。

四 加强人才资源的强力支撑

一是加快人才高原高峰建设。围绕浦东“五个中心”核心功能区的建设需求，基于浦东新区未来的经济发展需求，着力培养和引进一批具有国际视野、具有高度专业知识的创新型技术研发人才。在建设人才高峰、夯实人才高地的过程中，引导院校机构与企业建立人才联合培养机制，积极培养一批素质高、知识结构完备的综合型企业管理人才，在产业可持续发展过程中发挥积极的带动作用。二是进一步大力加强技能型人才的培养，在大力培育一大批在生产一线具有创新能力的高级技工的基础上，对优秀技能型人才给予更大的支持力度；制定高端管理人才引进计划，积极引进各类管理人才，将高级管理人员纳入人才引进专项，重点是要对中小型企业的管理人才引进给予补贴，以提升企业资源配置能力。三是留住基础型技术工人。着力培养和引进一批具有高技能和丰富经验的“蓝领”产业工人。进一步完善人才配套政策，从社会保障、公共服务等方面着手，形成良好的工作环境、用生活环境留住基础性人才。鼓励企业生产、流通过程的自动化和网络化，以“机器换人”，减少对劳动力的依存。在科技创新方面，浦东新区有较大优势，需要更多的举措来吸引更多高科技产业入驻浦东新区，在科技创新方面形成规模效应。同时，也需要更多的政策或措施来吸引和留住海内外各行业的人才，为科技创新提供人才后备军。

第二章　天津滨海新区

一　加快调整新区优势产业结构，提高经济辐射力

首先，进一步加快发展第三产业。促进轻纺产业内部协调发展，尽快将更多优势资源从食品制造业转移，降低食品制造业比重，提高其他轻纺工业发展速度，在提高质量的同时积极开拓国内外市场，使其向现代服务功能发展。还要突出发展物流、金融、旅游、信息服务等现代服务业，尤其大力发展金融产业集群。[①] 还要通过发展生产性服务业，积极培育消费需求，适当利用旅游业促进服务业发展，优化内部结构。其次，发挥第二产业的主导作用。新区要重点解决第二产业资本短缺问题，积极“招商引资”，加大资本支持力度，还要避免由粗放型增长方式造成的重复同构和产值过剩问题，在保持其经济增长活力的同时发挥产业集聚效应。最后，注重协调发展，保护第一产业，提高其为优势产业及城市服务的功能。

二　加快高新技术产业创新步伐，完善技术创新体系

国际上，滨海新区在招商引资方面，对于传统优势产业政府应积极引进外资，实现规模经济；对于劣势或电子信息等新兴产业要限制外资引进的程度，给本地企业提供一定的发展空间。在国内，政府要重视并不断完善滨海新区的产学研合作机制。不仅要健全企业技术开发机构，增加人才市场和技术创新方面的资金投入，加大对电子信息和生物医药产业的资金投入，培育创新品牌，以提高新区企业的技术创新能力。采矿冶金工业要不断提高工艺

① 白仲林、李军：《天津滨海新区与上海浦东新区三次产业结构特征及其变迁的比较》，《科学学与科学技术管理》2003 年第 7 期。

装备水平和管理水平，使企业由粗放型经营向集约化经营转变，从资源型向资本和技术型转变。

三　发展循环经济

对于冶金产业要注重污染的技术防治和创新研究，并通过发展装备机械制造等来带动冶金产业的效益提升。建设相对完整而又合理的优势产业链条，促进产业集群建设。要加快产品链和产业链配套体系的建设，营造良好、公平的市场环境。政府要整合内外行政区和功能区资源，发挥优势，集中整合现有资源。

四　充分结合“一带一路”倡议

要围绕“一带一路”倡议，积极调研“冰上丝绸之路”可行性，充分发挥滨海新区的港口条件和区位优势，带动“三北”地区的航运和国际物流业大发展，[①] 为新区的航运和国际物流业发展寻找新的突破口和平台。在现有“西进”和“南下”这“一带”“一路”基础上，拓宽“北上”之路，切实发挥新区的港口地位优势，使滨海新区成为“冰上丝绸之路”的核心地区。

五　不断营造有利于吸引人才创业的发展环境

不断吸引高素质、高技能、国际化人才来新区工作生活，同时为引进人才提供较为舒适和宽松的基本生活保障。雄安新区的正式建设和各项政策出台，必然会对滨海新区产生影响，除人才资源争夺方面外，在疏解非首都职能方面，北京产业的转移，特别是先进制造业及其配套科研机构转移以及投资领域等都会对其产生一定影响。继续推进“放管服”改革，大胆先行先试，落实“多项合一、多证合一”的各项举措，优化细节，使惠民政策更好地落到实处。

① 李桐：《天津滨海新区发展报告》，《中国经济特区发展报告（2017）》，2018 年 11 月 30 日。

六　继续巩固京津冀区域的港口优势和地位

将港口经济主动融入京津冀和雄安新区的各项发展规划中，在现有基础上继续实施通关便利化举措，延伸海关、安检、质检等部门服务链至内陆客户端，保持在京津冀区域内航运及邮轮经济中的优势地位。

第三章　重庆两江新区

一　合理规划产业发展对策

充分利用两江新区所享受的先行试错权及一系列政策优势，为新一轮的产业结构调整做好准备。

以内需为主、外贸为辅的发展道路。受国际经济危机的影响，海外市场萎靡，国内消费占世界的比重逐年增高，西部地区总面积占全国的71.4%，人口占全国的28.8%，随着西部经济整体的发展，居民生活水平和消费水平的提高，西部地区将成为非常有潜力的市场，两江新区应立足于西部市场，从西部向全国辐射，带动西部地区发展，走以内需为主、外贸为辅的发展道路。

加强物流、金融、通信等服务业的发展。服务业能够对其他产业起到很好的支撑作用，发展现代服务业能够增强两江新区的功能性，应重点引进国际知名的物流、金融和通信企业，以带动两江新区的现代服务业发展。

须从发展的角度充分利用和发挥工业基础好、劳动力成本低、人力资源充足的优势，发展IT制造业、汽车摩托制造业和加工贸易，同时设立IT、汽车等行业的研发基地，增加研发投入，吸引和培养人才，补足短板来提高产品的附加值，由一般加工向高端制造业转变，通过完整的研发、生产、销售、物流产业链来保持长期稳定的发展。

二　树立自主创新意识，提升自身创新实力

一是努力把两江新区打造为西部自主创新中心。[①] 两江新区内的北部新区已建立的孵化园区和留学人员创业园、青年创业、中华学人回归创业园等

① 余素芳：《重庆两江新区先进制造业发展研究》，对外经济贸易大学硕士论文，2014。

创新平台，布局离散且配套滞后，聚集高端创新资源的功能得不到完全发挥，不能满足大型科研机构、大型公司建设创新中心对配套功能、服务条件的要求，两江新区应站在战略高度规划建设西部自主创新中心，完善配套，强化技术服务、信息服务等功能，同时要搞好整体规划，加快生态环境和生活配套建设。二是引进国家级创新资源。浦东新区和滨海新区在实施创新型新区战略时，始终把引进国家级创新资源摆在第一位。

三　转变政府职能，鼓励政策创新

一是加快推进行政审批制度改革。市政府要继续加快职能转变，推动两江新区的行政审批制度改革向纵深发展，鼓励两江新区先行先试向社会、向市场放权，打破金融、电信、医疗、教育等行业的垄断，助推服务业发展。二是推进公共服务事业规范化与多样化。在公共服务事业领域，支持两江新区试行逐步取消一切限制民间投资的规定，加大对社会团体服务业发展的扶持力度，大力发展多种所有制形式的服务业，充分重视和挖掘这些非政府组织机构的功能与作用，形成多个方面、多个角度共同推动整体知识密集型服务业及经济发展的良好格局。三是加强经济指标监控评价体系建设。通过各类量化指标的反馈，使政府及时了解市场情况，有的放矢地出台新的措施与政策，以利于两江新区知识密集型服务业掌握市场动态，制定合理的发展战略。加强两江新区经济指标监控评价体系的建设，促进知识密集型服务业快速健康发展，进而为两江新区乃至全市的经济发展提供经济引擎。

第四章　浙江舟山群岛新区

一　提升利用外资水平

优化引资结构，坚持“多地开花”，优化外资来源地结构。多元化引入外资，深度融入“一带一路”建设和长江经济带发展战略，鼓励吸引其他发达地区来舟山投资。① 科学分布外资投向，鼓励引导外资投向从以第二产业为主向第一、二、三产业并举转变，对投向现代服务业、高新技术产业等高附加值和环境友好型产业的外资进行奖励和扶持。选择外资时应多方面兼顾，② 除考察投入产出效益、规模外，还要兼顾税收贡献度、环保性、技术溢出效应、就业吸纳能力等衡量经济、生态、社会效益的重要指标。

二　推进外贸转型升级

优化进出口结构，由出口为主向进出口并重转变，鼓励进口国际先进装备、技术、关键零部件、紧缺资源类产品等。增强出口产品的附加值，加快传统产业的升级换代，引导出口企业走产品创新、品牌发展之路，提升产品的含金量和国际竞争力。发展智能制造，推进海洋工程装备制造、船舶修造等舟山主导产业的精细化、智能化。

---

① 胡佳：《舟山群岛新区开放型经济可持续发展能力评价及对策》，《唐山师范学院学报》2018 年第 4 期。

② 徐颖娜：《舟山群岛新区海洋旅游业可持续发展研究》，《经济研究参考》2017 年第 37 期。

三　做强科技金融

精准支持科技金融发展。[①] 政府既要培育顶天立地的高新技术企业，也要大力发展铺天盖地的中小微科技型企业。各级政府要精准推出科技金融政策，积极打造全方位、全周期的金融产品支持链条，形成从初创期、成长期到成熟期的不同的产品政策。与银行、基金等合作社会资木签订协议，帮助中小微企业引入社会资本。出台科技金融专项政策，在融资成本上再给予企业补贴，切实降低小微企业融资成本。出台引导产业引导基金管理办法，为中小微企业发展提供强大的金融支撑。打造科技金融服务链条。围绕发展涉海新兴产业、促进重大海洋科技成果转化和产业化、支持创新创业和企业做强做大的目标，开展科技金融创新试点工作，积极构建信用激励、风险补偿、投保贷联动、政银企多方合作、分阶段连续支持的金融创新服务机制，打造从实验研究、中试到生产的全过程、多元化和差异性的一条贯穿企业成长全过程的科技金融服务链条。加强科技金融复合型人才培养和引进。协同在舟企业、高校、金融机构的力量，整合“科技+人才”“资本+产业”等关键要素，建立“政产学研金际”的科技金融区域协同创新中心。注重科技金融人才的引进，发挥高等院校科技金融研究与人才培养的优势，依托“盈创动力”加强科技金融服务人才的培养，培育一批既懂科技又懂金融的复合型人才，不断提升科技金融从业者的综合素质和业务能力。

---

① 郭力泉、崔旺来、刘超、应晓丽：《科技支撑引领舟山群岛新区发展的战略思考》，《农村经济与科技》2018 年第 3 期。

第五章　甘肃兰州新区

一　建设经济增长极分析机制

对于兰州新区而言，可以将其作为西北区域发展中重要的经济增长极，需明确新区的建设契机，并对城市空间布局情况进行全面调整，[①] 在保证产业结构优化的情况下，保证新区与老区之间的协调发展。以此实现兰州新区产业转型升级，促进各方面经济建设工作。甘肃省将兰州新区作为西北区域经济增长极，能够促进双轮驱动方面的产业升级，创建专业化与多元化的管理机制，保证工作水平。

二　创新管理思维

相比于国内发达地区新区，兰州新区在管理模式与理念方面还很陈旧，及时更新管理思维是当下刻不容缓的任务。定期到国内其他新区学习，尤其是发展得比较好、处于新区领军前沿的地区。同时，兰州新区可以定期对管理人员进行培训，邀请具有相关丰富经验的新区专家进行工作指导，完善新区的运营平台，提高管理工作效率和业务水平，优化新区内作业环境。

三　完善金融机构体系，发展五种金融业态

抓住“一带一路”及兰州新区开发的机遇，[②] 发挥新区市场空间巨大的综合优势，利用金融业扶持优惠政策，通过引进、新设、重组等模式，重点

① 杨风琴：《兰州新区开发在甘肃经济发展中的作用及地位分析》，《中国市场》2018 年第 18 期。

② 师永彦、王琳：《“一带一路”战略下兰州新区的金融业发展》，《甘肃金融》2016 年第 12 期。

发展银行、证券期货、保险、信托租赁、中介服务等金融业态，联动发展民间金融、互联网金融、普惠金融新业态，力争兰州新区第一家城市商业银行、第一家保险公司尽快组建并落户新区。

四　将兰州新区作为重要产业基地

在兰州新区开发的过程中，需将其作为重要产业基地，利用合理方式实施工作，根据制造业的发展需求，建设高素质人才队伍，对人才资源与智能化资源进行合理的分配，发挥项目龙头带动的积极作用。

第六章　广州南沙新区*

一　深入推进改革开放创新

争取自贸区更大的改革自主权，更高起点推进自贸区制度创新，聚焦重点领域关键环节全面深化改革，深入落实《中国（广东）自由贸易试验区深化改革方案》，抓紧出台方案细化清单，推出更多在全国叫得响、立得住、让人民群众有更多获得感的改革创新成果。

二　加快建设区域综合交通枢纽和信息枢纽

围绕构建粤港澳大湾区“半小时交通圈”，加快轨道、高速铁路、市政路网建设，强化与市中心及珠江口东西两岸的交通联系，高起点建设现代化信息基础设施，打造面向国际的交通、信息新枢纽。

三　加快建设国际航运中心

依托港口核心资源优势，强化港航基础设施建设的支撑作用，大力培育和集聚市场主体，积极推进对周边港口资源的整合，加强与国内外港口城市的合作，完善现代航运服务体系，加快建设功能复合的国际航运中心，打造世界级枢纽港区。

四　加快构建创新型产业体系

牢牢把握供给侧结构性改革主线，推动先进制造业与现代服务业融合发展，面向全球集聚资源要素，大力发展航运物流、高端制造、金融商务、科

* 《南沙区 2018 年政府工作报告》。

技创新、旅游健康五大主导产业，实施质量标准品牌战略，不断提高经济发展质量。

五　加快打造高水平国际化海滨新城

对标雄安新区，高标准推进城市规划建设管理。加快生态水城建设，推进灵山岛竹湖公园工程建设、黄阁西涌整治等重点工程，提升城市形象；深入实施“蓝天、碧水、宁静”等环保活动，全面推进河长制各项工作，继续推进锅炉淘汰、挥发性有机物污染、扬尘污染等治理，扎实开展节能减排，确保实现能耗总量、万元生产总值综合能耗降低率下降目标，促进“绿色自贸区”建设。

六　体制机制改革

以构建国际化金融创新服务体系为导向，深入推动金融领域开放创新，加快建成有南沙特色的“一带一路”金融服务枢纽。积极推进供应链金融创新，重点推进商业保险业务，积极拓展离岸租赁、跨境租赁。扩大对港澳服务业开放，推进粤港深度合作区建设，推动一批重点项目落地，促进内地经济社会管理与港澳规则对接，吸引一流的现代服务业企业在南沙集聚。

第七章　陕西西咸新区

一　大力实施产业兴区战略

深化供给侧结构性改革，全力打造先进制造、电子信息、临空经济、科技研发、文化旅游、总部经济六大千亿级主导产业集群。大力推行产业链、资本链、创新链招商，完善政策体系。积极发展医养健康、茯茶等特色产业，大力培育智能终端、数字经济等新经济、新业态、新模式。实施旅游产业融合计划，加快全域旅游发展，推进三产深度融合。

坚持创新驱动发展，主动融入科创大走廊，规划建设丝绸之路科技创新谷。加快建设科统基地、硬科技小镇、西北工业大学翱翔小镇等项目。深化国家双创示范基地建设，推进“123”双创行动，办好“创想中国”西咸站主题活动。

加强各类要素保障。探索建设人才改革试验区，发挥国家级人力资源服务产业园作用，提升高层次人才“一站式”服务平台建设水平，加快实施高层次人才千人计划。推进闲置土地“两清理一整顿”，做好建设项目用地指标保障，做到产业项目应保尽保。

全力防范化解债务风险。提升新区政府债务管理的制度化、系统化、精细化水平。不断创新融资模式，积极争取债务置换和新增债务资金，进一步降低债务成本、优化债务结构、严控隐性债务规模，全力防范和化解好债务风险。

二　全力推进大西安建设

加强规划管理。完成《西咸新区城市总体规划（2016～2035）》报批和新轴线区域综合规划、昆明池区域综合规划编制，完善城市“双修”、地下空间利用等专项规划，实现新区控规全覆盖，形成全区规划“一张图”。

加快重点区域建设。开展“长藤结瓜”式开发建设，推动各新城、园办核心板块、重点区域开发。加快新中心、新轴线建设，启动地下空间综合利用、绿地丝路国际中心、保利西北总部、宝能总部基地、海航西北总部等项目。

推进城市精细化管理。出台市政市容管理服务新标准，落实“路长制”“所长制”，持续开展“厕所革命”“烟头革命”，完善城市垃圾、废弃物收集处理机制，高标准建设垃圾无害化处理项目，全力打造清洁城市。

三　打造最佳宜居城市

系统推进宜居环境建设。编制实施新区宜居环境建设三年行动计划，统筹推进教育、医疗、交通、文化、养老、生态、社区等项目建设，着力打造环境优美、社会安全、文明进步、生活舒适、经济和谐、美誉度高的宜居西咸。

构建均衡优质的公共服务。大力发展教育事业，全面实施改善中小幼薄弱学校办学条件、高中普及以及攻坚行动计划。加快建设一批高水平标准化的示范学校，加快沣东新城亿元、陕西中医药大学二附院等三级医院建设。

完善城乡商业设施。提升各类商务办公、产业园区、社区的商业餐饮等配套功能。开展养老服务质量提升行动，完善多元化养老服务体系。加快公共文化产品供给，抓好文艺创作和非遗保护，规划建设周、秦博物馆。

四　持续推进最优营商环境建设

全面深化“放管服”改革。推进相对集中行政许可权试点，优化“一窗受理、并联审批、限时办结、统一出件”模式，完善权力清单、责任清单、负面清单、收费清单动态管理机制。

系统推进国家级试点改革。制订实施创新城市发展方式三年行动计划，积极探索、实践新的理念、思路、模式，建设创新城市发展方式国家试验区，形成整体方案并取得可示范推广的经验。

优化政务服务管理。着力提升公共服务智慧化水平，建设新区政务服务综合一体化平台，构建新区、新城、镇街、村（社区）四级政务服务体系。实施便民服务外网纵向延伸到街镇和村（社区）。

五　全面提升对外开放水平

高水平推进自贸区建设。完善新区自贸政务服务平台功能，实现国际贸易“单一窗口”国家标准版试点运行，抓好“走出去”“一站式”服务平台建设。深化空港、陆港联动，推进服务业扩大开放和外商投资管理体制改革。加大多式联运、通道建设、航空服务、口岸经济等先行先试力度。

加快建设西安国际航空枢纽。依托国家级临空经济示范区，大力发展枢纽经济、门户经济、流动经济。编制完成西安航空物流枢纽建设发展规划，积极申报综合保税区、跨境电商综合试验区等试点，扩大指定口岸种类。

提升国际合作交流水平。贯彻落实《关中平原城市群发展规划》，深度融入“一带一路”建设，增强新区核心竞争力、示范带动力。按照“一园两地”模式加快中俄丝路创新园建设，探索中外合作产业园区建设新模式、新机制。依托文物遗址、科技创新等资源，发挥丝绸之路大学联盟、创新驱动共同体联盟等作用，建设与“一带一路”文物数字化交流合作平台和国际科技资源离岸统筹中心，积极引入更多国际创新资源。

第八章　贵州贵安新区*

一　大力发展生态建设，着力打好污染防治攻坚战

大力推动直管区 88 个可绿化山头共 2.16 万亩绿化建设，调整林草种植结构，提高退耕还林还草经济效益，着力加快推动沙漠化治理、古茶树保护开发等项目建设，推动经果林、优质畜草、智慧牧场等林草基地建设。

二　扎实推进大数据战略，构筑新时代产业体系

发展以大数据为引领的电子信息、大健康医药、高端装备制造、文化旅游、现代服务业五大主导产业，推动大数据与实体经济深度融合发展，做强核心业态、壮大关联业态、拓展衍生业态。依托综合保税区（电子园）、高端装备制造产业园、数字经济产业园等重要发展平台，加快推进三大运营商二期、腾讯、华为、超算中心、FAST 天文数据中心、集成电路产业园、生物科技产业园、生物医学大数据中心、数字经济产业园二期等重点项目建设；加快推进苹果 iCloud 数据中心、晶泰科第六代 AMOLED 显示面板生产线、富士康诺基亚全球研发中心、华侨城 V 谷数字城、中商国能（厦门）、航洋宽带等重点项目前期工作。

依托新区数据存储中心独特优势，推动互联网、大数据、人工智能和实体经济深度融合，大力引入和掘金大数据产业链上游资源端、中游技术端以及下游应用端企业。加快挖掘大数据核心价值，打造集大数据储存、挖掘、分析、清洗、展示、应用、大数据产品评估和交易等于一体的大数据全产业链条。

---

* 《贵州省人民代表大会常务委员会关于依法推进打好污染防治攻坚战　开创百姓富生态美多彩贵州新未来的决议》，2018 年 9 月。

三　加快提升和完善城市公共服务配套

完善贵安与贵阳协同发展“五联十同”机制，以互联互通为重点，加快推进轨道交通S1号线、湖林铁路外迁改建、贵红大道、观潭大道等一批重大项目，加快打造利益共同体、发展共同体。

第九章　青岛西海岸新区

一　突出一条主线

把深入学习贯彻习近平新时代中国特色社会主义思想和党的十九大精神作为贯穿全区工作的主线，积极推进党的十九大精神在新区落地生根、开花结果。以全面从严治党为统领，提高政治站位，坚守廉洁底线，营造风清气正的良好政治生态。

二　实施五个率先

一是率先推进创新发展。深入实施创新驱动发展战略，规划建设绿色制造、大数据等 5 个应用型科技创新中心，加快推进海上试验场、海洋大科学研究中心等 10 家“国字型”科研平台建设，培育 200 家高新技术企业，努力争当创新高地。二是率先建设活力新区。坚持改革创新、先行先试，激发体制机制的内生活力。三是率先建设美丽新区。大力实施蓝色海湾整治行动，开展裸露山体和河道治理，努力把新区建设得更加时尚美丽，打造绿色融合的城市风貌。四是率先建设魅力新区。重点实施城市软实力提升工程，提升城市形象和文化品位，加快建设军民幸福、干部自豪、令人向往的魅力新区。五是率先实现高质量发展。坚持五大发展理念，充分发挥军民融合、城乡一体、陆海统筹的独特优势，率先建设特色鲜明的现代化经济体系，推动新区高质量发展。

第十章　大连金普新区*

一　深化重点领域改革

一是加快推进新区管理体制机制改革。坚持学习借鉴上海浦东等先进经验与紧密结合新区实际相统一，突出功能区的经济发展功能，强化街道的社会管理和服务职能，理顺条块关系，明晰权责界限。二是进一步落实省委、省政府《关于推进金普新区建设发展的实施意见》（以下简称《实施意见》）。全力争取市里、省里有关部门支持，按照《实施意见》中的明确责任分工，推动各项政策早日落实到位。三是深化“放管服”改革。建立负面清单管理制度。推行“证照分离”改革试点。推进相对集中行政许可权、行政处罚权改革。四是落实构建开放型经济新体制试点经验任务，确保试点试验终期评估交出合格答卷，形成一批可复制推广的先进试验成果。五是加快推进“多规合一”改革，完成空间规划及相应专题研究的编制及报批工作，完成“空间一张图”及信息平台建设。

二　高标准建设大连自贸区

一是全面复制推广第二批40条经验做法，统筹协调市直部门合力推进234项改革试验任务。二是完善第三方评估机构和智库平台的参与机制，加快推进投资自由化、国际贸易“单一窗口”、金融开放创新、事中事后监管体制改革、航运中心建设、产业转型升级、法制保障体系建设、人才科技保障体系建设等重点课题研究，不断推出大连特色创新案例。三是进一步健全企业投资服务体系，完善自贸试验区企业数据库和政策措施，加快启用信用

* 《2018年大连金普新区工作报告》。

信息管理和事中事后监管系统建设。四是加强与东北亚各国之间的经贸投资合作，加快产业集聚，助力经济转型升级。五是深入研究、加快探索、适时申报建设大连自由贸易港。六是联合海关、检疫等口岸部门，在冷链通关、微波检疫等领域再推出一批全国有影响、全省可借鉴的“大连经验”。

三　大力推动自主创新示范区建设

一是以落实“三年行动计划”为统领，举全区之力加快建设自主创新示范区，为大连建设东北亚科技创新创业创投中心提供强力支撑。二是深化科技体制改革，清理和消除妨碍公平竞争的规定及做法，创新财政投入方式，以环境优化推动市场主体创新。三是强化企业和科研机构创新主体地位，构建中小企业创新公共服务体系。

第十一章　成都天府新区*

一　建设四川高新技术产业集聚带

成都天府新区要建设国家自主创新示范基地、创新驱动策源地和绿色低碳环保的创新驱动改革试验区，建设高端科技创新平台、企业技术中心（R&D）、工程技术（研究）中心，创建一批国家重点实验室（工程实验室）、工程技术（研究）中心等；重点规划、扶持一批科技企业孵化器，并为推广和支持多项专利提供试点基地，培育中小科技企业。① 奋力打造新一代信息技术、生物科技、高端制造、电子商务、文化创意等高附加值产业，促进大数据、云计算、移动电子商务的发展。培育、建设一批评估、认证机构，技术中介和技术转让平台，推动省内不同类型的科技资源共享。

二　加强产学研合作

成都天府新区发展的核心是科技创新。《四川省人民政府关于支持天府新区创新研发产业功能区建设的意见》提出把功能区建设成为国际一流创新科技城、国家自主创新示范基地，因此要全方位促进创新，建设创新平台，鼓励科技金融发展，引进高端人才，加快企业创立以“市场为导向、创新为动能、政策为基础”的理念，将市场藉求、科研定位和政府资助方向相统一，将生产研究与前沿技术紧密结合起来，形成产学研的共生模式。企业自身应把握市场需求方向，积极进行创新，并与科研机构紧密合作，把握科技发展前沿动态，努力将前沿技术应用于市场。

---

* 《关于支持天府新区创新研发产业功能区建设的意见》，2014 年 6 月 28 日。

① 李长青、武丽婧：《四川天府新区产业发展研究》，《中国市场》2018 年第 20 期。

三　制度及法律法规不断创新

新区的发展需要对接国际标准，因此制度和法律法规也应该不断结合发展所需进行一定的创新，以协调新区内各主体的需求，促进新区最大程度激发市场活力，提升国际竞争力。

四　促进金融市场要素加快向新区聚集

在金融方面，天府新区管委会应出台鼓励金融支持新区开发建设的具体优惠政策，对入驻天府新区的金融机构给予资金、税收、用地等方面的优惠政策，建立与各金融机构总部对话机制和银政合作信息平台，鼓励银行、证券、保险机构总部到新区开展产品研发和人员培训，吸引金融数据中心以及资产管理、投资咨询、信用评估等中介机构入驻新区，统筹发展银行、证券、保险、信托、基金、期货、投资、担保、租赁、财务、交易、后台服务等行业，着力打造总部聚集、机构集中、市场发达、设施先进、运行高效、秩序规范的金融产业集群，促进建立资源集成、利益共享的多元化投融资机制，逐步形成种类齐全、竞争互补的金融市场格局，争取成为西部地区金融组织、金融产品、金融交易、金融服务和金融管理创新试验田。

第十二章　湖南湘江新区*

一　突出产业项目建设，着力壮大实体经济

在投资导向上，聚焦实体经济发展，着力提高产业投资在固定资产投资中的比重，提高工业投资在固定资产投资中的比重，提高技改投资在工业投资中的比重，提高民间投资占全社会固定资产投资的比重。在主攻方向上，盯紧先进储能材料、高端装备与人工智能、基因工程与生命技术、信息终端、3D 打印和工业机器人五大高端装备制造业，以及移动互联网、现代金融、文化旅游三大现代服务业，加快构建“5 + 3”产业发展格局。

二　推动重点片区建设，着力提升承载功能

规划新区—湘潭轨道快线，开工建设潇湘大道南延线、黄桥大道南延线，推进湘府路快速化（河西段）、岳宁大道、枫林西路（三段）、长望路西沿线等重点交通干线建设以及大王山片区交通提质，建设一批公共停车场、城乡绿道、自行车专用道、共享单车及共享汽车停靠点、新能高原汽车充电桩，加快岳麓山国家大学科技城建设，抓好湖南金融中心建设。

三　突出增长动能转换，着力深化改革创新

在长沙高新区、大学科技城周边各规划建设 10 万平方米左右租赁房或限价商品房；利用好 1.37 万亩储备土地，盘活存量土地资源；理顺管委会

* 《2017 年湖南湘江政府工作报告》，2018 年 1 月 24 日。

与公司权责边界，促进平台公司转型创新发展。推进“放管服”改革，全面实现网上办理或者“只跑一次”，开展知识产权综合管理改革试点，建设长沙高新区保税仓；组建进出口服务公司、贸易融资担保公司；深化与国际友好城市的交流合作。

第十三章　南京江北新区

一　高质量推进创新名城先导区建设[①]

实施“两落地一融合”工程，加强与中科院、南京大学、东南大学等一流高校和科研院所的战略合作。加快集聚创业创新人才，实施“创业江北”人才计划。大力培育创新型企业。

二　高质量推进产业高地建设

全力打造“两城一中心”，即芯片之城、基因之城和新金融中心。狠抓产业项目推进，聚焦百亿级企业招商引资“移大树”，强化科技型中小企业扶持“育小苗”。加快产业转型升级，鼓励和支持企业加速向新材料、生命科学、高端专用化学品等新兴产业领域转型。

三　高质量推进社会民生改善

加大基础设施投入，高标准打造核心区、推进城市精细化治理、推动公共服务均衡化、加大社会保障力度、创新社会治理方式。出台新区就业创业扶持政策，吸纳留住超过 2 万名大学生到新区创业，城镇登记失业率控制在 3.5% 以内。实施棚户区改造 300 万平方米，新开工建设保障房 340 万平方米。

四　高质量推进改革开放合作

稳妥推进综合改革。以健康医疗大数据、增量配电、新型城镇化、证照

① 《南京江北新区深化创新名城先导区建设提升创新首位度实施方案》，2019 年 2 月 14 日。

分离等重大改革为重点，持续深化“放管服”改革，力争“不见面审批”事项达审批服务事项95%以上，努力实现“2330”目标。促进开放型经济发展。借助长江－12.5米深水航道、中欧中亚班列等江海联动、水铁联运综合交通优势，加快对接国内外综合性开放平台，构建与国际接轨的通行做法和贸易规则，积极申报海关特殊监管区，推动保税物流中心建设。加强区域协同合作。进一步强化与浦东新区、舟山群岛新区、上海自贸区等的联动发展，主动融入长三角一体化，推动区域联动发展。

第十四章　黑龙江哈尔滨新区

一　扩大新区全方位对外开放相结合

国家赋予哈尔滨新区“三区一极”的战略定位，提出要打造中俄全面合作重要承载区、特色国际文化旅游聚集区，因此应围绕建设中俄全面合作重要承载区的总体目标，以对俄合作为重点，全方位提升新区对外开放水平，建设开放合作高地。支持以新区为核心片区申建中国（黑龙江）自由贸易试验区，支持新区与综合保税区、临空经济区、内陆港和铁路集装箱中心站协同发展，支持新区建设中俄文化旅游集散中心等。黑龙江省对新区在发展定位上提出了建设现代化国际化新城区，所以说，新区不仅是现代化的，也是国际化的，这就需要新区做好“开放”这一大文章，在更大范围、更广领域、更高层次上参与国际国内资源配置和市场开发。

二　推进新区产业升级相结合

新区要以连片组团式开发为重点，加快土地集约利用、项目集中建设、产业集群发展步伐，推动新区建设上规模、见成效、出形象，大力引进优质项目，突出高端化产业发展导向，注重培育新产品、新业态、新商业模式，充分发挥松北、平房、利民三个片区各自优势，大力引进优质项目，发展战略性新兴产业，着力培育新区核心竞争力。

三　强化人才科技支撑相结合[①]

在人才上，进一步完善新区按照“市场化运行、企业化管理、绩效化

① 《中共黑龙江省委黑龙江省人民政府关于支持哈尔滨新区改革创新促进高质量发展的意见》，2019年1月15日。

考核”模式，成立专业化服务公司，坚持“立足本省把优秀人才留在新区，面向全国把高端人才引进新区，着眼海外把专业人才请到新区”的引进人才等做法，建立更加开放的招才引智机制，实施柔性引才政策，让人才来新区奋斗有舞台、发展有空间、事业能出彩。在科技上，要按照省里要求，在新区率先开展科技成果转化激励政策试点，在科技金融结合等方面先行先试，支持金融机构开展投贷联动和专利质押融资试点，通过推动科技与金融对接、产业与资本融合，向高新技术成果产业化要发展，让科技政策真正带着温度落地。①

① 来自哈尔滨新区党工委书记、松北区委书记高大伟在哈尔滨新区江北一体发展区召开区委理论学习中心组专题研讨会上的讲话。

第十五章　福建福州新区

一　突出重点区域，建设魅力新区

福州新区应着力打造核心区域，加快城市“东进南下、沿江向海”步伐，充分发挥福州现有的保税区、保税港区等海关特殊监管区域的对外开放平台作用，加大先行先试力度，深化与台湾自由经济示范区及东盟国家的经贸往来，进一步增强福州对国家实施21世纪海上丝绸之路战略的支撑作用，提升福州乃至海峡西岸经济区的整体开放水平。加快各类海关特殊监管区功能整合提升，全力推进江阴港汽车整车进口口岸建设，积极申报设立长乐空港综合保税区，促进各监管区形成管理规范、通关便捷、用地集约、产业集聚、绩效突出、协调发展的格局，成为引导加工贸易转型升级、承接产业转移、优化产业结构、拉动经济发展的重要载体，促进福州新区成为先进制造业的聚集区、国际物流的集散区、服务外包的承接区。

二　坚持高端引领，做强产业新区

着力加强产业招商。龙头带动和产业集聚是新区的优势，也是新区经济发展的特点。一个重大项目或龙头企业，就能带动数十甚至数百家企业进驻，形成庞大的产业链。科学制定产业发展规划，围绕特色优势产业开展针对性上门招商、跟进招商和持续招商，着力引进一批能够带动上下游及周边产业聚集的企业和产业项目，尽快形成以大项目为支撑的优势支柱产业，并以此为基础，通过产业链招商，由引进单个企业向配套企业扩散、向相关产业扩散，从而不断巩固产业优势，形成以骨干企业、拳头产品为龙头，集中度高、关联度大、竞争力强的支柱产业群，夯实福州新区发展的强大产业支撑。

三　发挥独特优势，打造特色新区

围绕建设21世纪海上丝绸之路的国家倡议，抓住国家支持建设海西经济区的政策导向，立足东南沿海省会城市特色，着力推进“海上福州”建设，打造海峡蓝色经济核心区。充分发挥深水港区优势，加快建设南北两翼临港产业高地，打造海峡西岸重要的临港产业基地。重点发展海洋工程装备、海洋生物制药、海洋生物能源、海洋可再生能源、海洋服务业等海洋新兴产业，扶持骨干企业和拳头产品发展，打造东南沿海重要的海洋生物产业集聚地、海洋工程装备制造基地和海洋能源研究与开发基地。加快闽台（福州）蓝色经济产业园建设，全力推进“一区一带两园”建设，努力打造福州蓝色硅谷，形成海洋科技研发及海洋高新技术产业集聚区。[①]

---

① 中共福州市委政策研究室课题组、李贵勇、林徐峰、张冰：《进一步加快福州新区开放开发的建议》，《福州党校学报》2015年第2期。

第十六章　云南滇中新区

一　创新人才引进机制

人才是创新的第一资源，着眼新区开发建设需要，树立强烈的人才意识，要加快建设创新人才高地，以识才的眼光、用才的胆识、容才的雅量、聚才的良方，让各类人才各得其所、才尽其用，牢固构筑创新发展的坚实根基。要加大人才培养和引进力度，突出“高精尖缺”导向，实施更加积极、更加开放、更加有效的人才政策，聚天下英才而用之。要健全人才流动和使用机制，真正让各类人才引得进、留得住、用得好。要创新人才评价和激励机制，激发科技人员的持久创造动力，让有贡献的科技人员经济上得实惠、工作上有奔头、社会上受尊敬，加大靶向引才力度，用好用活人才政策，为新区高质量发展提供强有力的人才支撑。

二　聚焦招商引资和投资融资方式

在产业大转型、大流动的大背景之下，滇中新区需要结合自身地域优势，以未来产业发展方向和国家战略为引领，定位自身特点的产业结构、产业集群、产品体系，但始终突出招商引资这一主抓手，围绕产业定位，采取多种方式，大力实施精准招商，确保做到“引新、引高、引强”，不断完善配套硬环境，提升服务软环境。此外，还需聚焦投资融资，着力破解发展瓶颈，提升平台融资能力，积极创新融资方式，加大投融资力度，加快构建“政府主导、市场运作、社会参与”的投融资格局，探索建立招商引资项目经理人制度，强化要素保障，让投资环境不断优化，切实储备一批既拉动当前增长又有利于长远发展的重大项目。

三　加快推进项目落地，营造便利化营商环境

推进项目落地开花，营造高效的发展环境是关键。牢牢抓住项目落地这个关键，加强项目推进过程中的服务与管理，对项目推进中出现的困难和问题，分门别类加以解决，着力破解项目落地难、落地慢问题，确保项目招得来、落得下、建得快，同时要不断提升行政效能和服务水平，构建“亲”“清”新型政商关系，提升政务环境，形成透明高效、竞争有序、公平正义、互利共赢的产业发展软环境。

第十七章　吉林长春新区

一　强化开放意识，引进高质产业

长春新区作为推动东北全面振兴、全方位振兴的重要引擎，作为引领全省高质量发展的“试验田”，应进一步完善国际陆港、空港等开放平台功能，加快建设临空经济示范区，畅通对外物流通道；加快推进中白、中韩、中日等国际合作园区建设，用好用足公安部授予的外籍人才出入境优惠政策，集聚国际先进技术与海外高端人才；加强对外经济联络与合作，重点抓好浙吉、津长等合作产业园区建设，进一步促进两地经济、技术、人才的交流；加大域外和境外招商力度，委托有实力的招商中介开展跨国招商，按照“产业高端、产品高质、产出高效”的原则，着力引进投资规模大、科技含量高、产业链要素全的实体经济项目；扩大对外贸易，谋划推动跨境电商等新业态发展，促进外向型经济发展，提升利用国际国内“两个市场、两种资源”的能力和水平。

二　强化新产业带动和数字化引领

长春新区应紧紧围绕人工智能、智能网联、新能源等引领时代发展的高新高端产业，进一步强化以商招商、中介招商、委托招商、土地招商等方式，利用省市组织的各大招商活动，广泛开展招商推介，集聚更多项目资源、培育更多高端产业，着力引进新技术、新业态，力争再引进一批体量大、业态新、回报好的大项目，带动提升产业层次。同时，深入实施创新驱动，加快推进北湖科技园、摆渡创新工场、长春中关村信息谷等一批孵化载体建设，打造数字产业集聚区，大力发展数字经济；推动数字经济与实体经济融合发展，深入实施“互联网＋”，推动数据技术在高端装备制造、航天信息等产业领域的应用。①

三　提高行政服务效能，强化服务优先

新区应强化“人本化”思维，坚持让群众和企业共享新区发展成果，进一步优化提升经济发展软环境，深化体制机制创新，不断优化机构设置，提高服务效能，特别是深化行政审批改革，重点推进“只跑一次”“证照分离”“标准地＋承诺制”等改革工作，全力打造规则无偏见、办事不求人、投资有商机的全国一流营商环境。坚持“以人民为中心”的发展理念，进一步优化教育、医疗等社会事业布局，加快推进学校和医院的建设，满足居民对优质教育和医疗的需求，同时谋划建设文化、体育、养老、娱乐休闲等服务设施，尽快形成“功能齐全、通达方便、服务优质”的生活圈，提高群众的幸福感和满意度，把新区建设成为“本地人自豪、外地人羡慕，人才来了就不想走的”的新城。

① 来自长春市委常委、长春新区党工委书记李忠斌接受中国吉林网、吉刻 APP 记者专访记录。

第十八章　江西赣江新区

一　加大金融扶持，助力科技创新和产业发展

赣江新区应以建设国家绿色金融改革创新试验区为契机，将金融与科技创新有机融合，在科技研发、科技成果转化、科技企业孵化育成等方面提供特色化金融服务，对金融机构优先扶持。新区可以联合第三方机构研究制定赣江新区绿色金融标准体系，聚集银行、保险、互联网金融、交易中心等百余家金融机构和经营性、功能性机构，引导金融机构优先扶持优质科技成果及战略性新兴产业。同时产融对接优先推介，比如举办政银企对接会，鼓励商业银行加大授信投放力度，引导资金向光电信息、新能源、生物医药等绿色产业和实体经济投入，优先支持新型研发机构及其孵化的实体企业，推动科技创新加快转化为生产力，促进产业高质量发展。①

二　完善人才机制，引进用好科技创新人才

赣江新区应不断探索创新引人用人机制，完善人才服务体系，营造引人用人良好氛围，确保人才“引得进、用得好、留得下”。围绕新区“光电信息、生物医药、智能装备制造、新能源与新材料、有机硅、现代轻纺”等六大主导产业，设立人才工作专项资金，推出专项人才计划，依托国家级人力资源产业园，高品质打造高层次人才服务中心，随时随地听取人才对新区工作的意见建议，引进用好科技创新人才。

① 来自江西省发改委主任吴晓军在新闻发布会上的讲话。

三　提升大项目发展，推进绿色金融改革创新试验区建设

要以重大项目建设为抓手，强化“项目为王”意识，在项目建设上大干实干，积极招大引强，强化要素保障，以项目建设支撑发展、增强后劲，不断巩固、扩大和提升赣江新区的发展态势。要以推进改革试点为抓手，发挥先行先试优势，持续推进“放管服”改革，加大绿色金融改革力度，完善资源要素配置机制，不断增强赣江新区的内生动力。要以深化创新驱动为抓手，深入践行新发展理念，壮大创新主体，特别是强化企业创新主体地位，做强创新载体，会聚创新人才，不断提升赣江新区的竞争优势。①

① 来自江西省委常委、常务副省长毛伟明在赣江新区调研时的讲话。

第十九章　河北雄安新区

一　扩大对内对外开放，构筑开放发展新高地

雄安新区应坚持全方位对外开放，积极融入“一带一路”建设，以开放促发展、以合作促协同，着力发展贸易新业态、新模式，营造法治化、国际化、便利化市场环境，实施外资准入前国民待遇加负面清单管理模式，建立与国际投资贸易通行规则相衔接的制度体系，构建公平竞争制度。支持在雄安新区设立国际性仲裁、认证、鉴定权威机构，探索建立商事纠纷多元解决机制，拓宽中外金融市场合作领域，打造层次更高、领域更广、辐射更强的开放型经济新高地。①

二　强化创新驱动，建设现代化经济体系

坚持把创新作为引领雄安新区高质量发展的第一动力，以供给侧结构性改革为主线，系统推进有利于承接北京非首都功能、集聚创新要素资源的体制机制改革，着力建设具有核心竞争力的产业集群，培育新增长点、形成新动能，努力构建市场机制高效、主体活力强劲的经济体系。加强创新能力建设和科技成果转化。引导现有在京科研机构和创新平台有序向雄安新区疏解，设立雄安科技成果转化基金，推动创新成果标准化、专利化，并在雄安新区及相关地区转化利用。

三　深化土地和人口管理体制改革，推进城乡统筹发展

坚持保障经济社会发展、保护土地资源、维护群众权益，创建产权明

① 来自中共中央、国务院发布的《关于支持河北雄安新区全面深化改革和扩大开放的指导意见》。

晰、配置有效、节约集约的土地管理和利用体制，创新以服务为导向的人口管理机制，推进城乡统筹发展综合配套改革试验，创新土地管理制度，深化人口管理服务制度改革，探索建立建设用地多功能复合利用开发模式，研究制定符合雄安新区特点的建设用地标准，建立“人地挂钩”“增存挂钩”机制。

四　深化财税金融体制改革，创新投融资模式

加快建立有利于创新驱动发展、生态环境保护、公共服务质量提升的现代财税制度，建设现代金融体系，为雄安新区经济社会发展提供有力支撑。加强北京市企业向雄安新区搬迁的税收政策引导，推动符合雄安新区功能定位的北京市高新技术企业加快转移迁入。对需要分步实施或开展试点的税收政策，凡符合雄安新区实际情况和功能定位的，支持在雄安新区优先实施或试点。加大对雄安新区直接融资支持力度，建立长期稳定的建设资金筹措机制。

学术成果展示篇

自 1992 年我国第一个国家级新区——上海浦东新区设立以来，各种以国家级新区为对象的研究已成为一个新的研究领域和方向，即“国家级新区研究”。相关专家学者围绕国家文件、新区政策，通过发表专著、期刊论文、学位论文等对其进行研究与评析，这有助于国家级新区建设与发展的理论研究和实践，也将为推动我国国家级新区建设再上新高度做出贡献。本篇分为国家级新区学术成果展示、国家级新区学术成果分析两部分，通过对 2017~2018 年公开发表在核心、权威期刊上的文章进行整理归纳，按照新区和文章类别进行分析。

第一章　国家级新区学术成果展示

本节内容主要搜集了2017～2018年相关学者和专家就19个国家级新区的发表专著、期刊论文（学术成果展示的文章均来源于中国知网上公开发表的符合SCI、EI、CSSCI、CSCD、核心期刊标准的期刊），部分内容如下。

一　上海浦东新区

上海浦东新区学术成果见表1-1。

表1-1　上海浦东新区学术成果

篇名	作者	杂志	发表日期
《产业结构趋同的动态演变、合意性与趋势预测——基于浦东新区与滨海新区的比较分析》	任毅、东童童、邓世成	《财经科学》	2018-12-31
《上海市浦东新区PM2.5对小学生因病缺课影响的时间序列研究》	杨敏娟、王文朋、解惠坚、奚用勇、秦存、黄云彪、赵宜静、赵金镯、沈惠平	《环境与职业医学》	2018-11-25
《上海共享单车停放的时空特征与管理对策——基于浦东新区某街道重点区域的抽样调查分析》	王浩然	《上海经济》	2018-11-25
《镇管社区：快速城市化区域的镇级体制调适——以上海浦东新区H镇的镇管社区建设经验为例》	叶敏、熊万胜	《中国行政管理》	2018-10-01
《多效唑对本田期籼粳稻"浦优201"株高及产量影响》	顾春军、张珍、王治雄、王依明、王冬翼、李逸龙、吴雪源、纪惠忠	《上海农业学报》	2018-09-30
《气温对上海市浦东新区手足口病发病的短期效应》	彭丽、叶晓芳、阚海东、陈仁杰、周弋、郝莉鹏	《环境与职业医学》	2018-08-25

续表

篇名	作者	杂志	发表日期
《上海创新功能的空间集聚分区研究》	任会明、叶明确	《科技管理研究》	2018－08－20
《上海市浦东新区医联体 2013～2015 年运行状况分析》	龙俊睿、孙自学、段光锋、张宜民、田文华	《中国全科医学》	2018－08－15
《地方性创新资助与中小企业创新绩效——基于上海浦东新区“科技小巨人”项目的经验分析》	郭洪宇、黄少卿	《中国科技论坛》	2018－08－05
《基于浦东新区企业调查的产业政策效用及其影响因素研究》	程进、林兰、尚勇敏	《华东师范大学学报》（哲学社会科学版）	2018－07－15
《优化众创空间的生态环境——以浦东新区为例》	徐全勇、张波	《开放导报》	2018－06－08
《高密度城区建成环境与城市生物多样性的关系研究——以上海浦东新区世纪大道地区为例》	干靓、吴志强、郭光普	《城市发展研究》	2018－04－26
《浦东新区社区财务状况以及职工薪酬分析研究》	李明、黄煊、吴俊、刘姗姗	《中国卫生经济》	2018－04－05
《航空运输对地区产业结构影响的研究——以上海浦东机场为例》	蒋荷新、任敏媛	《城市发展研究》	2018－03－26
《深圳特区、浦东新区、雄安新区的比较研究》	潘凤	《经济体制改革》	2017－11－25

二　天津滨海新区

天津滨海新区学术成果见表 1－2。

表 1－2　天津滨海新区学术成果

篇名	作者	杂志	发表日期
《产业结构趋同的动态演变、合意性与趋势预测——基于浦东新区与滨海新区的比较分析》	任毅、东童童、邓世成	《财经科学》	2018－12－31
《天津滨海新区小微公共空间形态类型解析及优化策略》	汪丽君、刘荣伶	《城市发展研究》	2018－11－26
《京津冀一体化进程中公共服务不平等累积性研究（1994～2015）——基于增量供给与存量调整视角》	李林君、王莉娜、王海南	《经济与管理研究》	2018－10－15

续表

篇名	作者	杂志	发表日期
《基于 CA-Markov 模型的天津滨海新区土地利用变化模拟》	李贤江、石淑芹、蔡为民、曹玉青	《广西师范大学学报》(自然科学版)	2018-07-15
《天津市滨海新区流入人口异地就医住院费用结构分析》	郭敏、靳继斌、郭长满、崔壮、李长平	《中国卫生统计》	2018-04-25
《2015 年天津市滨海新区居民结核病防治知识知晓现状调查》	张希臣、董晓静、杨慧君	《中国健康教育》	2018-04-24
《雄安新区管理体制机制创新研究——基于对浦东新区与滨海新区的经验分析》	孟卫东、吴振其、司林波	《当代经济管理》	2017-12-12
《国家级新区辐射带动力评价及比较研究——以浦东、滨海、两江、舟山群岛新区为例》	范巧、闫志伟、王琼	《晋阳学刊》	2017-11-25
《天津市滨海新区东丽湖地区基岩热储回灌研究》	阮传侠、沈健、李立亮、刘荣光、牟双喜	《地质通报》	2017-08-15
《天津市滨海新区托幼机构手足口病聚集性疫情流行特征和危险因素研究》	焦玲艳、宋婷、王伟	《现代预防医学》	2017-08-10

三　重庆两江新区

重庆两江新区学术成果见表1-3。

表1-3　重庆两江新区学术成果

篇名	作者	杂志	发表日期
《土地供应优先度导向的生产性服务业用地供地时序与规模研究——以重庆两江新区为例》	杨伟、李晓华、张海珍、廖和平、李靖	《西南大学学报》(自然科学版)	2018-04-20
《生态红线保护下的两江新区土地利用/覆盖情景模拟及生态价值评估》	朱康文、雷波、李月臣、何君、杨春华	《环境科学研究》	2017-08-21

续表

篇名	作者	杂志	发表日期
《供给侧结构性改革背景下近期建设规划研究——以重庆两江新区为例》	岳雷、张利志、仇伟佳、杨帆	《城市规划》	2017-08-09
《重庆市两江新区坚持环保经济协调发展既要"金山银山"更要"绿水青山"》	—	《环境保护》	2017-07-26
《国家级新区建设用地扩展的景观格局特征分析——以重庆市两江新区为例》	冯应斌、慕卫东	《江苏农业科学》	2017-05-03
《土地供应优先度导向的生产性服务业用地供地时序与规模研究——以重庆两江新区为例》	杨伟、李晓华、张海珍、廖和平、李靖	《西南大学学报》（自然科学版）	2018-04-20

四　浙江舟山群岛新区

浙江舟山群岛新区学术成果见表1-4。

表1-4　浙江舟山群岛新区学术成果

篇名	作者	杂志	发表日期
《舟山群岛新区生态足迹与可持续发展评价研究》	朱兆红、李莉、童亿勤、周艳丽、赵春芳	《生态科学》	2018-09-15
《高职教育与区域经济转型升级耦合发展的思考——以舟山群岛新区为例》	徐盈	《中国职业技术教育》	2018-01-11

五　甘肃兰州新区

甘肃兰州新区学术成果见表1-5。

表1-5　甘肃兰州新区学术成果

篇名	作者	杂志	发表日期
《兰州新区土地扩张及驱动力分析》	郭德弘、王世杰	《测绘科学》	2017-09-29
《兰州新区近地层风场时空特征分析》	李晓霞、黄涛、王兴、梁东升	《高原气象》	2017-08-28
《兰州新区骨干交通制式选择研究》	李瑞杰	《都市快轨交通》	2017-08-18

六　广州南沙新区

广州南沙新区学术成果见表 1－6。

表 1－6　广州南沙新区学术成果

篇名	作者	杂志	发表日期
《开发区流动人口生计资本测量及生计空间特征分析——以广州南沙新区为例》	杨振山、王玉璇	《地理研究》	2018－11－15
《建设高水平对外开放门户枢纽的策略与路径——以广东自贸试验区广州南沙新区片区为例》	蔡朝林	《暨南学报》(哲学社会科学版)	2018－08－15
《广州南沙新区"六位一体"水系规划策略探析》	黄高辉	《规划师》	2018－07－01
《街道环境整治项目的矛盾与应对——以广州南沙新区金岭路为例》	丁寿颐、刘川江、刘冠男、陈建飞、何广亮	《规划师》	2017－05－01

七　陕西西咸新区

陕西西咸新区学术成果见表 1－7。

表 1－7　陕西西咸新区学术成果

篇名	作者	杂志	发表日期
《城市新区发展与西咸大遗址群保护的制度困境和协调创新机制》	余洁、白海峰、向剑凛	《城市发展研究》	2018－08－26
《西咸新区某不规则超高层写字楼构件性能评估》	王洪臣、张涛、岳焱超	《建筑结构》	2018－06－15
《西咸新区海绵城市建设对中型降雨致涝影响》	刘力、侯精明、李家科、荆海晓、马越	《水资源与水工程学报》	2018－02－15
《陕西西咸新区海绵城市 LID 市政道路设计》	黄宁俊、张斌令、王社平、邓朝显、周文献	《中国给水排水》	2017－12－17
《基于温度示踪的渭河西咸新区段潜流交换研究》	张佳、霍艾迪、赛佳美、陈嘉莉、冯逸伟	《人民黄河》	2017－10－10

续表

篇名	作者	杂志	发表日期
《基于土地利用规划的西咸新区生态系统服务研究》	蒙小波、曹国良、安文辉、鱼智霞	《生态科学》	2017-05-15
《城市新区通风廊道规划方法研究——以西咸新区为例》	苏钠、周典、孙宏生	《现代城市研究》	2017-04-15
《西咸新区沣西新城秦皇大道低影响开发雨水系统改造》	马越、姬国强、石战航、马笑	《给水排水》	2017-03-10
《北方沙质土滨水绿地生态修复探讨——以西咸新区钓鱼台湿地公园规划设计为例》	魏巍	《中国园林》	2017-03-10

八　贵州贵安新区

贵州贵安新区学术成果见表1-8。

表1-8　贵州贵安新区学术成果

篇名	作者	杂志	发表日期
《环境敏感地区水环境保护与治理规划研究——以贵安新区为例》	汪自书、杨莉、王鹏腾、李王锋	《生态经济》	2018-12-01
《贵安新区贵安路(一期)S1标段及联络线道路工程勘察设计》	韦生根	《公路》	2018-11-14
《贵州贵安新区生态敏感性分析研究》	毛玉姣、张和喜、黄维、王永涛、周琴慧	《人民长江》	2018-08-28
《贵安新区海绵城市水量、水质三级控制屏障系统》	由阳、朱玲、张洋、房亮	《中国给水排水》	2018-08-17
《以环境质量改善为目标的贵安新区生态安全格局构建虚拟》	耿润哲、殷培红、马茜	《中国环境科学》	2018-05-20
《模型法海绵城市建设效果评估——以贵州省贵安新区中心区为例》	由阳、朱玲、朱淑兰	《给水排水》	2018-01-10
《城市公园及河谷地带海绵城市规划设计技术方法探索——以贵安新区“两湖一河”项目为例》	祁祖尧、由阳、刘广奇、吴泽春、张洋	《给水排水》	2018-01-10
《BIM技术在贵安新区综合管廊建设中的应用研究》	王凯、林修翔、吴跃、蔡君	《建筑技术》	2017-09-15

续表

篇名	作者	杂志	发表日期
《海绵城市建设研究进展与展望》	郭琳、焦露	《给水排水》	2017 - 8 - 30
《国家级新区资源环境承载力评估研究——以贵安新区为例》	焦露、杨睿、郭琳	《四川理工学院学报》(社会科学版)	2017 - 08 - 10
《贵州贵安新区牛坡洞遗址》	傅宪国、付永旭、张兴龙、周振宇、黄超	《考古》	2017 - 07 - 25
《新设国家经济开发区需水预测——以贵安新区为例》	李析男、赵先进、王宁、梅亚东	《武汉大学学报》(工学版)	2017 - 06 - 01

九　青岛西海岸新区

青岛西海岸新区学术成果见表 1 - 9。

表 1 - 9　青岛西海岸新区学术成果

篇名	作者	杂志	发表日期
《基于“1X35”框架的城市地下空间总体规划编制研究——以青岛西海岸新区地下空间为例》	赵景伟、王太亮、张晓玮、彭芳乐	《现代城市研究》	2018 - 08 - 15
《青岛西海岸新区地下交通基础设施规划研究》	朱良成	《地下空间与工程学报》	2018 - 08 - 15
《生态敏感性与土地利用功能匹配程度研究:以青岛西海岸新区为例》	马聆萧、李波	《北京师范大学学报》(自然科学版)	2018 - 06 - 15
《国家级新区产业生命周期及其演化规律研究——基于西海岸新区数据的研判》	薛雅伟、张剑、云乐鑫	《技术经济与管理研究》	2018 - 03 - 23
《青岛西海岸新区水资源承载能力分析与建议》	张君臣	《环境保护》	2018 - 03 - 15
《海绵城市的规划建设探索——以青岛市西海岸新区核心区为例》	张相忠、王晋、王琳	《城市发展研究》	2017 - 06 - 26
《产城融合背景下青岛西海岸新区的生态建设和环境管理研究》	高如泰、王云龙、付海妹、张慧、李丹	《环境保护》	2017 - 02 - 07

十　大连金普新区

大连金普新区学术成果见表1－10。

表1－10　大连金普新区学术成果

篇名	作者	杂志	发表日期
《地理国情普查数据的大连金普新区交通发展水平分析》	朱霞、宋伟东、王荣宝、赵泉华、潘红汐	《辽宁工程技术大学学报》（自然科学版）	2018－10－15
《大连市金普新区滨海湿地动态变化及驱动力分析》	姜洋、刘长安、刘玉安、于彩芬、上官魁星	《海洋环境科学》	2018－09－12\
《基于NPP/VIIRS夜间灯光数据和土地利用数据的人口分布图绘制——以大连金普新区为例》	李欣欣、王利、何飞	《遥感信息》	2018－08－15
《预期主导选择：职工视角的职业技能培训——来自大连市金普新区的实证研究》	张善柱	《调研世界》	2018－06－06
《城乡发展一体化背景下新城区社区教育路径探索——以大连金普新区为例》	杜明霞	《成人教育》	2017－06－29

十一　成都天府新区

成都天府新区学术成果见表1－11。

表1－11　成都天府新区学术成果

篇名	作者	杂志	发表日期
《类型建筑的演绎——成都天府新区公安消防站设计》	刘艺	《建筑学报》	2018－03－20
《基于CA_Markov模型的天府新区土地时空变化预测》	罗双晓、何政伟、高箐、于欢	《水土保持研究》	2017－12－01
《四川天府新区成都直管区低影响开发规划指标体系构建》	付韵潮、王家良、周波、杨艳梅、汪正州	《规划师》	2017－10－01

十二　湖南湘江新区

湖南湘江新区学术成果见表 1－12。

表 1－12　湖南湘江新区学术成果

篇名	作者	杂志	发表日期
《地方治理现代化视角下的"放管服"改革——以湖南省湘江新区为例》	郑平	《中国行政管理》	2018－04－01

十三　南京江北新区

南京江北新区学术成果见表 1－13。

表 1－13　南京江北新区学术成果

篇名	作者	杂志	发表日期
《大城市边缘区居村农民就地城镇化意愿影响因素——以南京江北新区为例》	陈轶、刘涛、李子豪、尹俊超、陈文珺	《地域研究与开发》	2018－12－10
《"窄马路、密路网"理念在南京江北新区中心区的规划实践探索》	石峭、郑晓华、陈阳、刘莉	《规划师》	2018－10－01
《基于"四阶段法"的江北新区路网交通量预测》	高慧	《公路》	2018－06－19
《新型城镇化视角下地方政府治理工具创新研究——以南京江北新区为例》	马海韵	《行政论坛》	2017－11－23
《国家级新区的背景、问题与规划应对——以南京江北新区为例》	袁海琴、方伟、刘昆轶	《城市规划学刊》	2017－11－20
《全域绿色空间规划的技术探索——以南京江北新区为例》	赵哲、俞为妍、周韵、胡魁	《城市规划学刊》	2017－11－15
《全面深化改革背景下国家级新区的初期特征与规划应对——以南京江北新区为例》	袁海琴、方伟、刘昆轶	《城市规划学刊》	2017－11－15

续表

篇名	作者	杂志	发表日期
《基于气象研究的城市通风廊道构建初探——以南京江北新区为例》	党冰、房小怡、吕红亮、程宸、杜吴鹏	《气象》	2017 - 09 - 21
《新常态语境中国家级新区发展路径转型和制度安排探讨——以南京江北新区为例》	张成	《城市发展研究》	2017 - 08 - 26
《江北新区冬季不同功能区元素碳和有机碳的源排放特征》	曹琪敏、邹嘉南、安俊琳、张玮航、施见秋	《环境科学与技术》	2017 - 04 - 15

十四　黑龙江哈尔滨新区

黑龙江哈尔滨新区学术成果见表 1 - 14。

表 1 - 14　黑龙江哈尔滨新区学术成果

篇名	作者	杂志	发表日期
《哈尔滨群力新区绿地生态规划设计建议》	李奕萱、付宇晨、高炎冰、谭继升、王可新、刘慧民、王子骐、李也、肖冰	《北方园艺》	2017 - 08 - 28

十五　福建福州新区

福建福州新区学术成果见表 1 - 15。

表 1 - 15　福建福州新区学术成果

篇名	作者	杂志	发表日期
《基于“三生空间”的土地利用功能转型及生态服务价值研究——以福州新区为例》	戴文远、江方奇、黄万里、廖李红、姜坤	《自然资源学报》	2018 - 12 - 28
《福州新区与行政区、功能区协同发展研究》	余海燕、沈桂龙	《福建论坛》（人文社会科学版）	2018 - 05 - 05
《基于格局—过程的福州新区生态风险研究》	江方奇、戴文远、黄万里、廖李红、姜坤	《福建师范大学学报》（自然科学版）	2018 - 03 - 08
《福州新区开放开发背景下的琅岐国际生态旅游岛建设探讨》	林丽娟、林善炜	《福建论坛》（人文社会科学版）	2017 - 09 - 05

十六　江西赣江新区

江西赣江新区学术成果见表1－16。

表1－16　江西赣江新区学术成果

篇名	作者	杂志	发表日期
《区域生态经济视角下政府环境会计研究——以赣江新区为例》	蒋乐平	《财会通讯》	2018－12－10
《赣江新区绿色金融改革探索》	张智富	《中国金融》	2018－07－01
《赣江新区绿色金融改革创新试验区建设初探》	姚润梅	《金融与经济》	2018－04－28
《赣江新区绿色金融改革创新的地方实践与探索——以九江市为例》	曾小江、扈文捷、付霖炜	《金融与经济》	2017－11－28
《赣江新区产业低碳化的综合评价及发展路径》	陈芳琴、陈萌星	《价格月刊》	2017－08－25
《我国17个国家级新区建设经验、教训及对赣江新区的启示》	曾光、吴颖、许自豪	《金融与经济》	2017－07－25

十七　河北雄安新区

河北雄安新区学术成果见表1－17。

表1－17　河北雄安新区学术成果

篇名	作者	杂志	发表日期
《强化气象支撑成就“雄安质量”》	张晶	《人民论坛》	2018－11－15
《雄安新区新能源行业发展现状、问题及政策思考》	陈星星、李平	《管理现代化》	2018－11－12
《基于生态系统服务供需的雄安新区生态安全格局构建》	吴平、林浩曦、田璐	《中国安全生产科学技术》	2018－09－30
《雄安新区的城市职能定位与发展路径思考》	许锋	《城市发展研究》	2018－09－26
《雄安新区高技术产业发展研究》	张可云、赵文景	《河北学刊》	2018－09－01
《中国经济特区创新功能演变：从试点到协同——以雄安新区为例》	卞泽阳、殷醒民、章奇	《科学管理研究》	2018－08－20

续表

篇名	作者	杂志	发表日期
《雄安新区深部岩溶热储探测与高产能地热井参数研究》	吴爱民、马峰、王贵玲、刘金侠、胡秋韵	《地球学报》	2018-07-16
《美国硅谷人才集聚规律及对雄安新区的启示》	穆桂斌、黄敏	《河北大学学报》（哲学社会科学版）	2018-07-15
《雄安新区"智慧城市"建设基本架构与路径——基于场所和流动空间视角》	杨会良、杨秀丹	《河北大学学报》（哲学社会科学版）	2018-07-15
《基于岩性光谱特征的雄安新区地面古河道识别研究》	张竞、马震、吴爱民、白耀楠、夏雨波	《地球学报》	2018-07-11
《坚持政治站位打造"雄安质量"》	陈刚	《党建》	2018-07-05
《雄安新区：如何建成生态与创新之都》	葛全胜、董晓峰、毛其智、张文忠、杜龙江	《地理研究》	2018-05-31
《雄安新区产业跨越发展研究》	叶振宇	《天津师范大学学报》（社会科学版）	2018-05-20
《2018 雄安新区民间古乐赴台展演交流》	—	《音乐研究》	2018-05-15
《深入推进雄安新区文化产业发展的对策》	郭一铭	《经济研究参考》	2018-04-16
《雄安新区高质量发展的战略选择》	李国平、宋昌耀	《改革》	2018-04-15
《推动雄安金融高质量发展》	高玉伟	《中国金融》	2018-03-01
《雄安新区：全球创新发展的新高地》	陈劲	《中国科学院院刊》	2017-11-20
《雄安新区：建设可持续竞争力的理想城市》	倪鹏飞	《中国科学院院刊》	2017-11-20

资料来源：中国知网。

第二章　国家级新区学术成果分析

根据以上搜集的资料，可以得出 19 个国家级新区 2017 年共有 120 篇学术成果，2018 年较 2017 年有了较大提升，为 192 篇，2017～2018 年 19 个国家新区的学术成果总数为 312 篇，其中，可以从不同的新区、不同的文献类别等角度入手，进行归纳整理，对这两年的学术成果进行更进一步的分析。

根据图 2－1，河北雄安新区和上海浦东新区的学术成果总量遥遥领先于其他国家级新区，分别以 144 篇和 74 篇列第一位和第二位。所以，我们又对上海浦东新区和河北雄安新区所有学术成果的类别进行了比较区分，具体内容可见图 2－2、图 2－3。

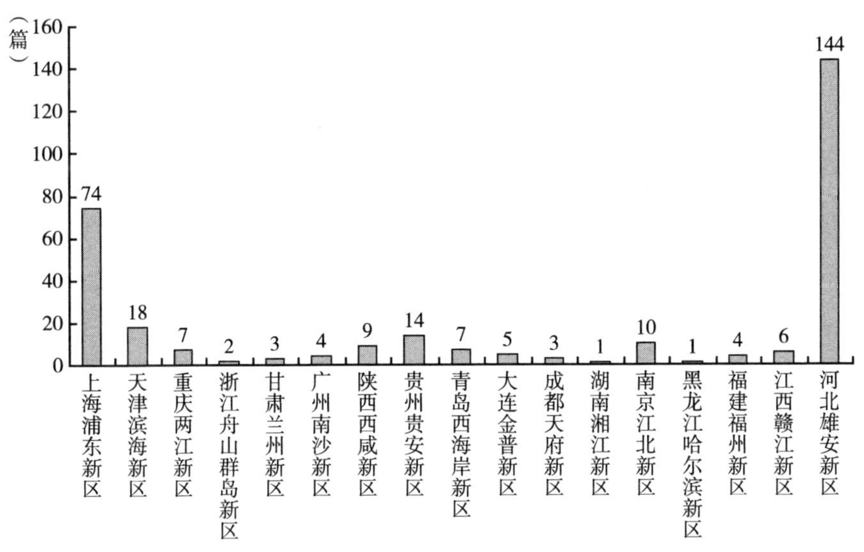

图 2－1　各个新区的学术成果总数

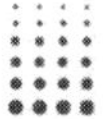

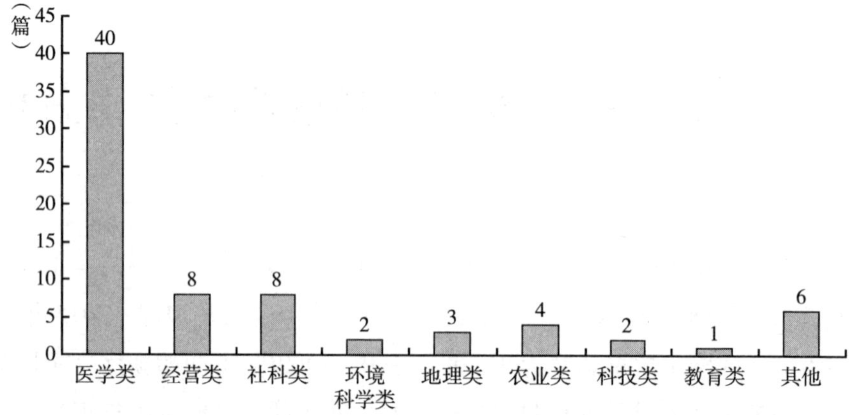

图 2－2　浦东新区不同类别学术成果的具体情况

上海浦东新区两年共有 74 篇学术成果。其中，医学类文献占据了 2/3，可见，浦东新区的医药产业还是存在一定的影响力的。

浦东生物医药产业经过 20 多年的发展和积累，初步形成了以全球制药前 20 强跨国公司为支撑点，以国内知名医药企业为支撑面，以中小创新企业为基本面，以国内外一流的大学、研发机构等为研发支柱的生物医药产业格局，有生物医药企业及各类研发机构超过 500 家，产生了强大的企业集聚效应。浦东生物医药产业涵盖化学药、医疗器械以及生物药三大子行业，并不断发展壮大。在生物医药新兴领域，浦东优势明显。

浦东新区近年来陆续发布了《健康上海 2030 规划纲要》《上海市深化医药卫生体制综合改革试点方案（2016～2020 年）》《浦东新区卫生计生改革和发展“十三五”规划》《浦东新区医学学科建设三年行动计划（2018～2020 年）》等促进医药产业发展的相关政策，以提高疾病防治能力和水平为根本出发点，以满足患者特色医疗服务需求为导向，通过新一轮医学学科建设，促进人才集聚、技术提升与科技创新，进一步提高区域卫生机构服务能级，形成医学品牌，为建设具有国际影响力的科技创新中心、服务浦东“三区一堡”建设做出积极贡献。

河北雄安新区 2017～2018 年共有 144 篇学术成果。其中，一半属于经

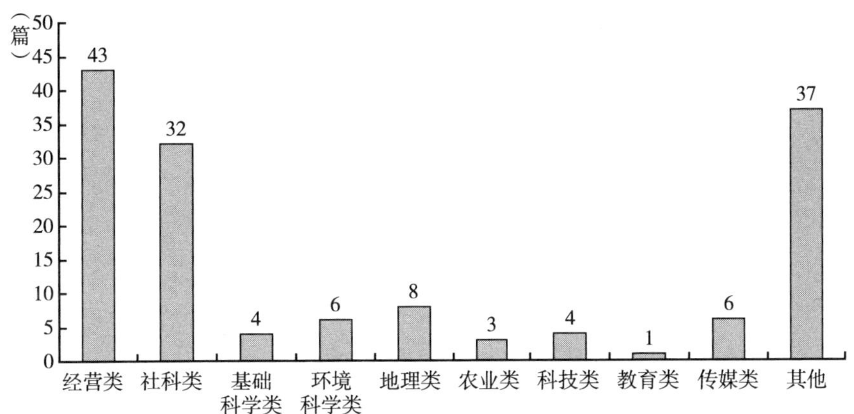

图 2－3　雄安新区不同类别学术成果的具体情况

管类和社科类文献。2017 年 4 月 1 日，中共中央、国务院决定设立河北雄安新区的消息对外公布，千年大计，备受关注。2018 年 4 月，中共中央、国务院批复《河北雄安新区规划纲要》。其中提出规划建设雄安新区的目标是，到 2035 年，基本建成绿色低碳、信息智能、宜居宜业、具有较强竞争力和影响力、人与自然和谐共生的高水平社会主义现代化城市。有效承接北京非首都功能，“雄安质量”引领全国高质量发展作用明显，成为现代化经济体系的新引擎。到本世纪中叶，全面建成高质量、高水平的社会主义现代化城市，成为京津冀世界级城市群的重要一极。集中承接北京非首都功能成效显著，为解决北京“大城市病”问题提供中国方案。成为新时代高质量发展的全国样板，为实现中华民族伟大复兴贡献力量。可见国家对雄安新区的期望之高。

除以新区为主体进行比较，我们也可以从类别入手，进行简单分析，具体内容如图 2－4 所示。

通过图 2－4 可以看出，经管类和社科类文献在新区的学术成果中是最常见的，不可否认，如今，我国已经进入了经济发展新常态，而深入推进供给侧结构性改革，是主动适应、把握和引领经济发展新常态的重大理论创新和实践创新，是建设现代化经济体系的重要抓手。新区作为承担国家重大发

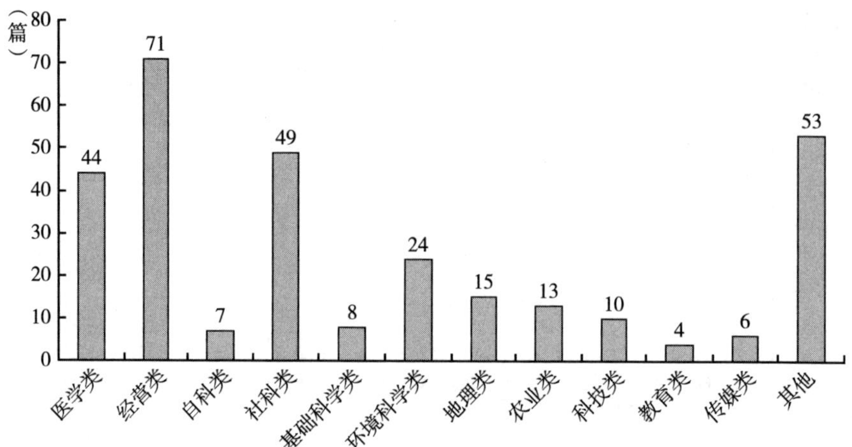

图 2－4　不同类别的文献数量比较

展和改革开放战略任务的综合功能区，有责任且正在成为经济新常态下实施国家重大战略的新引擎和新动力。而积极对接、主动融入国家重大战略则能进一步拓展新区发展的机遇、空间和优势。

由于文献能够从历史和现实的角度对新区的自然资源、地理、历史、人口、社会结构、文化风俗、社会思潮、国民经济、文教卫生等各个方面做出及时的反映，可以作为重要的情报依据，为各地政府机构决策提供参考。同时由于现代文献工作有意识地对社会上的信息情报进行主动收集、整理，并且通过各种文献形式，可以及时准确、有针对性地提供给各决策机构，从而对新区的发展做出最优决策。

附　录

附录1　国家级新区的发展定位

当前，确定国家级新区的目标和定位具有重要意义，明确的目标和科学的定位是未来新区发展的主导方向。新区发展的定位确定了位于不同地域的国家级新区如何发挥差异化优势，并引领区域经济发展。因此，为了便于清晰地了解国家级新区之间定位的区别、各自的优势发展方向及特色发展方向，附表1－1梳理了已批复的18个国家级新区的目标及定位。

附表1－1　国家级新区发展定位汇总

国家级新区	定位
上海浦东新区	①争创国家改革示范区 ②建设“四个中心”核心功能区（国际经济中心、国际金融中心、国际贸易中心、国际航运中心） ③打造战略性新兴产业主导区
天津滨海新区	①北方对外开放的门户 ②高水平的现代制造业和研发转化基地 ③北方国际航运中心和国际物流中心 ④宜居生态型新城区
重庆两江新区	①统筹城乡综合配套改革试验的先行区 ②内陆重要的先进制造业和现代服务业基地 ③长江上游地区的经济中心、金融中心和创新中心等 ④内陆地区对外开放的重要门户、科学发展的示范窗口
浙江舟山群岛新区	①浙江海洋经济发展的先导区 ②长江三角洲地区经济发展的重要增长极 ③海洋综合开发试验区
甘肃兰州新区	①西北地区重要的经济增长极 ②国家重要的产业基地 ③向西开放的重要战略平台 ④承接产业转移示范区

续表

国家级新区	定位
广州南沙新区	①粤港澳优质生活圈新型城市化典范 ②以生产性服务业为主导的现代产业新高地 ③具有世界先进水平的综合服务枢纽 ④社会管理服务创新试验区
陕西西咸新区	①创新城市发展方式试验区 ②丝绸之路经济带重要支点 ③科技创新示范区 ④历史文化传承保护示范区 ⑤西北地区能源金融中心和物流中心
贵州贵安新区	①对外开放引领区 ②产城融合创新区 ③城乡统筹先行区 ④生态文明示范区
青岛西海岸新区	①海洋科技自主创新领航区 ②深远海开发战略保障基地 ③军民融合创新示范区 ④海洋经济国际合作先导区 ⑤陆海统筹发展试验区
大连金普新区	①面向东北亚区域开放合作的战略高地 ②引领东北地区全面振兴的重要增长极 ③老工业基地转变发展方式的先导区 ④体制机制创新与自主创新的示范区 ⑤新型城镇化和城乡统筹的先行区
成都天府新区	①以现代制造业为主的国际化现代新区 ②打造成为内陆开放经济高地 ③宜业宜商宜居城市 ④现代高端产业集聚区 ⑤统筹城乡一体化发展示范区
湖南湘江新区	①高端制造研发转化基地 ②创新创意产业集聚区 ③产城融合、城乡一体的新型城镇化示范区 ④全国“两型”社会建设引领区 ⑤长江经济带内陆开放高地

续表

国家级新区	定位
南京江北新区	①自主创新先导区 ②新型城镇化示范区 ③长三角地区现代产业集聚区 ④长江经济带对外开放合作重要平台
福建福州新区	①两岸交流合作重要承载区 ②扩大对外开放重要门户 ③东南沿海重要现代产业基地 ④改革创新示范区和生态文明先行区
云南滇中新区	①面向南亚东南亚辐射中心的重要支点 ②云南桥头堡建设重要经济增长极 ③西部地区新型城镇化综合试验区和改革创新先行区
黑龙江哈尔滨新区	①中俄全面合作重要承载区 ②东北地区新的经济增长极 ③老工业基地转型发展示范区 ④特色国际文化旅游聚集区
吉林长春新区	①创新经济发展示范区 ②新一轮东北振兴的重要引擎 ③图们江区域合作开发的重要平台 ④体制机制改革先行区
江西赣江新区	①长江中游新型城镇化示范区 ②中部地区先进制造业基地 ③内陆地区重要开放高地 ④美丽中国“江西样板”先行区

资料来源：中国政府网、各新区所在省份政务网、新区政务网等。

附录2　国家级新区总体布局

国家级新区的总体布局是国家级新区总体规划的重要内容，它是一项为国家级新区长远合理发展奠定基础的全局性工作。它是在新区及所在地区发展纲要基本明确的条件下，在城市用地评定的基础上，对城市新区各组成部分进行统筹兼顾、合理安排，使其各得其所、有机联系，国家级新区总体布局如附表2－1所示。

附表2－1　国家级新区总体布局汇总

国家级新区	总体布局
上海浦东新区	一轴四带
天津滨海新区	一轴、一带、三个城区、九个功能区
重庆两江新区	一心四带
浙江舟山群岛新区	一体一圈五岛群
甘肃兰州新区	北工南居、一主三副
广州南沙新区	一城三区一轴四带
陕西西咸新区	一河两带四轴五组团
贵州贵安新区	一核两区、一区两带
青岛西海岸新区	一核、两港、五区、一带
大连金普新区	双核七区
成都天府新区	一城六区
湖南湘江新区	两走廊、五基地
南京江北新区	一带六区三走廊
福建福州新区	中部、南部片区及北部片区
云南滇中新区	东部片区、西部片区
黑龙江哈尔滨新区	一江居中、两岸繁荣
吉林长春新区	两轴、三中心、四基地
江西赣江新区	两廊一带四组团

资料来源：中国政府网、各新区所在省份政务网、新区政务网等。

附录3　2017年国家级新区体制机制创新工作要点*

为落实国家“十三五”规划纲要关于鼓励国家级新区体制机制和管理模式创新的部署，遵照李克强总理关于国家级新区创新发展的重要批示，促进国家级新区（以下简称“新区”）在深化改革创新和推动产业转型升级等方面深化探索，进一步提升发展质量和效益，多积累可复制可推广的经验，切实发挥辐射带动作用，制定本工作要点。

2017 年，各新区要在以习近平同志为核心的党中央领导下，全面贯彻党的十八大和十八届三中、四中、五中、六中全会精神，深入贯彻习近平总书记系列重要讲话精神和治国理政新理念新思想新战略，统筹推进“五位一体”总体布局和协调推进“四个全面”战略布局，牢固树立和落实新发展理念，适应把握引领经济发展新常态，坚持以提高发展质量和效益为中心，以推进供给侧结构性改革为主线，紧紧围绕率先全面深化“放管服”改革、大力发展实体经济、主动融入国家重大战略、推动全方位对外开放、实施创新驱动发展、构建市场化规范化法制化体制机制和发展环境等方面，立足各自发展阶段和比较优势，坚持目标导向和问题导向相结合，因地制宜、精准发力，以新思路、新视角、新方法探索形成破除发展难题和体制障碍的特色化新路径，进一步激发新区发展动能，打造改革开放新高地、创新发展新引擎，为其他地区改革发展提供新区样板和引领示范，以优异成绩迎接党的十九大胜利召开。

---

* 来自国家发展改革委印发的《2017 年国家级新区体制机制创新工作要点》。

一　上海浦东新区

以制度创新为抓手，推进各类功能平台融合联动、协同互促，力争在深化自由贸易试验区改革创新、推进科技创新中心建设和推进社会治理创新上有新作为，持续在构建高标准开放型经济新体制上发挥引领示范作用。

全面推进自由贸易试验区建设，深化投资领域创新与商事制度改革，完善便利化最优的贸易监管制度，创新社会治理模式，稳健推动金融开放创新试点，提升金融中心建设水平。

进一步聚焦科创中心核心功能区建设，推动张江从科技园区向科学城转型，全面提升张江园区形态与功能。进一步优化科技创新综合环境，持续深化科技管理制度创新，完善科技综合服务体系。

加强综合配套改革试验区、自由贸易试验区、科技创新中心、国家人才改革试验区建设等融合联动，探索重点改革事项、重大平台建设统筹协同、互促共进的有效方式。

二　天津滨海新区

着力在深化“放管服”改革、培育壮大新动能、扩大双向开放等方面先行先试、率先突破，全面提升开发开放水平和能级，进一步发挥在京津冀协同发展中的示范带动作用。

建设电子市民中心，探索构建新型“互联网＋政务服务”体系、电子证照等政务数据跨部门共享机制和智能监管体系，努力打造全面深化“放管服”改革的新平台。

加快建设天津滨海—中关村科技园和“双创”示范基地，全力推进京津冀全面创新改革试验区建设探索，率先形成个性化定制、服务型制造等新模式。

深化自由贸易试验区制度创新，探索与天津港联动的“区港绿色通道”，创新港产城融合发展方式，深入开展开放型经济新体制建设创新探索，提升承接国际产业梯度转移能力。

三 重庆两江新区

以深化内陆开放领域体制机制创新为重点，以战略性新兴产业为抓手，探索开放型经济运行管理新模式，推动建立质量效益导向型外贸发展新格局，进一步发挥在“一带一路”建设和长江经济带发展方面的引领作用。

创新“产业链 + 价值链 + 物流链 + 信息链 + 资金链”的内陆加工贸易发展方式，探索构建开放型产业新体系，打造内陆战略性新兴产业集聚区。

探索科技创新服务新机制，发挥创新创业和“互联网 +”集智汇力的乘数效应，建设有特色、高水平的国家双创示范基地。

健全外商投资管理制度，探索促进国际投资合作新方式，完善境外投资活动真实性核查制度，创新专业化、精准化、集群化招商模式和共同出资、共同受益的资本运作模式。

四 浙江舟山群岛新区

依托舟山港综合保税区和舟山江海联运服务中心建设，开展自由贸易港区建设探索，推动建立与国际接轨的通行制度。

以宁波—舟山港为依托，大力推进舟山江海联运服务中心建设，加快江海直达船舶研究应用和江海联运公共信息平台建设，深化港口一体化发展创新，提升大宗商品储备加工交易能力。

创新外商投资便利化管理和促进机制，完善自由贸易背景下贸易服务体系，在符合相关政策前提下，开展全业态船舶供应服务探索，促进服务贸易市场拓展、品牌培育和产业发展。

五 甘肃兰州新区

探索促进产业集聚和科技创新的新机制，打造务实高效的政务服务环境，充分激发社会投资动力和活力。

依托兰白科技创新改革试验区建设，深化人才引进与知识产权保护机制创新，加快创新要素集聚，完善“创业苗圃 + 孵化器 + 加速器 + 产业园”

的孵化链条，培育提升发展动能。

优化开发建设秩序，聚焦核心功能区建设，集约节约利用土地，分区分步滚动开发，提高产业集聚度，严格管控审批新的房地产项目，着力推进房地产去库存。

六　广州南沙新区

深化粤港澳深度合作探索，推动建设粤港澳专业服务集聚区、港澳科技成果产业化平台和人才合作示范区，引领区域开放合作模式创新与发展动能转换。

创新与港澳在资讯科技、专业服务、金融及金融后台服务、科技研发及成果转化等领域合作方式，推进服务业执业资格互认，吸引专业人才落户。

完善“智慧通关”体系，推动建设全领域、全流程“线上海关”，构建国际国内资源双向流动的投资促进服务平台。探索建立法院主导、社会参与、多方并举、法制保障的国际化、专业化、社会化多元纠纷解决平台，优化法治环境。

七　陕西西咸新区

深化城市发展方式创新和特色化产业发展路径探索，进一步发挥国家创新城市发展方式试验区的综合功能和在“一带一路”建设中的重要作用。

探索凸显文化特色、注重绿色集成创新、保障群众利益的城市发展方式，创新优美小镇建设模式。

深化中俄丝路创新园建设探索，推动与广州南沙新区等共建产业合作基地、创新型孵化器等举措实施，在跨国、跨区域园区共建和产业孵化引领产业发展方面积累新经验。

八　贵州贵安新区

依托大数据产业发展集聚区、南方数据中心示范基地和绿色数据中心建设，探索以数字经济助推产业转型升级，促进新旧动能顺畅接续的供给侧结构性改革路径。

创新政府服务模式，探索“人才 + 项目 + 团队”“人才 + 基地”等人才培养新模式，大力打造集储存、挖掘、分析、清洗、展示、应用、数据产品评估和交易等为一体的大数据核心产业链条。

构建“研发 + 孵化 + 制造 + 融合 + 平台 + 应用”科技创新模式，形成闭合的产业生态圈，催生新产业新业态，推进“大数据 + 大开放”，创新开放合作形式。

九 青岛西海岸新区

深入推进青岛蓝谷海洋经济发展示范区建设探索，持续深化军民融合体制机制和海洋科技发展创新。

推进面向深海、深地、深空、深蓝的科技创新中心建设，探索科技企业阶梯培育机制，完善科技创新券机制，开展中德生态园知识产权保险试点，加快全要素孵化加速的众创平台建设。

十 大连金普新区

进一步创新管理体制，探索以科技创新和双向开放促进产业转型升级的有效途径，加快形成创新发展的内在动力。

深化市场配置资源、经济运行管理、面向东北亚开放合作等方面的制度创新，加快大连东北亚航运中心建设探索，启动保税区管理体制改革，健全与新区发展相适应的管理体制和运行机制。

推进沈大国家自主创新示范区高端装备、集成电路、通用航空等产业创新基地和专业技术研发、创新创业服务等创新平台建设探索，力争在园区协同开放、招商引资机制创新等方面有所突破。

十一 成都天府新区

突出“全面加速、提升发展”两大重点，加快全面创新改革，全力破解体制机制难题，进一步提升产业和区域整体竞争力。

纵深推进全面创新改革试验，在产学研协调创新等关键环节和重点领域实现率先突破，围绕增强产业发展核心竞争力，创新推动产业动能转换再提速方式。

健全协同管理体制，开展立法探索，构建有效统筹成都片区和眉山片区间、成都片区各区域间关系的管理运营方式，破解管理体制碎片化难题，提升区域融合发展水平。

十二　湖南湘江新区

深化要素市场创新，持续推进生态文明建设体制机制改革探索，在推进绿色集约高效发展与产城融合、城乡一体化发展等方面有所突破。

深化土地集约节约利用、投资方式及科技成果孵化转化机制创新探索，加强金融创新，丰富金融业态，推动形成高效规范的资源要素市场化配置方式。

完善多元化生态补偿机制，建设生态技术指标体系，开展绿色市政建设与循环化发展探索，依托水环境综合治理试点，建立特色化流域保护、管理执法机制，积极参加全国碳交易市场建设。

十三　南京江北新区

以科技创新培育发展新动能，以新技术助推行政管理体制改革，努力打造优良创新环境，积极发挥辐射带动作用。

进一步理顺管理体制和运行机制，探索以法定机构形式建设运营江北新区大数据管理中心，运用大数据促进政府管理方式创新。

开展专利、商标、版权“三合一”知识产权综合管理体制改革试点，推进科技创新资源集聚区建设，发挥江北高校联盟作用，创新科技成果转化方式，促进众创空间、创客联盟、创业学院发展。

十四　福建福州新区

积极对接国家“一带一路”建设，建立健全特色化综合服务平台，推进各类功能区深度融合。

研究推进海洋产权交易中心和海域使用二级市场建设探索，为海洋产权交易积累有益经验。依托中国—东盟海交所等，提升海产品跨境结算平台功能。

持续推进新区与平潭综合实验区、自由贸易试验区福州片区融合发展探索，建立健全两地共建共享机制。

十五 云南滇中新区

围绕建设面向南亚东南亚辐射中心的重要支点战略定位，进一步理顺管理体制，健全要素保障机制，夯实开发开放基础。

聚焦解决新区与昆明市之间人流、物流、资金流、信息流一体化问题，进一步推进市区融合发展体制机制创新，推动形成以市带区、重点保障、市区一体的融合协同发展格局。

探索推动构建沿边开放新高地的体制机制，加快构建企业自主决策、融资渠道畅通、职能转变到位、政府行为规范、法治保障健全的新型投融资体制，创新优化发展环境。

十六 黑龙江哈尔滨新区

以优化发展环境为载体，以招商引资、产业集聚、对俄合作为重点，探索促进老工业基地转型发展新路径。

探索建立精简高效的管理体制和运行机制，继续推进扁平化管理体制和大部门制优化调整，促进管理职能下沉，开展功能区运营模式改革，选择基础条件较好的功能区开展市场化运营试点。

探索产业转型升级有效途径，创新市场化招商方式，围绕新区重点产业的垂直供需链和横向协作链开展“精准”招商，依托中俄博览会、国际交通走廊建设等，深化对俄全方位合作，推动贸易结构优化升级。

十七 吉林长春新区

构建科技创新平台，培育经济新动能，探索深化面向图们江区域合作开发新路径。

加快长东北科技创新中心、北湖科技园等创新平台建设，积极打造创新创业平台，提高科技成果本地转化率，深化人才改革试验区建设探索，创新人才培养和引进模式。

以东北亚国际陆港和空港经济开发区建设为载体，完善口岸服务功能，促进物流、健康养老等特色化产业集聚，探索提升参与图们江区域合作开发水平新路径。

十八　江西赣江新区

围绕完善管理体制机制、创新发展平台、促进产城融合发展等方面进行探索，在促进中部地区崛起方面发挥积极作用。

按照基础设施优先、环境优先、公共配套优先、产业优先原则，谋划推进空间形态有特色、功能内涵有内容的生态健康城建设，开展产城融合发展改革探索。

依托共青城，建设科技创新及成果转化的示范区，多举措探索创新创业新方式，打造“双创”平台。

图书在版编目(CIP)数据

国家级新区研究报告. 2019 / 卢山冰，黄孟芳主编
. --北京：社会科学文献出版社，2019. 10
ISBN 978 -7 -5201 -5346 -1

Ⅰ. ①国… Ⅱ. ①卢… ②黄… Ⅲ. ①经济开发区 -
研究报告 -中国 -2019 Ⅳ. ①F127. 9

中国版本图书馆 CIP 数据核字（2019）第 171992 号

国家级新区研究报告（2019）

主　　编 / 卢山冰　黄孟芳
副 主 编 / 王　昕　王　欢

出 版 人 / 谢寿光
责任编辑 / 吴　敏

出　　版 / 社会科学文献出版社 · 皮书出版分社（010）59367127
地址：北京市北三环中路甲 29 号院华龙大厦　邮编：100029
网址：www. ssap. com. cn
发　　行 / 市场营销中心（010）59367081　59367083
印　　装 / 三河市龙林印务有限公司

规　　格 / 开 本：787mm × 1092mm　1/16
印 张：24. 5　字 数：364 千字
版　　次 / 2019 年 10 月第 1 版　2019 年 10 月第 1 次印刷
书　　号 / ISBN 978 -7 -5201 -5346 -1
定　　价 / 128. 00 元